Wilhelm Heitmeyer
Rechtsextremismus —
»Warum handeln Menschen
gegen ihre eigenen Interessen?«
Ein ’ran-Buch für Jugendliche

Wilhelm Heitmeyer

Rechtsextremismus

»Warum handeln Menschen gegen ihre eigenen Interessen?«

Materialien zur Auseinandersetzung mit Ursachen

Ein 'ran-Buch für Jugendliche

Bund-Verlag

Für einige wenige Autorinnen und Autoren waren die Rechtsinhaber trotz großer Bemühungen nicht festzustellen. Hier ist der Verlag selbstverständlich bereit, nach Anforderung rechtmäßige Ansprüche abzugelten.

CIP-Titelaufnahme der Deutschen Bibliothek

Heitmeyer, Wilhelm:
Rechtsextremismus : »warum handeln Menschen gegen ihre eigenen Interessen?« ; Materialien zur Auseinandersetzung mit Ursachen ; ein 'ran-Buch für Jugendliche / Wilhelm Heitmeyer. – 3. Aufl. – Köln : Bund-Verl., 1993
ISBN 3-7663-2466-7

3. Auflage 1993

Redaktion: Udo Böhlefeld
Lektorat: Christiane Schroeder-Angermund
Umschlag: Detlef Gertkamp unter Verwendung einer Illustration von Christa Berger
Satz: Typobauer Filmsatz GmbH, Ostfildern 3
Druck: Clausen + Bosse, Leck
Printed in Germany 1993
ISBN 3-7663-2466-7

Inhalt

Vorwort

Die Ereignisse um die deutsche Einigung und die Entwicklungen in Osteuropa absorbieren seit Monaten die Aufmerksamkeit der Medien. Dadurch ist ein Thema, das in den öffentlichen Diskussionen des Jahres 1989 eine große Rolle gespielt hat – der für viele unerwartete Wahlerfolg der Republikaner und das Erstarken rechtsextremistischer Kräfte in der Bundesrepublik –, mehr und mehr in den Hintergrund getreten. Aber niemand sollte daraus den voreiligen Schluß ziehen, die Probleme seien gelöst und weitere Aufmerksamkeit nicht erforderlich. Das Gegenteil ist der Fall: Ausländerfeindlichkeit als wesentliche Ausdrucksform rechtsextremistischer Haltungen hat überhaupt nicht abgenommen. Asylbewerber sehen sich zunehmenden Angriffen – nicht nur verbaler Natur – ausgesetzt. Die Ausländergesetzgebung gerät erneut in die Diskussion. In den Ländern der ehemaligen DDR kommt plötzlich ein unverhohlener Ausländerhaß zum Vorschein, der sich nicht nur gegen die polnischen Nachbarn, sondern gegen alle Fremden wendet. Im Zusammenhang mit der deutschen Einigung sind nationalistische Töne wieder öfter zu hören, und es steht zu befürchten, daß die fundamentale

Umstrukturierung in den Ländern der ehemaligen DDR und die Verunsicherung über die Folgen der Einheit für die Menschen in der bisherigen Bundesrepublik die Quellen zum Anschwellen bringen, aus denen Ausländerhaß und Rechtsextremismus gespeist werden.

Gewerkschafter und Gewerkschafterinnen wissen aus Erfahrung, daß alle wohlgemeinten Appelle sowenig nützen wie der erhobene moralische Zeigefinger. Hilfreich ist allein die geduldige Auseinandersetzung mit Vorurteilen und Ängsten, die Aufarbeitung der Ursachen und die Bereitschaft, Argumente auszutauschen. Diese Aufgaben stellen sich nicht nur der Schule und dem Elternhaus, den Medien und den politischen Parteien, sondern gerade auch denen, die wie die Gewerkschaften die Erfahrung gemacht haben, daß Ausgrenzung von Rechtsradikalismus allein kein Mittel ist, ihn zurückzudrängen. Die Gewerkschaften stellen sich aus bitteren geschichtlichen Erfahrungen und langer Tradition der Aufgabe, den Rechtsextremismus zu bekämpfen. Die vorliegende Veröffentlichung ist einer unserer Beiträge dazu. Er soll allen, die mit Jugendlichen arbeiten, didaktische Hilfestellungen und ausreichend Materialien für die politische Bildung an die Hand geben. Ich wünsche dem Buch viele aufmerksame Leser und Leserinnen, und vor allem viele, die es für ihre Arbeit mit jungen Menschen nutzen.

Regina Görner
Mitglied des Geschäftsführenden
DGB-Bundesvorstandes

Vorbemerkung

Rechtsextremismus heute hängt auch mit »nicht bewältigter Geschichte« zusammen. Ralph Giordano hat z.B. mit bestürzenden Ergebnissen auf den Umgang mit Geschichte hingewiesen.

Gleichwohl wird hier davon ausgegangen, daß die heutigen Erscheinungen ihre Entstehungsbedingungen in tiefreichenden Problemen der Gegenwart haben, die keinesfalls einfach nur an den Rändern der Gesellschaft zu vermuten sind, sondern im Zentrum der Gesellschaft lagern.

Wenn man dieser Annahme folgt, dann scheint es auch hilfreich, bei »alltäglichen«, unauffälligen Ereignissen und Lebensverhältnissen anzufangen, um herauszufinden, wie sich unter Umständen auch Ideologien der Ungleichheit, also Menschen als ungleichwertig zu betrachten oder in nationalistischer Überheblichkeit andere abzuwerten, verbinden mit Gewaltakzeptanz, so daß Rechtsextremismus entsteht und sich z.B. in der Wahl entsprechender Parteien oder in Mitgliedschaften niederschlägt.

Was läuft eigentlich *vor* solchen politischen Entschlüssen ab im Zusammenleben von Menschen, in ihren beruflichen oder familiären Verhältnissen?

Wie entstehen bzw. wo finden wir Ohnmachtserfahrungen etwa bei der Bewältigung von Lebensplanungen; wie kommen Handlungsunsicherheiten im Hinblick auf eine sichere berufliche Zukunft zustande; wo finden sich Vereinzelungserfahrungen – und wie werden sie im Kopf und in den Gefühlen »verarbeitet«?

Und in welche Richtungen können sie sich *entwickeln*, wenn man in entsprechende Situationen hineingerät.... Welcher **Prozeß** spielt sich da ab?

Worum geht es?

Benno: Balanceakt zwischen konventioneller Lebensplanung und risikoreichem Fan-Leben

Das Thema »Rechtsextremismus« läßt sich vielfältig bearbeiten. In einem beliebten Bild wird eine Zweiteilung »Hier wir Demokraten – dort die Barbaren« gezeichnet. Eine andere Vorgehensweise geht von der Annahme aus, daß rechtsextremistische Orientierungen, Wahlentscheidungen und Mitgliedschaften erst durch einen Prozeß, also aufgrund von alltäglichen Erfahrungen, politischen Beeinflussungen usw. zustande kommen – und unter günstigen Bedingungen auch verändert werden können.

Die erste Sichtweise ist einfacher, deshalb auch (noch) populärer: »Nazis raus aus dieser Stadt!« Dabei lohnt es sich schon, darüber nachzudenken, weshalb diese Sichtweise so populär ist.

Wir haben uns für die zweite Sichtweise entschieden. Dabei wollen wir in mehreren Anläufen von Jugendlichen und ihren Sichtweisen ausgehen, um dann zu gesellschaftlichen Bedingungen und Strukturen zu kommen.

Eine hochtrabende Zielsetzung zu formulieren – was man alles erreichen will – wäre ein möglicher Einstieg ins Thema gewesen. Wir haben uns für eine andere Herangehensweise entschieden: das Interview mit Benno.

Benno ist 20 Jahre alt und wohnt mit seinen Eltern in einem Altstadtviertel einer Großstadt. Er übt derzeit den Beruf des Lackierers aus und kommt nach eigenen Angaben mit seiner ökonomischen Lage ganz gut zurecht. Sein Wochenende besteht aus Fußball als sozialem und sportlichem Ereignis, allerdings ausschließlich im Umfeld einer »harten« Fan-Clique, denn den aktiven Fußballsport im Verein hat er längst aufgegeben.

Lebenspläne

I: »Hast du irgendwelche großen Träume für dein Leben?«

B: »Nein, im Moment eigentlich nicht.«

I: »Einen großen Traum vielleicht?«

B: »Lottogewinn. Na ja, ich will jetzt mal so ein bißchen aus den Startlöchern kommen, Auto so langsam selber anmelden. Ich hab seit 2 Jahren Führerschein. Irgendwann dann 'ne eigene Wohnung.«

I: »Was würdest du denn machen, wenn du im Lotto gewinnst?«

B: »Große Nummer.«

I: »Mexiko? Weltmeisterschaft?«

B: »Ich würd' wahrscheinlich einige Tausend verjubeln, aber das meiste, je nachdem, wieviel, würd' ich dann schon anlegen.«

I: »Die Zukunft, ist die für dich berechenbar?«

B: »Ja sicher, einigermaßen schon. Kommt drauf an, was man daraus macht. Wenn man sich jetzt zusammenreißt und arbeitet und ein Ziel vor Augen hat, dann kriegt man das meistens auch hin, wenn das nicht zu hoch gesteckt ist. Wenn dann natürlich Sachen passieren, daß laufend Anzeigen kommen, dann geht das natürlich in die Hose. Die Erfahrung habe ich selber gemacht.«

I: »Was für Anzeigen?«

B: »Na ja, bei mir war es hauptsächlich wegen Störung der öffentlichen Ordnung und so was und Rädelsführerei und dann eben zweimal richtig Anzeigen wegen Körperverletzung.«

I: »Hatte das alles mit Fußball zu tun?«

B: »Ja doch, die Ordnungsanzeigen alle, und die eine Anzeige indirekt.«

I: »Du wirst halt öfter handgreiflich? Oder bist es geworden?«

B: »Ja, Alkohol.«

I: »Aber wenn du nüchtern bist?«

B: »Ja, heute bin ich soweit, daß, wenn ich nüchtern bin, mich so ziemlich aus allem raushalte, wenn's eben geht. Nur wenn ich besoffen bin, dann orientiere ich mich nicht an mir selber, sondern an anderen und dann mache ich eben den Scheiß mit.«

I: »Hast du denn das Gefühl, öfters mal alles kurz und klein schlagen zu wollen?«

B: »Nee, an und für sich nicht. Im Moment fühl' ich mich eigentlich ganz wohl, muß ich sagen. Vollkommen ausgeglichen. Na ja, fast.«

Die Bedeutung des Fußballs

I: »Spielt Fußball auch in deiner Freizeit eine große Rolle? Arminia speziell?«

B: »Eigentlich nur am Wochenende.«

I: »Und die Woche über, triffst du dich da mit den Leuten, mit denen du auf die Alm gehst?«

B: »Nee, überhaupt nicht.«

I: »Was ist das Wichtigste, das Spiel oder das Drumherum?«

B: »Das Spiel selbst, die Hauptsache ist für mich, daß Arminia gewinnt.«

I: »Und sonst, mit Freunden zusammen sein, mit vielen vielleicht zu sein ...«

B: »Na ja sicher, ich meine, wenn man in 'ner Kneipe ist oder vor dem Spiel, je mehr Leute man ist, desto mehr Spaß macht das, nech.«

Die Clique

I: »Könnte denn in die Clique, in der du so bist, jeder reinkommen, oder gibt es da so bestimmte Voraussetzungen, die man erfüllen müßte?«

B: »Ja, jeder nicht. Ich weiß nicht, das kommt dann, glaub' ich, immer auf den ersten Eindruck an, den er macht oder hinterläßt. Es gibt da welche, die meinen dann da groß mit einem einen Ausgeben sich reinkaufen zu können. Das wird wohl kaum möglich sein. Ich glaube, das würde schon Monate dauern, bis der voll akzeptiert würde.«

I: »Ich frage deshalb, weil ich von vielen jüngeren Fans weiß, daß sie ganz gerne in der Clique wären und sich selbst auch so einschätzen würden, daß die halbwegs da drin sind, aber so richtig nicht.«

B: »Na ja, eigentlich sollten die ganz froh sein, weil ich weiß von mir selber, so mit 14 oder 15, die finden das dann ziemlich gut, mit uns mithalten zu müssen. Das kann man in dem Alter aber nicht, weder mit dem Geld noch ... ich meine, die kriegen dann zu Hause gesagt, um 12 Uhr bist du wieder hier oder so. Das geht eben nicht, wenn wir dann mal 'ne Nacht durchziehen. Die kriegen dadurch nur mehr Ärger als alles andere. Das würde sich, glaube ich, nicht lohnen.«

I: »Es gibt ja ganz verschiedene Gruppierungen auf dem Block und viele Cliquen. Haben die ein gemeinsames Interesse außer Fußball? Oder würdest du sagen, die haben gar nichts miteinander zu tun?«

B: »Na ja, wahrscheinlich gehen sie auch alle hauptsächlich deswegen mit dahin, weil sie da eben in der Masse sind. Da ist das Zusammengehörigkeitsgefühl, würd' ich sagen.«

I: »Würdest du grundsätzlich sagen, daß man sich auf andere verlassen kann, oder hast du eher die Einstellung: Lieber auf keinen verlassen?«

B: »Ja, ich würde sagen, so ungefähr 10 Leute, die ich so kenne von Arminia und mit denen ich immer so zusammen bin, auf die könnte ich mich verlassen. Und dann sind da schon verdammt viele, wir nennen die halt Mitläufer, auf die würde ich mich natürlich nicht verlassen.«

[...]

Gewalt und politische Orientierungen

I: »Wie ist das begründet, wenn sich Fans untereinander, also Bielefelder und Oberhausener beispielsweise, wenn die sich prügeln? ...«

B: »Ja, meistens geht es darum, daß das alles schon vor Jahren angefangen ist. Als ich z.B. als 10- oder 11jähriger zur Alm gegangen bin, angefangen habe hinzugehen, da wußte man das sofort, wenn Arminia gegen Hannover spielte, damals ja noch 2. Liga, dann geht es rund, dann gibt das 'ne Prügelei. Andersrum, wenn dann Hamburg kam, zum Pokalspiel oder so, oder Stuttgart, das kriegte man eben sofort mit. Dann wußte man sofort, wenn die und die kommen, dann wird sich geprügelt, und mit denen wird gesoffen, sich auf jeden Fall nicht geprügelt. Ja, und das geht dann wahrscheinlich immer so weiter.«

I: »Obwohl das ja auch nicht mehr ganz so hinhaut, also andere Mannschaften, zu denen bisher ein ganz gutes Verhältnis war, da ist es jetzt auch ...«

B: »Ja, das kommt daher, daß das heute teilweise keine Fans mehr sind in dem Sinne so wie wir. Ich meine, wir haben früher mit 2000 Mann auf Block 3 gestanden, da hatte jeder mindestens ein Trikot an, meistens auch noch Weste, Schal, Halstuch, Mütze, massenweise Fahnen, Riesenlappen, die man heute überhaupt nicht mehr reinkriegen würde ins Stadion. Was weiß ich ... Ja, und heute laufen sie in ihren Bomberjacken rum oder Jogginganzügen mit Aufnähern ›Ich bin stolz, ein Deutscher zu sein‹ oder so was. Oder was weiß ich: ›Deutschland in den Grenzen von 1942‹, so'n Scheiß. Das sind ja keine Fußballfans in dem Sinne, jedenfalls nicht das, was ich mir darunter vorstelle. Das sind ganz andere Leute. Die wollen dann natürlich ... die wollen sich dann wahrscheinlich wirklich nur prügeln, und die fragen nicht, was das für Leute sind oder so, sondern drauf.«

I: »Was hat das denn wohl zu bedeuten, wenn da Leute rumlaufen mit ›Ich bin stolz, ein Deutscher zu sein‹? Was soll das ausdrücken?«

B: »Ja, ich habe die Erfahrung gemacht, daß die meisten überhaupt nicht wissen, warum, wieso und weshalb. Ich hab' mich mal mit einem unterhalten – du kennst den auch, ich sag' den Namen jetzt nicht, ist ja auch egal –, der hatte auch genau diesen Aufnäher ›Ich bin stolz, ein Deutscher zu sein‹. Das war die Zeit, da war ich noch beim Bund, da hab' ich mich mit dem drüber unterhalten, und der sagte zu mir: ›Ich zum Bund?‹ Ich meine, ich weiß, daß sie den nicht genommen haben wegen seiner Vorstrafen und vielleicht kam auch noch irgendwas Gesundheitliches dazu. Und dann sagte der: ›Ich zum Bund? Warum denn für dieses Scheißland und so, da robbe ich doch nicht durch die Scheiße! Den Mist, und da strammstehen, denen würd' ich was in die Fresse hauen, dann gehe ich eben 15 Monate in den Bau‹, und das paßt also nicht zusammen. Die also ... das sind Idioten, Vollidioten meiner Meinung nach.«

I: »Aber sind das nur Sprüche oder steckt da mehr dahinter?«

B: »Ja, also ich kenn einen einzigen, bei dem da mehr hintersteckt. Der ist nun auch Mitglied in der NPD, und was weiß ich. Der engagiert sich da auch ein bißchen für. Ist zwar nicht meine Überzeugung, aber jedem das

Seine. Also bei dem würd' ich sagen, steckt dann schon mehr hinter. Aber die meisten haben halt so'n Ding da drauf, weil's eben die meisten anderen provoziert. Von der Polizei angefangen über ganz normale Passanten, die hier durch die Bahnhofstraße gehen und das dann sehen.«

I: »Aber im Stadion selbst provoziert das eigentlich keinen.«

B: »Ja, da gehört das eben wahrscheinlich dazu. Wir hatten früher ein Fanclub-Trikot an von Arminia oder einen Fanclub-Aufnäher auf der Weste, und die haben heute eben Naziparolen ... im weitesten Sinne.«

I: »Wann fing das denn an, daß politische Parolen da in den Fußball reinkamen?«

B: »Ja, ich würd' sagen, so 1981 bis 1982 ungefähr. Da ging das los.«

I: »Wie kam das wohl?«

B: »Ja, das weiß ich auch nicht. Ich nehme an, da ist in irgendeinem Stadion mal irgendeiner mit angefangen, der brauchte nur so eine Reichskriegsfahne haben, und zwei Wochen später hatte das dann jeder auf der Alm.«

I: »Was hat denn so 'ne Reichskriegsfahne mit Fußball zu tun? Gibt's da irgendeinen Zusammenhang?«

B: »Nein, also ich sehe da keinen.«

I: »Es wird ja oft gesagt: Die Bremer, das sind ›Gute‹, die haben viele Glatzen dabei. Da wird jetzt die Güte der Fan-Gemeinde an der Anzahl der Skins gemessen. Wie würdest du das sehen?«

B: »Ja, da sind vielleicht welche bei, die sagen ›Fußball ist nicht schlecht‹, aber das sind ganz bestimmt keine Fußballfans, die mit der Mannschaft zittern. Denen wird das wohl scheißegal sein, ob Bremen jetzt gewinnt oder verliert oder Meister wird oder nicht. Die wollen sich wahrscheinlich nur kloppen, und vielleicht sind da auch welche dabei, die da wirklich sagen, die da jetzt nur noch 'n paar Leute dazu überreden wollen, rumkriegen ›Hier, laß dir auch 'ne Glatze schneiden, komm, mach' doch auch mit bei unserer Gruppe. Wir treffen uns jeden Samstag, kannst gut und billig saufen‹. Das sind ja nun die Sprüche. Das sind für mich keine Fußballfans. Die zähle ich auch gar nicht dazu. Also Fußballfans, richtige Fans, stehen meiner Meinung nach nur noch bei den großen Vereinen auf den Blöcken, z.B. Hamburg oder München. Die haben nun wirklich noch einige hundert, wenn nicht tausend, die da nun mit Fahnen und Trikots stehen u.s.w. Das sind Fußballfans, und wenn mir jetzt einer sagt, die sind ›gut‹, jetzt mit Prügeleien, dann ist das in Ordnung. Aber so wie in Bremen, die haben ja nicht viele da, die sind ja vielleicht doppelt so viele wie hier in Bielefeld. Das ist nun auch nicht allzuviel, und die Skins fallen in so 'nem Block überhaupt nicht auf. Weil die ja nun relativ normale Kleidung anhaben. Ja, ich meine, wenn sich jetzt Skins, die rechts angehaucht sind, wenn die sich unbedingt prügeln wollen, dann sollen die irgendwie in besetzte Häuser gehen und da welche verprügeln, dann trifft das wohl schon mehr zu, als wenn sie jetzt andere Skins verprügeln, nur weil sie aus einer anderen Stadt kommen.«

I: »Vielleicht fühlen sich Skins und Neonazis im Stadion so wohl, weil so viele ihre Parolen mitrufen?«

B: »Ja, das kann natürlich sein. Wahrscheinlich haben sie woanders nicht die Möglichkeit, so viele Leute ... oder daß sie meinen, daß so viele Leute ihrer Meinung sind. Weil, ich meine, auffallen tun sie nun mal mit ihrer Meinung.«

I: »Würdest du denn auch so etwas mitrufen, wenn da z.B. ›Sieg Heil, Arminia‹ gerufen wird?«

B: »Ja, also hier in Bielefeld schon mal gar nicht auf der Alm. Bei Auswärtsspielen hab ich's, soweit ich weiß, noch nicht gemacht. Ich hab' das mal, einmal mitgemacht bei der Europameisterschaft in Straßburg, und da hab' ich dann auch gleich Landesverbot gekriegt in Frankreich. Das war aber nun wirklich was anderes, weil da liefen jetzt nicht 50 oder 60 von den Leuten rum, sondern 300 oder 400, und dann noch 800 oder 1000 andere da mit bei. Da war das ganz was anderes. Also da haben noch ganz andere Leute mitgesungen, denen man das noch weniger zutrauen würde als mir.«

I: »Und wie sieht das dann aus beim Länderspiel? Gibt's da unter den Fangemeinden aus der Bundesrepublik Auseinandersetzungen?«

B: »Nein, also das habe ich noch nicht erlebt, obwohl ich mir auch nicht allzuviele Länderspiele angucke. Interessiere ich mich nicht so für. So was sieht man dann am Fernseher besser. Aber das habe ich bisher noch nicht erlebt, daß sie sich untereinander geprügelt haben. Da kommt dann wahrscheinlich so was wie Nationalstolz bei, gerade, wenn man im Ausland ist wie bei der Europameisterschaft. Das finde ich persönlich nicht schlecht. Nur braucht man nicht unbedingt gleich den rechten Arm hochheben. Und das waren auch so Sachen, die fingen dann an ›Deutschland, Deutschland über alles‹, und ich möchte sagen, 99 Prozent der Leute, die das gesungen haben, konnten noch nicht einmal die 3. Strophe der Nationalhymne. Das waren Idioten eben.«

I: »Bei der Europameisterschaft ging's ja auch ziemlich ab, also nicht nur die Rufe im Stadion, sondern auch vorher und nachher.«

B: »Vorm Spiel ja, das habe ich mitgekriegt. Da kamen dann eben diese Sprüche ›Elsaß den Deutschen‹, ›Ausländer raus‹. Und es ist ja nun bekannt, daß da fast alle deutsch sprechen oder zumindest verstehen. Also die Leute wußten schon, was das sollte und warum wir jetzt da waren, und daß wir zum Fußball wollten. Ich weiß nicht, ich kann darüber nur lachen, aber da waren einfach zu viele Skins bei, und da läßt man sich dann mitreißen. Das ist genauso wie bei irgendeinem Spiel auf der Alm oder auch auswärts. Einer fängt an zu schreien, z.B. ›Bielefeld‹, dann schreit alles mit, auch wenn man gerade etwas anderes auf den Lippen hatte, dann schreit man mit. Und das ist da genauso. Wenn da dann einer anfängt ›Elsaß den Deutschen‹, ›Ausländer raus‹, dann schreit man auch mit. Dann kommt der Alkohol natürlich auch noch dazu.«

I: »Würdest du denn der Äußerung zustimmen: Deutsche Arbeitsplätze nur für Deutsche?«

B: »Na ja, wenn wir keine Ausländer hier drin hätten, hätten wir wahrscheinlich weniger Arbeitslose, das ist doch ganz klar. Ich finde, wir haben die reingeholt, jetzt kann man die nicht in'n Arsch treten und sagen ›Haut ab, seht zu!‹. Was man unterbinden sollte, ist der Zugang von Onkel und Tanten und was weiß ich. Das sind ja nun ganze Sippschaften, Großfamilien, wie es hier in unseren Regionen vor 100 oder 1000 Jahren mal war.

Das sollte man unterbinden. Nur die, man kann, wenn ein Ausländer, der hier 20 Jahre in Deutschland lebt und arbeitet, dem kann man nicht einfach sagen: ›Hier, kriegst jetzt 10 000 Mark und dann raus.‹ Das ist ein Unding.«

I: »Die politischen Parolen, die im Stadion geäußert werden oder auf den Aufnähern, die beziehen sich hauptsächlich auf Ausländerpolitik, oder?«

B: »Ja, ja, ganz klar.«

I: »Würdest du sagen, daß die Todesstrafe für Terroristen angemessen wäre?«

B: »Ja, das kommt drauf an. Ich meine, wenn jetzt beispielsweise, wie das da auf dem Münchner Oktoberfest war, wenn die da nun wirklich unschuldige Leute mit bei draufgehen lassen, und dann gleich zu hundert, dann würde ich sagen: ja. Bei anderen, wenn die sich irgendwelche Politiker schnappen, die müssen damit leben, die wissen das, die haben einen Leibwächter, da weiß ich nicht. Nicht unbedingt.«

I: »Findest du, daß im Strafvollzug zu wenig hart durchgegriffen wird?«

B: »Da kann ich nichts zu sagen. Ich hab' bisher noch nicht im Knast gesessen, und ich hab' mal einen besucht in Ummeln, im offenen Vollzug allerdings, also die sind in der Woche arbeiten gegangen, kriegten am Wochenende Besuch von Familien, da waren jetzt hauptsächlich welche wegen Unterhaltszahlungen und so. Da kamen also jetzt wahnsinnig viele Frauen mit kleinen Kindern und was weiß ich. Das ist jetzt so, als wenn einer keinen Unterhalt zahlen kann oder will. Warum soll man den jetzt in eine Einzelzelle sperren oder schmoren lassen monatelang? Ich meine Schwerverbrecher, einer, der 'ne Frau vergewaltigt hat oder Kinder, oder Terroristen ..., die sollte man schon vermodern lassen.«

I: »Würdest du sagen, eine einzige Partei könnte die Probleme besser lösen, die es hier gibt?«

B: »Kommt drauf an, wie die sich zusammensetzt. Also, wenn jetzt von den 3 großen Parteien oder von mir aus auch 4, die vier, die jetzt im Bundestag vertreten sind, wenn davon eine alleine, so wie sie jetzt besetzt ist, wohl kaum. Am besten wär's wahrscheinlich, wenn sie ihre besten Kräfte zusammentun würden.«

I: »Findest du Politik durchsichtig, weißt du ungefähr, was passiert? Wie informierst du dich?«

B: »Das weiß ich nun, ja klar. Tagesschau, Zeitung, ja, und dann eben die Überschriften, da weiß man doch schon so ungefähr. Ich bin in der SPD drin, und ich kümmere mich da sowieso jetzt ein bißchen mehr drum. Mehr als Durchschnitt würd' ich sagen.«

I: »Gehst du auch zu Versammlungen, oder bist du einfach Parteimitglied?«

B: »Nein, also ich bin da mehr passiv. Zahlendes Mitglied. Ich war da mal, einmal. Ich kenne mehrere, die mit drin sind von uns. Nächstes Jahr wollen wir vielleicht mal so ein Sommerseminar mitmachen, weil das ganz gut ist, aber ansonsten ...«

Aus: Heitmeyer, Wilhelm/Peter, Jörg-Ingo: Jugendliche Fußballfans. Soziale und politische Orientierungen, Gesellungsformen, Gewalt. Juventa Verlag, Weinheim/München 1988, S. 120–122 und 126–130.

Einerseits – andererseits, oder wie komme ich zu einer eigenen Position.

Wie kann man zu einer möglichst eigenständigen, unabhängigen Persönlichkeitsentwicklung kommen? Wie können Selbstbewußtsein und Handlungssicherheit in unübersichtlichen Situationen entwickelt werden? Nicht auf Gewalt, autoritäre und nationalisierende Positionen zurückzugreifen, um die eigene Stärke gegenüber Schwächeren zu demonstrieren, sondern andere so zu behandeln, wie man selbst behandelt werden möchte, das ist das Ziel.

- Einerseits steht Benno gegen die bornierten Provokationsparolen mit NS-Anleihen; andererseits kann er zumindest nationalistischen Sprüchen nichts entgegensetzen, wenn sie ihn im Zusammenhang mit »seiner« Gruppe (zu der er unbedingt gehören möchte) oder Zuschauermassen mitreißen.
- Einerseits zeigt er durch die Mitgliedschaft in einer politischen Partei (in diesem Fall SPD) eine bestimmte Form politischer Bewußtheit, auch wenn er sich – noch – nicht engagiert; andererseits zieht er doch eindeutige Zusammenhänge zwischen Arbeitslosigkeit und der Anwesenheit von Ausländern und bewegt sich so auf dem politischen Terrain neokonservativer bis rechtsextremer Propaganda bzw. Ideologie.
- Einerseits ist er integriert in eine mitunter gewaltförmig auftretende Fanclique (»Ostwestfalenterror«); andererseits spricht Benno anderen, die ähnlich auftreten, das Prädikat ab, Fans zu sein.
- Einerseits macht er Anstrengungen, sein Leben in die eigenen Hände zu nehmen, um einen ganz konventionellen Lebenslauf zu realisieren; andererseits gefährdet er diese Anstrengungen ständig durch seine zumeist im Zusammenhang mit Fußball und Alkohol stehenden risikoreichen Alltagsflips.
- Einerseits zeigt sich Enttäuschung und Distanz gegenüber dem Verein; andererseits ist Benno immer bereit, sich »berauschen« zu lassen, wenn die Mannschaft spielt.
- Einerseits spricht er voller Bewunderung von den kompetenten Polizeibeamten; andererseits sieht er sie aus der Fanperspektive als Feinde an.
- Einerseits stellt er jugendliche Unbekümmertheit zur Schau im Hinblick auf die Funktion politischer Rituale und Symbole; andererseits gibt er etliche Hinweise auf Ablehnung von Randgruppen wie z.B. Hausbesetzer (mit denen sich die Skins sinnvollerweise prügeln sollten).

Aus: Heitmeyer, W./Peter, J.-I.: Jugendliche Fußballfans, a.a.O., S. 131.

Warum handeln Menschen gegen ihre eigenen Interessen?

Maik, Dirk und Roger haben oder hatten Entscheidungen getroffen. Interviews mit Maik und Dirk und die Lebensgeschichte Rogers sollen uns helfen, herauszufinden, wie solche Entscheidungen begründet sind. Wie und warum kann es zu ihren Entscheidungen gekommen sein? Sind es ihre Interessen? Welche Probleme sind damit verbunden? Welche äußeren ›Einflüsse‹ mögen sie zu ihren Entscheidungen veranlaßt haben?

1. Maik: Zwischen individueller Karriereplanung, zeitintensiv-oberflächlichen Fan-Freundschaften und nationalistischer Identifikation

Maik ist 18 Jahre alt und wohnt bei seinen Eltern in einem eigenen Haus in einem Altstadtviertel einer Großstadt. Er geht zum Gymnasium und kommt mit seiner ökonomischen Lage nach eigenen Angaben prima zurecht. Vom Fußball kommt er nicht mehr los, will es auch nicht. Aktiv spielt er nur selten Fußball, gelegentlich bei Turnieren von Fan-Clubs.

Lebenspläne

I: »Wie stellst du dir deine Zukunft vor?«

M: »Schwer, sehr schwer. Also, ehrlich gesagt, über die weitere Zukunft habe ich mir, mache ich mir selten Gedanken. Na ja, über die nähere Zukunft – Abitur und so was. Daß ich eben – wie gesagt – mein Traum wäre halt, als Bankkaufmann eine Stelle zu kriegen, gut verdienen und so, in unserer kapitalistischen Gesellschaft zu überleben. Und dann auch möglichst aufzusteigen. Auch im Grunde in normalen Bahnen, was man unter normalen Bahnen versteht. Na ja, ich brauch 'ne gewisse Freiheit. Das merkst du ja auch, ich reise gerne. Ich muß raus. Ich kann nicht zu Hause in der Wohnung sitzen und nichts tun. Dann fahr' ich eben in die Stadt oder mach' sonst was, und wenn sich das also verbinden ließe, gute berufliche Position und... na ja, an Familie, da denke ich noch wenig dran. Also, ich muß sagen, ich bin, glaube ich, relativ optimistisch. Erst mal gehöre ich bestimmt nicht zu dieser Null-Bock-Generation, ganz sicher nicht. Und was weiß ich, auch diese Angst vor Weltkriegen meinetwegen habe ich überhaupt nicht. Ich glaube, daß inzwischen, daß man so vernünftig ist, die Waffen nicht einzusetzen, die man hat. Das kann natürlich ein Trugschluß sein, weiß ich nicht. Das meine ich jedenfalls. Also von daher sehe ich das ganze recht optimistisch, und ich bin auch ganz zufrieden, so wie ich jetzt lebe. Man will natürlich immer mehr, aber im Grunde geht es mir ganz gut, und wenn es so bleibt oder ein bißchen besser wird. Also, ich seh' das alles ziemlich optimistisch. Ich weiß, wie es aussieht auf dem Arbeitsmarkt, und ich weiß auch, wie schwer das ist, z.B. als Bankkaufmann. Es gibt ja unheimlich viele Bewerbungen als Bankkaufmann, das ist einer der Traumberufe der 18- bis 19jährigen, die heute das Abitur machen. Ich habe vor kurzem gelesen, daß der zu den fünf meistgenannten Berufen gehört. Aber, irgendwie mache ich mir da noch keine Sorgen. Das kann schlecht sein dann später, wenn man feststellt, daß man sich doch hätte Sorgen machen können, aber ich seh' mehr so das Nähere, und diese Überforderung, daß ich alles hinschmeißen würde, das glaube ich eigentlich nicht. Habe ich nicht so das Gefühl. Ich fühl' mich, glaube ich, ganz wohl. Die Voraussetzungen von zu Hause sind da, gutes Verhältnis zu den Eltern. Man ist nicht reich, aber man muß auch nicht betteln. Man kann sich was leisten, nicht unbedingt die großen Sachen. Auch daß man Freunde hat, also, ich bin schon relativ zufrieden mit der Situation. Das einzige, das vielleicht, daß ich so ein bißchen, geldgierig kann man das vielleicht nicht nennen, aber, na ja, mich schon an den Werten unserer kapitalistischen Gesellschaft messe. Ich weiß es nicht, aber ich habe manchmal das Gefühl, daß es ein bißchen zuviel wird. Ansonsten fühle ich mich ganz wohl.«

Die Bedeutung des Fußballs

[...]

M: »Nein, das war im ganzen Jahr jetzt. In dieser Saison habe ich ein Spiel verpaßt bisher gegen Mannheim und davor noch in Kaiserslautern, das war im Februar, Mannheim im September, sonst war ich überall dabei. Und auch immer mit dem Zug gefahren – ja nun, jetzt komme ich davon nicht mehr ab, oder ich hab' auch keine Lust, davon abzukommen – das macht Spaß und – so bin ich da hingekommen. Das Spiel ist immer noch da, und ich freu mich natürlich auch noch, wenn Arminia gewinnt, das ist ganz klar. Aber, wenn man kleiner ist, mit 14 oder 15 oder so, da sieht man da unten auf dem Rasen die tollen Spieler, die die Tore schießen, da findet man das unheimlich toll, und dann freut man sich riesig.

Aber jetzt hab ich irgendwie auch – erst mal sind da zwei Seiten – erst mal die Distanz zu den Spielern, weil ich die Bewunderung, ich bewundere die nicht ...«

I: »Das war aber einmal?«

M: »Das war mal, sicher. Das war, als ich oft geträumt hab', ein Fußballprofi zu sein, jeder kleine Junge, der Fußball spielt, denkt daran. Heute halte ich von Helmut Schröder (Profi bei Arminia Bielefeld, W.H.) nicht unbedingt mehr wie von meinem Geschichtslehrer. Das ist mal das eine, dieser Abstand zu den Spielern und dann eben, daß das ganze Zusammengehörigkeitsgefühl, daß du dabei bist, daß man sich gemeinsam auch mal gegen andere durchsetzen muß und daß die Stimmung dann, wenn es mal gut läuft, daß das Ganze ... die Atmosphäre halt, und eben, wie gesagt, wenn du auswärts fährst mit dem Zug mit 200 Leuten, da ist natürlich immer Riesenstimmung. Und so ein Spiel, so ein Heimspiel gegen Köln und so, wenn etwas los ist, das fängt morgens um halb elf an und geht bis abends sieben, das sind nicht mehr die $1\frac{1}{2}$ Stunden, wie es früher einmal war, Fußball, ... da gehört schon 'ne Menge mit zu.

Wie gesagt, das Spiel ist – ich will nicht sagen, daß es Nebensache ist –, aber es ist nicht mehr allein die Hauptsache. Es gehört einiges mehr dazu.«

I: »Und so bestimmte Sprüche aus der NS-Szene schreit man denn auch nach oder mit?«

M: »Bei mir ist es so, daß ich weiß, was ich da schreie, nur ist das bei vielen natürlich auch, bei den Jüngeren und bei denen, die nicht so den Einblick haben, die sich nicht so politisch interessieren, die singen das genauso mit wie alles andere. Ich singe es auch mit und denk' im Moment nicht darüber nach, aber ich weiß schon, was ich da mache.«

Die Clique

[...]

I: »Wie war das bei euch? Wart ihr da so eine Clique mit ein paar Leuten, mit denen du immer hingefahren bist? Wie hat sich das Ganze entwickelt, wenn du jetzt sagst, du bist beim harten Kern, ihr nennt euch doch Devils?«

M: »Es war so, daß ich bis vor 2 Jahren vielleicht nur mit diesem einen, der mich am Anfang mitgenommen hat, dabei war. Also, daß ich da überhaupt keinen, ich meine, ich kannte viele von der Alm, aber ich hatte keinen näheren Kontakt zu denen und, ah, da war ich noch kleiner, so 15 oder 16, da hatte man noch keinen Überblick über das Ganze, wie das ablief, da wußte ich noch nichts von Blue Army, was es so gab, die gab es dann. Sommer '83 muß das gewesen sein, wo die sich gegründet haben, wo sich der harte Kern zusammengeschlossen hat und auch immer gewachsen ist. Und von daher, vorher war ja in Bielefeld relativ wenig los, so mit Randale, mein' ich jetzt. Da waren zwar die Alm-Adler damals da, die sind ja jetzt aber auch auseinandergefallen ...

Also erst war ich ja mit dem da, der hat aber dann bald keine Lust mehr gehabt, er geht seit einem Jahr nicht mehr zur Alm, das zieht ihn nicht mehr. Da hatte ich mit neueren Freunden, man lernt den und den kennen und man merkt, daß man so das Gleiche von der Sache hielt, daß die dann häufig auswärts mitfuhren im Zug, wie gesagt, ja dann hab' ich auch mehr von der Army jetzt kennengelernt, ich mein', ich bin nicht in der Army, da kommt auch nicht jeder rein, im Grunde sind das nur 25 Mann, aber alles, was so drum rum ist, sind das so hundert. Ja Gott, man lernt eben immer mehr Leute kennen, und dann traf man sich auch mal so in der Stadt oder was. Und heute bin ich auch so mit einer Clique mittags in der Stadt und 'ne gewisse Fluktuation, aber es ist schon so 'ne Clique, die immer mitfährt. Auch bei den Heimspielen, da sind das natürlich mehr.«

I: »Aber das ist bei euch ziemlich lose, nicht so wie bei der Army, die hat ja eine feste Gruppe oder eine feste Struktur?«

M: »Nein, daß wir immer zusammen sitzen oder einen richtigen Fanclub haben, ist nicht so. Kann eigentlich jeder mitmachen.«

I: »Was heißt mitmachen?«

M: »Steh' da rum auf der Alm mit denen. Unterhält sich da, trinkt 'ne Cola oder was weiß ich. Aber das ist schon so eine gewisse Gruppe, die immer zusammen ist. Aber auch nicht so, daß die besonders fest ist.«

Ehre und »Ruf« der Clique

I: »Also, wenn Gewalt vor dem Spiel passiert, dann hat das doch mit Fußball nichts zu tun.«

M: »Schlägereien haben mit Fußball nichts zu tun.«

I: »Aber nach dem Spiel kann man es anders auslegen, man ist aufgeheizt vom Spiel. Aber hat es oft nicht damit zu tun, die Ehre zu verteidigen? Jetzt hat Bielefeld eine Truppe mit einem bestimmten Ruf. Bedeutet dies auch immer, daß man diesen Ruf verteidigen muß, daß das alles schon ganz automatisch geht?«

M: »Also, ich denk dabei nicht an den Ruf von Bielefeld.«

I: »Nicht den vom Verein?«

M: »Nein, das ist klar. Der Verein hat damit nichts zu tun. An dem Ruf, das möchte ich nicht sagen. Es ist aber auch so, daß man nicht weiß, was die anderen über einen denken. Ich kann es nur sagen, was weiß ich, wenn ich sehe, was aus Dortmunder Fans geworden ist. Groß die Borussen-Front, vor 2 bis 3 Jahren, auch Fernsehen mal da, Presse und alles mögliche, große Berichte, aber wenn ich das Häuflein heute sehe, dann ist das schon mehr Verachtung vielleicht. Man nimmt die eben nicht mehr so ernst, so wie bisher – ach, die große Borussen-Front. Also schon, daß es so eine gewisse Ehre gibt, aber daß ich irgendeinen Ruf verteidigen will, würde ich nicht sagen. Weil man ja auch nicht weiß, was man für einen Ruf hat. Man weiß nur, was man selbst von den anderen hält. Und man ist natürlich froh, daß, wenn man, z.B. in Bremen war es, letzte Saison, da sind wir mit dem Bus hingefahren, so 50 Mann, und jetzt wirklich eine gute Truppe zusammen hatten. Freitagabends war das, und daß wir wirklich die Bremer in ihrem eigenen Stadion geschlagen haben. Also hinter der Tribüne, auf dem Spielfeld haben wir verloren, aber da war das unwichtig. Bremen hat einen guten Ruf in Bielefeld, und wenn man da jetzt hinfährt und man kommt zurück mit dem Bewußtsein, daß man es denen gegeben hat im eigenen Stadion, das ist schon so 'ne ... gutes Gefühl in diesem Sinne. Jetzt z. B. kennst du M.? Der sagte, dieses Jahr fahr'n wir am besten erst gar nicht nach Bremen. Wir haben es denen letztes Jahr gezeigt, warum sollen wir dieses Jahr wieder hinfahren. Das ist vielleicht auch ein bißchen die Angst, daß man es diesmal wieder zurückkriegt. Nicht, daß er Angst hätte vor den Bremern, sondern vielleicht spielt der Ruf eine Rolle.«

Zum Verhältnis Fans und Polizei

I: »Wie betrachtest du eigentlich Polizei und Stadionordner?«

M: »Meine Einschätzung zur Polizei? Ja, ich würde erst mal sagen, daß die erst mal nötig sind, auch im alltäglichen Leben jetzt, erst mal, ohne Polizei geht es nicht. Das ist, glaube ich, ich weiß nicht, ob das jedermanns Meinung ist, aber ich kann es mir nicht anders vorstellen. Man muß ja eine Staatsautorität haben, und z. B. vor einem Jahr wurde in Holland, hatte die Polizei ein Spiel, ich glaube, Eindhoven gegen Amsterdam, da nicht hinzugehen, da wurde das Spiel abgesagt. Weil es völlig unmöglich ist, wenn Bielefeld gegen Dortmund ohne Polizei wäre. Das wäre ein einziges Chaos, und von daher sind sie schon nötig. Also, obwohl natürlich sicherlich viele Fans das wünschten, aber ich glaube, das würde den totalen Krieg bedeuten, wenn keine Polizei ... Polizei hat auch so 'was, wo sich beide Fangruppen daran orientieren. Das ist gemeinsame Meinung, daß man dagegen was hat, wenn man die sieht. Jetzt kommt eben der andere Aspekt, in der Wahl ihrer Mittel übertreiben sie es manchmal ein bißchen. Es ist natürlich auch so, daß, ich habe ja Verständnis dafür, weil die Polizisten das ja so, im Grunde ist es ja überflüssig, sich zu schlagen auf dem Fußballfeld, das gebe ich ja zu. Von der Bedeutung her völliger Unsinn. Aber, und da denke dran, wenn so ein Polizist mittendrin steht, gewisse Aggressionen hat, und nur wenn jetzt, unser Freund Sadist (Spitzname eines Bielefelder Polizeibeamten, W. H.), ich kann es ja nur über die Bielefelder Polizei sagen, wenn er den Leuten Tränengas abnimmt und es ihnen dann in die Augen sprüht, oder wenn in Bochum die Polizisten mit Schlagstöcken auf unsere Mädchen losgehen, oder was weiß ich, wenn sich das auf das Privatleben wochentags schon auswirkt, wenn man sich in der Stadt sieht. Wie gesagt, diese willkürlichen Stadionverbote, Festnahmen und so, so z. B. was ich erlebt habe gegen Schalke: Alle Bielefelder Fans, über Lautsprecher, zurück zum Berliner Platz, da standen sie und haben uns alle einkassiert. Ist auch so, man kann sich nicht dagegen wehren, als Fußballfan hat man keine Lobby.«

Gewalt

I: »Es ist doch merkwürdig, immer sagen beide Seiten, wir fangen nicht an, wir schlagen nur zurück. Ist dies nicht oft eine Ausrede?«

M: »Sicher, das kann schon sein, daß dies eine Ausrede ist.«

I: »Wird denn nicht so etwas gesucht über eine Provokation?«

M: »Schon immer dabei. Aber es ist doch ein Unterschied, ob Dortmund hier spielt oder Stuttgart. Da ist das Verhalten, unbedingt rüberzukommen auf den anderen Block, unbedingt welche zu kriegen, oder was weiß ich, das ist nicht so groß bei Stuttgart. Wie gesagt, so eine Rivalität läßt sich eben nicht mehr erklären, und was das bringt ... kann ich eigentlich schlecht beantworten. Das ergibt sich eben so. Wenn du zu Auswärtsspielen fährst, ergibt sich das zwangsläufig, wenn du siehst, wie es vorne abgeht, wie dein Freund gerade eine draufkriegt. Da kommt man so mit rein, das ergibt sich. Und wenn man mit denen so zusammen ist bei den Spielen, Heimspiel am Bahnhof oder so was, hinterher ist man mit der gleichen Clique zusammen und dann sieht man plötzlich andere Farben oder was. Rot-Weiß oder so ..., ergibt sich eben so, aber was das eben bringt, ist immer dieses Zusammengehörigkeitsgefühl.«

I: »Aber mit Fußball hat das Ganze dann wenig zu tun?«

M: »Das ist der Anlaß.«

I: »Aber das ist doch nur indirekt, das hat doch mit dem Spiel, dem Spielausgang, mit Spielszenen wenig zu tun.«

M: »Doch, zum Teil schon noch. Nehmen wir an, Stuttgart spielt. Dann ist es ja erst mal so, von Beginn des Spiels an, das weiß ich auch noch vom letzten Jahr, daß wir uns abgesprochen haben. Wirklich, wir lassen die jetzt in Ruhe, die gehen uns nichts an. Die sind 600 Kilometer weiter, das interessiert uns nicht weiter, da kommen soundso nur wenige, 20 oder was, wir wollen keine Freundschaft, ... wir kümmern uns nicht weiter drum. Wenn jetzt aber während des Spiels übermäßig viel, daß die jetzt richtig reinkloppen auf dem Platz, vielleicht einer mit der Bahre vom Platz getragen wird, das kann ja vorkommen, daß man sich doch dann sagt, da man ja an die Spieler nicht rankommt auf dem Platz, die den einen zusammengetreten haben, daß man dies überträgt. Wie gesagt, wenn die ersten schreien, los jetzt gehen wir rüber, packen wir sie uns, geht der Rest mit. Bei solchen Spielen ist es schon so, daß das Spiel einen Einfluß hat. Aber wenn Schalke spielt, dann ist es egal, ob sie 4:0 gewinnen oder verlieren, oder ob es da Verletzte auf dem Spielfeld gibt oder nicht. Das ist eben, wie gesagt, diese Rivalität, die sich über die Jahre entwickelt hat.«

Soziale Einbindung und nationalistische Orientierung

I. »Wie siehst du denn Freundschaften? Lang andauernd oder enden die im Grunde immer in Enttäuschungen?«

M: »Also, das war bis vor kurzem ... ein Jahr vielleicht so, das hat immer so gewechselt, daß ich einen hatte, mit dem ich wirklich, der wirklich mein bester Freund war, ob das jetzt ein Mädchen oder Junge war, und irgendwann kam es dann immer zum Bruch, glaube ich. Man hat sich nicht mehr rausgeholt, so zum Fußballspielen, so bei einem Jungen meine ich, und dann kam es zum großen Krach, und dann hat mich das auch nicht mehr weiter interessiert, und jetzt ist es mehr so, daß es mehrere sind, dadurch auch die Spannungen, die so entstehen können in so einer wirklich festen Freundschaft, nicht mehr da sind. Es ist eine größere Gruppe, und da ist man einer von mehreren und ich möchte sagen, daß ich einen wirklich speziellen festen Freund nicht habe, in dem Sinne. Vielleicht in dem Sinne, wie sich andere eine Freundschaft vorstellen.«

I: »Ist dies erstrebenswert, solch eine dicke Freundschaft, wo man durch dick und dünn geht, oder findest du es jetzt angenehmer, wo du dich mit mehreren Leuten austauschen kannst?«

M: »Ich habe, wie gesagt, die Erfahrung gemacht, daß so eine Freundschaft ... Bei mir ist es so, das Problem, wenn ich einen Freund habe, daß ich mich unheimlich auf den konzentriere und die anderen dann völlig links liegenlasse. Wenn es dann eben zum Bruch kommt, dann ist es auch wieder schwierig, so einen Anschluß zu finden. Also im Moment finde ich es so besser.«

I: »Das bringt doch mit sich, daß diese Freundschaften nicht so eng sind. Man tauscht sich mit mehreren Leuten nicht so aus, wie mit nur einer Person. Hast du dann das Gefühl, durch viele Sachen muß ich alleine durch, da stehe ich alleine, oder ist da ein Rückhalt von den anderen da?«

M: »Ich habe eigentlich nie das Gefühl gehabt, daß ich irgendwie alleine dastehe. So persönliche Entscheidungen, das ist irgendwie jetzt, das hängt auch damit zusammen, ... es ist unheimlich schwierig, diese Freundschaften sind ja, ergeben sich so aus, vom Fußball meistens eben. Da ist eigentlich wenig von persönlichen Dingen die Rede. Da komme ich ganz gut alleine oder mit den Eltern halt durch. Also, daß ich da alleine stehe ..., da habe ich nicht so das Gefühl. Anders ist es, wenn man jetzt eine Freundin hat, da konzentriert man sich schon darauf, aber das ist eben etwas anderes als eine Freundschaft mit den anderen Typen. Das ist natürlich dann schon enger.«

I: »Was ist an den Spielen der Nationalmannschaft das Faszinierende? Was ist daran anders als auf die Alm zu Arminia zu gehen?«

M: »Ja, der Unterschied, ich war ja erst einmal bei einem Länderspiel dabei, gegen Schweden. Unterschied ist sicherlich, daß man erstens mal mit anderen Fans, das ist irgendwie eine größere Gemeinschaft, die auch hinter der Mannschaft steht, und daß auch viel mehr zusammenkommt, und von der Stimmung her ist auch viel mehr los.«

I: »Bewegen dich solche Sachen auch besonders, wie die Nationalhymne vor dem Spiel? Vielleicht hast du auch einen schwarz-rot-goldenen Schal?«

M: »Jetzt kommt das Politische rein. Ich bin also eben relativ nationalistisch eingestellt. Nicht nationalsozialistisch, darauf achte.«

I: »Erklär mir das mal.«

M: »Ja, daß ich mich eben hier mit diesem Land identifiziere, daß ich mich hier wohlfühle, wie gesagt, ich reise gerne und in erster Linie in Deutschland, kenne die Städte und Menschen und fühl mich hier wohl und identifizier mich damit. Wenn die deutsche Nationalmannschaft spielt, oder wenn ich die Nationalhymne höre, dann bewegt mich das schon etwas. Man hat das Gefühl, daß man eben auch dazugehört. Es ist natürlich ein anderes Zugehörigkeitsgefühl als bei den Fans mit 50 Mann. Es ist ja kein Vergleich dazu. Also, so was bewegt mich dann schon.«

»Also, so was bewegt mich dann schon.« Aus: Heitmeyer, W./Peter, J.-I.: Jugendliche Fußballfans, a.a.O., S. 103.

I: »Dieses nationalistisch, wie würdest du dies festmachen? Nur an dem ›Dazugehören‹, was beinhaltet dies noch mehr in alltäglichen Situationen?«

M: »Das ist immer ganz speziell, schätze ich. Erst mal kommt es sicherlich auch über die Alm, daß da doch ein ziemlicher Rechtsdrall ist unter den Fans, das ist nicht nur auf der Alm so, das ist überall so, in jedem Stadion. Wir haben eigentlich wenig Neonazis bei uns auf der Alm, es ist so eine allgemeine Stimmung, aber so richtig Neonazis kaum.

... Ich hab was gegen Leute, so eben, die politisch links sind. Die sich total von Deutschland und allem sich absetzen und alle gleich als Nazis beschimpfen. Es ist eben bei mir so, daß ich so eine gewisse Aggression habe gegen solche Leute ... Es ist ziemlich schwierig, also man fühlt sich irgendwie angegriffen, kann man sagen. Die ›Falken‹ meinetwegen, die einen als Nazi ansehen; dann kommt es schon vor, daß ich mich da hinstelle und sage, na gut, ich bin ein Nazi, und was ist jetzt? Obwohl ich das im Grunde nicht bin, ganz sicher nicht. Ich halte von Adolf Hitler nichts, von der NSDAP nichts. Es ist immer so eine Art Krieg auf einer anderen Ebene, das eine auf dem Fußballplatz und das ist eben mehr so politisch. Ich sag' den Leuten, daß ich mich da irgendwie provoziert fühle und mich dann eben hinstelle und meine Meinung dann eben auch vertrete. Wenn man dann mit mehreren zusammen ist, dann hat man auch die Möglichkeit, das eher zu tun.«

I: »Wie glaubst du, kommt eine solche Gleichsetzung zustande? Da muß es doch Anhaltspunkte dafür geben. Daß man das sagt, Nazi, Neonazi.«

M: »Zum Beispiel der Deutschlandschal, Bomberjacke ...«

I: »Aufnäher ›Deutschland den Deutschen‹ usw., die ja auch ganz klar etwas aussagen, z.B. in bezug auf die Ausländerproblematik. Wozu du dann auch Stellung nehmen mußt. Gibst du denn auch solche Anhaltspunkte, ein Deutschlandschal beim Länderspiel ist ja kein Anhaltspunkt für eine nationale Einstellung.«

M: »Beim Länderspiel nicht. Ich trage ihn aber auch in der Schule, ohne weiteres. Ich meine, ›Ich bin stolz, ein Deutscher zu sein‹, diesen Aufnäher würde ich vertreten, warum nicht, ich weiß, was in der Vergangenheit passiert ist, aber ich meine, daß diese Vergangenheit genauso zu Deutschland gehört wie alles andere, wie die Gegenwart auch und wie die positiven und negativen Ereignisse. Man kann manches nicht akzeptieren, aber sich darüber klarwerden halt, und ich weiß es von richtigen Neonazis, die sagen ja, mit den Juden, das war alles Lüge, 6-Millionen-Lüge, was es da alles gibt. Aber ich weiß ganz genau, was damals passiert ist, aber ich glaube, wenn sich ein Engländer oder ein Türke hinstellt und sagt, ich bin stolz, ein Türke zu sein, da würde niemand was sagen. Das ist eben nur, daß hier in Deutschland jemand sagt, stolz ein Deutscher zu sein, daß das immer gleichgesetzt wird mit Neonazis. Es ist irgendwie auch klar, das ergibt sich dann. Das ist auch bei den meisten dann der Fall. Bei mir ist mehr so rein nationalistisch und dann über den Fußballplatz, da kommt es auch mit der Mode ein bißchen, daß man Bomberjakken trägt. Die ziehe ich auch zur Schule an, warum nicht. Und bei unserer Schule ist es also, na ja, der größere Prozentsatz also links gerichtet, da giftet man sich schon mal an, nicht besonders ernst, auch im Scherz meistens. Natürlich, wenn man mit Deutschlandschal und Bomberjacke in der Schule rumläuft, manche sehen da schon ein rotes Tuch, wie gesagt, dann wehr' ich mich darauf und verleugne das auch gar nicht – im Gegenteil, da ist auch ein bißchen Provokation dabei. Was gibt es dagegen zu sagen?«

I: »›Ich bin stolz, ein Deutscher zu sein‹, den Spruch kannst du vertreten, um den anderen hast du noch einen Schlenker drumherum gemacht ...«

M: »›Deutschland den Deutschen‹.«

I: »Ja, diese Parolen hier auf der Alm oder in der Schule gehen ja auch weiter ...«

M: »Du meinst Ausländerhaß, ob das für mich in Frage kommt?«

I: »Sagen wir mal Ablehnung.«

M: »Haß würde ich erst mal nicht sagen, glaub ich nicht. Auch wenn man sich daran gewöhnt hat. Ich seh' da keinen Haß mehr, wenn ich einen Türken sehe, aber ich glaube eben auch, daß es vielleicht zu viele sind. Ich komm' jetzt nicht mit dem Thema, die nehmen uns die Arbeitsplätze weg, das ist ziemlich abgehakt, das Ganze. Und ich habe auch nicht den genauen Überblick über die Zahlen, wieviel in einem Jahr reinkommen, Asylbewerber und was weiß ich. Das interessiert mich auch nicht so unbedingt, die Ausländerzahlen, daß ich sie unbedingt raushaben will. Ich mein', schön ist es nicht, wenn man durch diese Ghettos geht. Es gibt ja so bestimmte Bezirke, in Bielefeld auch, in jeder Großstadt, wo die Leute leben. Verstehst du, so ein gewisser äußerer Eindruck, da hat man das Gefühl, es sind doch zu viele. Wenn ich durch die Bahnhofstraße gehe, sehe, jeder 3. oder 4. ist ein Ausländer, das ist jetzt ein persönlicher Eindruck, vielleicht stimmt es nicht, ich weiß nicht. Aber daß es ein unbedingter Ausländerhaß ist, glaub' ich nicht. Das ist auch gar nicht so mein Hauptanliegen, daß das mein politisches Ziel ist.«

I: »Dieses ›stolz sein auf dieses Land‹, worauf gründet dies? Auf bestimmte Eigenschaften, die die Leute haben? Oder was man geleistet hat?«

M: »Mein Gott, die Welt besteht eben nun mal aus Nationen, Nationalitäten, Engländer, Franzosen, Deutsche, Amerikaner, und ich bekenne mich eben zu dieser Nation. Jetzt ist eben diese Schwierigkeit, mit dem Nationalsozialismus fertig zu werden ...«

Aus: Heitmeyer, W./Peter, J.-I.: Jugendliche Fußballfans, a.a.O., S. 94–106.

1.1 Sprüche oder Überzeugungen?

Ausschnitt aus dem Interview mit Maik:

M: »Wie gesagt, das Spiel ist – ich will nicht sagen, daß es Nebensache ist – aber, es ist nicht mehr allein die Hauptsache. Es gehört einiges mehr dazu.«

I: »Und so bestimmte Sprüche aus der NS-Szene schreit man denn auch nach oder mit?«

M: »Bei mir ist es so, daß ich weiß, was ich da schreie, nur ist das bei vielen natürlich auch, bei den Jüngeren und bei denen, die nicht so den Einblick haben, die sich nicht so politisch interessieren, die singen das genauso mit wie alles andere. Ich singe es auch mit und denk' im Moment nicht darüber nach, aber ich weiß schon, was ich da mache.«

Was steckt hinter NS-Sprüchen? Sind es Provokationen, sind es Überzeugungen? Wozu dienen diese NS-Sprüche? Brechen sie Tabus? Weshalb sind Tabus attraktiv?

Man stelle sich die folgende Situation vor – auch zum Selbsttest der eigenen Gruppe geeignet. Eine Gruppensitzung oder ein Gruppentreff beginnt mit dem Erzählen von Türken-Witzen:

TÜRKEN-WITZE

»Ein Türke wird von einem Verkehrspolizisten auf der Straße angehalten. Der Polizist fragt: ›Können Sie sich ausweisen?‹ Der Türke antwortet: ›Muß man das inzwischen auch schon selber machen?‹«

»Was ist der Unterschied zwischen Juden und Türken? Antwort: Die Juden haben es schon hinter sich!«

»Woran erkennt man ein türkisches Flugzeug? Antwort: Am Dachgepäckträger!«

»Die Firma Rittersport hat eine neue Schokoladensorte herausgebracht: Knoblauchtraubennuß!«

»Die Türken haben vier hohe Feiertage: Ramadan, Winterschlußverkauf, Sommerschlußverkauf und Sperrmüll.«

»Warum stellt die Stadt jetzt gläserne Mülltonnen auf? Antwort: Damit die Türken auch einmal einen Schaufensterbummel machen können!«

»Was ist ein Türke im Mülleimer? Antwort: Ein Hausbesetzer!«

»Was ist der Unterschied zwischen einer durchgezogenen weißen Linie auf der Straße und einem Türken? Antwort: Die durchgezogene Linie darf nicht überfahren werden!«

»Was ist der Unterschied zwischen einem Unglück und einer Katastrophe? Antwort: Ein Unglück ist, wenn ein Schiff mit 2000 Türken untergeht. Eine Katastrophe, wenn sie schwimmen können!«

»Zwei Türken springen vom Fernsehturm. Der eine mit den Füßen, der andere mit dem Kopf zuerst. Wer kommt zuerst unten an? Na? Antwort: Das ist doch völlig egal, Hauptsache, sie springen!«

»In Immekeppel hat man einen toten Türken gefunden. In seinem Rücken stak ein Messer, daran hing ein Zettel mit der Aufschrift ›Unser Dorf soll schöner werden!‹«

»Im Jahre 1995 will eine deutsche Delegation mit 100 Teilnehmern die Türkei besuchen. Es wird über die Unterbringung verhandelt. Der türkische Delegationschef fragt den deutschen: Wie viele Hotelzimmer sollen wir für die deutschen Teilnehmer bestellen? Antwort: Nur eines! Der Türke fragt erstaunt nach: Wieso nur eines? Wie wollt ihr alle 100 zusammen in einem Zimmer unterbringen? Antwort des Deutschen: Das ist kein Problem, 99 schlafen sowieso bei ihren Verwandten und der eine braucht das Hotelzimmer!«

»Zwei Türken aus dem gleichen Heimatdorf stehen vor einer deutschen Amtsstube. Beide warten auf die Anerkennung ihres Antrages auf Einbürgerung (in der BRD) und unterhalten sich über ihre Probleme. Der erste wird aufgerufen und geht hinein. Als er wieder herauskommt, fragt ihn der zweite: Mehmet, mein Bruder, wie war's? Mehmet aber dreht sich um und antwortet barsch: Laß mich in Ruhe, du Türke!«

Wird mitgelacht, mitgeschmunzelt (weil doch alles nicht so ernst ist, weil man doch zur Gruppe dazugehören möchte, kein Außenseiter sein will)? Wird »Nein, aufhören« gerufen? Wie viele tun es? Wie viele schweigen?

Ein solcher Selbsttest ist nicht ohne Risiko. Er bringt aber manchmal mehr ans Licht als die »heimlichen« Vorurteile, das »heimliche« Mit-Machen: Wie müssen wir das Verhalten der Mit-Lachenden, Mit-Schmunzelnden bewerten? Wie sieht meine eigene selbständige Position dazu aus? Welches sind die Motive derjenigen, die nichts dagegen tun?

. . . und was fällt euch dazu ein?

Ausländische Kollegen aus den Stahlwerken von Peine und Salzgitter: weder Rauschgifthändler noch Zuhälter, noch vorbestraft. (Aus: metall 12/82, S. 11.) Fotos: Stefan Esser

Aus: Huisken, F.: Ausländerfeinde und Ausländerfreunde, Hamburg 1987, S. 172.

. . . auch eine schöne Werbung?

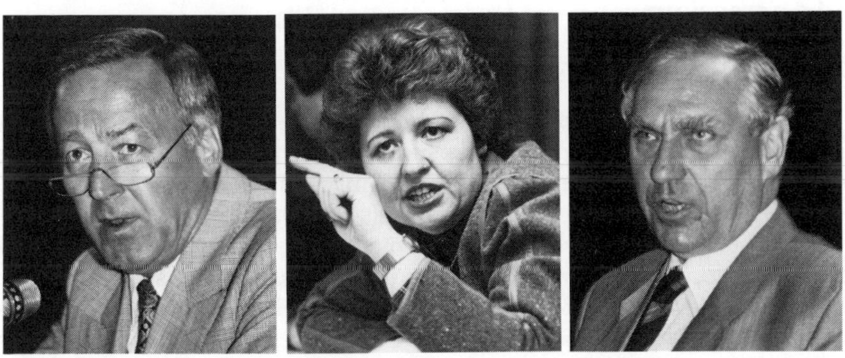

Deutsche Kollegen aus den Gewerkschaftszentralen: weder Rauschgifthändler noch Zuhälter, noch vorbestraft. Foto (Mitte): dpa/Holschneider

Nach: Huisken, F., ebenda., S. 173.

1.2 Die Gruppe – Was läuft ab?

Ausschnitt aus dem Interview mit Maik:

»... und dann eben, daß das ganze Zusammengehörigkeitsgefühl, daß du dabei bist, daß man sich gemeinsam auch mal gegen andere durchsetzen muß und daß die Stimmung dann, wenn es mal gut läuft, daß das Ganze ... die Atmosphäre halt, und eben, wie gesagt, wenn du auswärts fährst mit dem Zug mit 200 Leuten, da ist natürlich immer Riesenstimmung. Und so ein Spiel, so ein Heimspiel gegen Köln und so, wenn etwas los ist, das fängt morgens um halb elf an und geht bis abends sieben, das sind nicht mehr die 1½ Stunden, wie es früher einmal war, Fußball, ... da gehört schon 'ne Menge mit zu.«

Was läuft auf der Kehrseite von Zusammengehörigkeit oft ab? Ist das ganze Gerede um Zusammengehörigkeit etwa nur »getürkt«, geht es um etwas ganz anderes?
Welche Mechanismen laufen dort ab, die gefährlich sein könnten?

Die gruppenspezifische Entstehung von Vorurteilen und Aggressionen

Die Ferienlager Sherifs

In den Jahren 1949, 1953 und 1954 veranstaltete Sherif Sommerlager mit ungefähr zwei Dutzend Teilnehmern, psychisch normalen Jungen, die einander vorher nicht gekannt hatten und die aus ähnlichen häuslichen Verhältnissen stammten. Zwei Studenten fungierten als Beobachter, die sich an den Unternehmungen der Burschen lebhaft beteiligten, ohne sich dabei aber in die Rolle von Gruppenführern manövrieren zu lassen. Der Versuchsleiter selbst trat als Verwalter des in den Bergen gelegenen Geländes auf, in dem die Lager abgehalten wurden. Er gab sich dabei als ein etwas einfältiger Brummbär, dem niemand seine »naiven Fragen« (z.B. danach, welcher Gruppe ein bestimmter Junge angehöre) übelnehmen konnte.

Die drei Versuchsreihen Sherifs folgen demselben vierphasigen Schema, wobei jedes Stadium etwa 3 bis 4 Tage dauerte. Im ersten Stadium hatten die Jungen Gelegenheit, einander näher kennenzulernen und sich spontan zu Freundschaftsgruppen zusammenzuschließen. Sehr stark entgegen ihren anfänglichen Sympathien erfolgte im zweiten Stadium die Aufteilung in zwei Untergruppen, die – mit je 12 Mitgliedern – getrennt voneinander hausten und sich betätigten. Die Bildung dieser beiden Gruppen erfolgte aufgrund einer soziometrischen Befragung, und zwar so, daß in die neu zu bildenden Gruppen jeweils vorwiegend Lagerteilnehmer kamen, die sich in der ersten Phase nicht besonders eng aneinander angeschlossen hatten. Durch dieses von den Jungen selbst als recht unbillig empfundene Arrangement wird der Einfluß von Faktoren verringert, die bei freier Partnerwahl zu Sympathiebindungen führen. Dies war notwendig, um die bindungsstiftende Wirksamkeit des Gruppenkontakts möglichst rein zur Geltung zu bringen. Tatsächlich kam es in den künstlich zusammengestellten Gruppen innerhalb weniger Tage zu einem sehr intensiven Zusammenschluß. Die Gruppen entwickelten – jede für sich – ein echtes Wir-Erlebnis, so daß schon nach kürzester Zeit niemand mehr den ursprünglich zerrissenen Freundschaftsbanden nachtrauerte.

Die dritte Phase des Experiments entwickelte sich aus der zweiten nahezu von selbst. Mit einem Mal tauchte nämlich bei jeder der beiden Gruppen, die sich inzwischen u.a. auch eigene Namen beigelegt hatten – »Bulldogs« und »Red Devils« im Lager des Jahres 1949 –, die Frage nach dem Leben der anderen Gruppe auf. Diese mag sich etwa in der folgenden Überlegung geäußert haben: »Wir haben uns alle so nett eingerichtet, wir sind außerdem alle tüchtige Sportler, bei den anderen – da drüben – klappt es sicher nicht so gut, die können sich mit uns überhaupt nicht messen!« Empfindungen dieser Art sind es, um die es im Grunde dem Versuchsleiter ging; in ihnen scheidet sich die Binnen-Gruppe von der Außen-Gruppe bzw., wie ich sagen möchte, die »Wir-Gruppe« von der »Die-Gruppe«. Natürlich wurde den beiden Gruppen nun auch Gelegenheit dazu gegeben, sich aneinander zu messen. Es kam also zu sportlichen Wettkämpfen (Tauziehen) und zu gemeinsamen Ausflügen – es kam freilich auch zum Ausbruch eines erheblichen Maßes an gruppenspezifischer Aggressivität. Das Tauziehen mündete in eine Rauferei, man beschuldigte einander der Unehrlichkeit, Schimpfnamen flogen hinüber und herüber, Überfälle auf die feindliche Unterkunft ereigneten sich, mit Fallobst wurden Schlachten ausgetragen, und schließlich wurde sogar die Fahne der gegnerischen Die-Gruppe einmal feierlich verbrannt.

(Text aus: Hofstätter, S. 108–110.)

Es wurden Wettbewerbsspiele arrangiert (Baseball, Fußball, Tauziehen, Schatzsuche etc.) und Preise für die Gewinner ausgesetzt. Große Anzeigetafeln dokumentierten die täglichen Leistungen der Gruppen. In allen drei Experimenten begannen die Wettspiele im Geist sportlicher Kameradschaft. Niederlagen und geplante, ebenso wie spontan eintretende, Frustration bei den Gruppen führten mehr und mehr zu Beschimpfungen und vehement aggressiven Verhaltensweisen zwischen den Gruppen.

Nach einem Spiel, bei dem innerhalb kurzer Zeit möglichst viele Bohnen in einem Behälter gesammelt werden mußten, wurden kurzzeitig jeweils 45 Bohnen in unterschiedlicher Anordnung als angebliche Sammler-Leistungen präsentiert. Es wurde dazu angegeben, ob diese von einem Mitglied der eigenen oder der anderen Gruppe erzielt wurde. Durchgängig wurde die Zahl überschätzt, wenn sie von einem (angeblichen) ingroup-Mitglied, unterschätzt, wenn sie von einem (angeblichen) outgroup-Mitglied stammte.

(Text aus: Schäfer/Six, S. 168–169.)

In einer Kampfpause sammelten die Beobachter auf jeder der beiden Seiten die Urteile über die Wir-Gruppe und die Die-Gruppe. Vorgelegt wurde eine Reihe von sechs Adjektiven (mutig, ausdauernd, ordentlich, hinterlistig, spielverderberisch, unsauber), die jeweils hinsichtlich ihrer Gültigkeit für die entsprechende Gruppe zu bestimmen waren. Dazu standen fünf Kategorien in Gestalt der Sätze zur Verfügung: »Alle X-Leute sind...«, »Einzelne X-Leute sind...« bis zu »Keiner von den X-Leuten ist...«. Das Ergebnis läßt sich leicht erraten: Die jeweilige Wir-Gruppe belegte sich selbst vorwiegend mit günstigen Attributen, die rivalisierende Die-Gruppe hingegen mit ungünstigen.

(Text aus: Hofstätter, S. 110.)

Schlußfolgerungen:

1. Wenn Mitglieder zweier Gruppen in einer Serie von Aktivitäten Kontakt haben, bei denen beide Personen das gleiche Ziel ernsthaft verfolgen, es aber nur eine Seite auf Kosten der anderen erreichen kann, führt dieser Wettbewerb — nach einer gewissen Zeit — zu Feindseligkeit zwischen den Gruppen.
2. Im Verlauf solcher Wettbewerbs-Interaktionen werden negative Einstellungen und Stereotype gegenüber der anderen Gruppe entwickelt, durch die »die anderen« von der eigenen Gruppe distanziert werden.
3. Konflikt zwischen den Gruppen führt zu einem Anwachsen der Solidarität innerhalb der Gruppen.
4. Die Steigerung von Solidarität und Stolz auf die eigene Gruppe geht einher mit einer Überschätzung der Leistungen von Mitgliedern der eigenen Gruppe und einer Unterschätzung der Leistungen von outgroup-Mitgliedern.

(Text aus: Schäfer/Six, S. 168.)

Im vierten und letzten Stadium des Experiments ging es um die Beilegung der Gruppenfehden, d.h. um die Rückgliederung der beiden Kleingruppen in eine gemeinsame Großgruppe.

(Text aus: Hofstätter, S. 110.)

Phase 1: Angenehmer Kontakt ohne interdependente Aktivitäten.

Der ersten Hypothese entsprechend, wurden Kontaktsituationen wie gemeinsamer Kinobesuch, Einnahme von Mahlzeiten im gleichen Speisesaal, Veranstaltung eines Feuerwerks an einem Feiertag etc. geschaffen. Diese Situationen dienten den Jungen aber in erster Linie als Gelegenheit, sich gegenseitig zu attackieren.

Phase 2: Kontakt mit übergeordneten Zielen.

Es wurde eine Serie natürlich erscheinender Situationen erzeugt, die Probleme hinsichtlich wichtiger Ziele beider Gruppen enthielten und die nur durch gemeinsame Aktivität der Mitglieder beider Gruppen bewältigt werden konnten.

Zum Beispiel brach das Wasser-Versorgungssystem zusammen. Die Jungen wurden zusammengerufen und über die eingetretene Krise unterrichtet; sie

Allein machen sie Dich ein!

...ob Punk , Skinhead, Müsli, Fußball-Rocker, Ted oder Popper und was das System noch so für Uniformen und Ersatz-Identitäten für uns bereitstellen mag:
wenn's hart auf hart geht, Du um 6 Uhr morgens unsanft geweckt wirst:"Aufmachen-Polizei!" oder Du nach dem Fußballspiel noch gerade was rausläßt, was Dir der Richter dann ein halbes Jahr später als "faschistische Provokation" auslegt oder irgendein Blödmann am Telefon dumm gelabert hat und bei Dir ein lächerlicher Brösel gefunden wird,-wenn's hart auf hart geht,-bist Du plötzlich allein!
Die Kumpels von gestern, die Gruppe Gleichgesinnter, der "verständnisvolle"Sozialarbeiterhippie--wo sind sie dann...?!?
Wer es noch nicht erlebt hat, soll ruhig abwarten und weiter in den Tag hinein träumen..

Machen wir anderen uns nichts vor: Wer den Zug raus aus dem korrupten System gebucht hat und nicht vorher umsteigen oder aussteigen (und wieder einsteigen) will, wer sich nicht nur irgendwelche Uniformen (deren Einzelteile längst bei C&A zu kaufen sind!?!?) anzieht, um die Spießer von gestern zu provozieren,wer also nicht einer der Spießer von morgen sein will, wer also weiß, daß er hier "nicht frei" ist "und nur wählen" kann,"welche Mörder mir befehlen, welche Diebe mich bestehlen" (TSS),-der muß früher oder später Bilanz ziehen! Was habe ich erreicht,- was will ich erreichen, was kann ich erreichen, wenn....

wir uns organisieren!

Wir haben diesen Schritt getan, trotz und gerade wegen aller Anfeindungen von links bis Ultrakonservativ! Wir gehen unseren Weg in die Freiheit - Unsere,-Eure Freiheit in einem neuvereinten Deutschland,-frei von roten und goldenen Fesseln!
Uniformen - äußerlich und im Denken - haben wir weniger zu bieten,-dafür aber Ruhelosigkeit,Unangepaßtheit,Virulenz in allen Fragen, die UNS und UNSER Land betreffen...
UND - KAMERADSCHAFT,-bedingsloses Einstehen füreinander:

EINER FÜR ALLE - ALLE FÜR EINEN !!

In diesem Sinne:

Vorwärts im nationalistischen Befreiungskampf

Junge Nationaldemokraten
Die neue Gemeinschaft!

... für Deutschland !!

ALLEINE MACHEN SIE DICH EIN

Allein machen sie dich ein,
schmeißen sie dich raus,
lachen sie dich aus
und wenn du was dagen machst,
sperren sie dich in den nächsten Knast
Und alles was du da noch sagen kannst,
ist: Das ist aber n ganz schöner
Hammer,

Zu zweit, zu dritt, zu viern,
wird auch nichts anderes passiern,
sie werden ihre Knüppelholenund uns
ganz schön das Kreuz versolen
Und alles was du sagen kannst,ist:
Das ist aber'n ganz schöner Hammer

Zu hundert oder tausend
kriegen sie langsam Ohrensausen,
sie werden zwar sagen: Das sind nicht
viel,-aber tausend sind auch kein
Pappenstiel Und was nicht ist,
das kann noch werden, wir können uns
ganz schnell vermehrn.

In dem Land,in dem wir wohnen,sind
aber n paar Millionen,wenn wir uns
erstmal einig sind,weht, glaub ich,n
ganz andrer Wind.Dann werden sie
nicht mehr lachen, sondern sich auf
die Socken machen,auf die Bahamas
oder ins Tessin, der Teufel weiß am
besten wohin.
Und du weißt,das wird passieren,
wenn wir uns organisieren.

Und du weißt,das wird passieren,-
wenn wir uns organisieren!

TON STEINE SCHERBEN

Aus: JN/Klartext Nr. 11/1983-3, Jahrgang 3.

gingen getrennt auf die Suche nach der Ursache, taten sich dann zusammen und lokalisierten gemeinsam einen Rohrbruch als Ursache. Die dabei entstandene gute Stimmung überdauerte die gemeinsame Bewältigung der Krise allerdings nicht lange.

Während eines Ausflugs, als die Jungen sehr hungrig und auf Essen eingestellt waren, blieb das Lastauto mit den Nahrungsmitteln (durch unauffällige Intervention der Experimentatoren) stecken. Mit Hilfe eines in einer früheren Auseinandersetzung verwendeten Seils beim Tauziehen wurde das Auto wieder flott gemacht.

Die gemeinsamen Aktivitäten zur Erreichung gemeinsamer übergeordneter Ziele verminderten nach und nach alle feindseligen Aktivitäten zwischen den Gruppen. In abschließenden Interviews und Freundschafts-Wahlen wurden weitgehend freundliche Gefühle zwischen den Gruppen festgestellt.

Schlußfolgerungen:

- Kontakt zwischen verfeindeten Gruppen auf der Ebene von Gleichheit reduziert auch dann nicht notwendigerweise Konflikt und Feindseligkeit, wenn die Kontakt-Situation als angenehm erlebt wird.
- Kontakt zwischen Gruppen, der wechselseitig abhängige Aktivitäten auf übergeordnete Ziele hin enthält, führt zu Kooperation zwischen den Gruppen; eine einzelne Episode der Kooperation ist allerdings nicht ausreichend, bestehende Intergruppen-Feindseligkeit und negative Stereotype dauerhaft zu vermindern.
- Eine Serie kooperativer Aktivitäten auf übergeordnete Ziele hin hat einen kumulativen Effekt auf die Verminderung von Intergruppen-Feindseligkeit.

(Text aus: Schäfer/Six, S. 288/289.)

Zusammengestellt aus: Peter R. Hofstätter, Gruppendynamik (rde 38), S. 108ff., und Bernd Schäfer und Bernd Six, Sozialpsychologie des Vorurteils, Verlag W. Kohlhammer (urban 207), Stuttgart 1978, S. 168 und 286ff.

Aus: Floren, Fr. J.: Soziale Gruppe und Individuum 1, Verlag Ferdinand Schöningh (als Lizenzgeber), Paderborn 1983, S. 78–81.

- **Welche Übertragungsmöglichkeiten gibt es auf Gruppenprozesse in unserem Alltag von Schule, Betrieb, Wohngebiet, Gleichaltrigengruppe?**
- **Wie sieht meine selbständige Position dazu aus?**
- **Welche politischen Konsequenzen müßten gezogen werden aus den Schlußfolgerungen etwa im Zusammenleben zwischen deutschen und ausländischen Gruppen?**

Was in Gruppen noch abläuft

Das Experiment von Asch

Eine Gruppe von sieben Universitätsstudenten wurde in einen Unterrichtsraum geführt. Den Versuchspersonen wurde mitgeteilt, daß ihre Aufgabe darin bestünde, Striche gleicher Länge herauszufinden. An der linken Seite der Tafel befand sich eine weiße Karte mit einem einzigen Strich darauf, der Standardlinie. An der rechten Seite der Tafel befand sich eine zweite Karte, auf der drei verschieden lange Striche zu sehen waren, dies waren die sog. Vergleichslinien. Einer der Striche auf der rechten Karte war genauso lang wie der Strich auf der linken (s. Abbildung).

Wenn man eine Person fragt, welcher der Striche auf der Vergleichskarte genauso lang wie der Strich auf der Standardkarte ist, werden nur sehr wenige Schätzfehler gemacht. Was geschieht nun, wenn sich jemand in der Gesellschaft von sechs anderen wiederfindet, die auch angewiesen werden, ihre

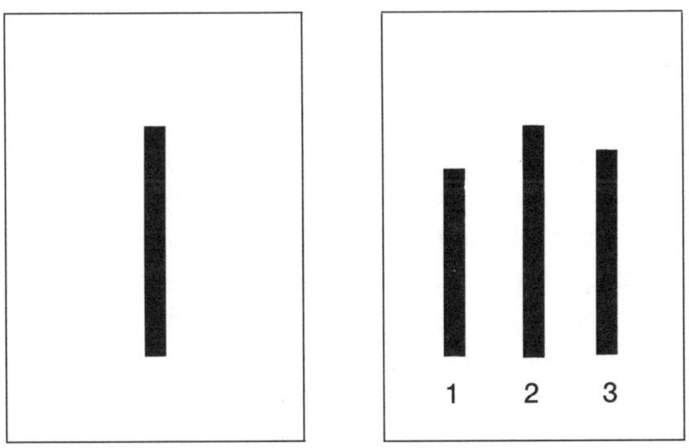

Schätzungen laut vorzunehmen? Normalerweise sollte das keinen Unterschied machen. In der Asch-Situation war das jedoch anders, denn jeder der sechs anderen war ein Verbündeter des Versuchsleiters, ohne daß die »naive« Versuchsperson etwas davon wußte. Mit anderen Worten: Mit Ausnahme der naiven Versuchsperson bestand die Gruppe nur aus Strohmännern (»stooges«).

Vor Versuchsbeginn und bevor die Versuchsperson erschien, war mit den sechs Komplizen sorgfältig durchgesprochen und durchgeübt worden, bei welchen Schätzungen sie einstimmig falsche Antworten geben sollten. So sagten sie z. B. in der Situation, die oben abgebildet ist, daß Strich 1 die gleiche Länge wie die Standardlinie aufwiese. Die unglückliche Versuchsperson befand sich nun plötzlich und unerklärlicherweise in Opposition zur gesamten Gruppe, und zwar nicht nur einmal, sondern mehrere Male im Verlauf des Versuches. Wahrscheinlich zum erstenmal in ihrem Leben sah sich die Versuchsperson einer Situation gegenübergestellt, in der das Verhalten der gesamten Gruppe in klarem Gegensatz zur Beweiskraft ihrer eigenen Sinnesorgane stand. Die Versuchsperson sah sich dem Problem gegenübergestellt, entweder mit der Mehrheit nicht übereinzustimmen und das zu sagen, was sie auch auf sich gestellt geäußert hätte, oder ihr eigenes Urteil anzuzweifeln und der Gruppe zuzustimmen. Es ist sehr aufschlußreich zu beobachten, was in derartigen Konfliktsituationen geschieht.

In Aschs erster Versuchsreihe wurden 123 naive Versuchspersonen mit zwölf kritischen Schätzungen getestet. Von der Gesamtzahl der abgegebenen Schätzungen waren 37 Prozent falsch, d.h. 37 Prozent der Urteile der naiven Versuchspersonen stimmten mit den (objektiv falschen) Schätzungen der einstimmigen Mehrheit überein. Es wurden allerdings beachtenswerte individuelle Unterschiede in den Reaktionen auf den Mehrheitsdruck beobachtet, die von völliger Unabhängigkeit bei einzelnen bis zur absoluten Unterwerfung bei allen Schätzungen bei anderen reichten.
Nach den Ergebnissen waren nur 26 Prozent der Versuchspersonen in der Lage, bei jedem Versuchsdurchgang nicht nach der falschen Norm zu urteilen. Das Experiment bestand aus 18 Versuchsdurchgängen, bei 12 gab die Mehrheit der Gruppenmitglieder falsche Antworten. Das Nachgeben zugunsten dieser falschen Norm ergab eine dreigipflige Verteilung: ein Viertel der Versuchspersonen gab überhaupt nicht nach, eine Hälfte gab jeweils dreimal nach, und das letzte Viertel gab etwa neunmal nach, d.h. bei 75 Prozent der Versuchsdurchgänge.

Nach dem Experiment wurden die naiven Versuchspersonen interviewt, wobei sich herausstellte, daß Personen, die mindestens in der Hälfte aller Beurteilungen nachgegeben hatten, nicht gemerkt hatten, wie sie im Experiment getäuscht worden waren. Allerdings war den meisten bewußt, daß ihre Wahrnehmungen von denen der Mehrheit abwichen, aber sie schlossen daraus, daß die Mehrheit wohl recht hätte. Einige der Versuchspersonen, die sich in ihrem Urteil der Mehrheit anschlossen, bemerkten nicht, wie ihre Wahrnehmungen von denen der Mehrheit abwichen, sondern sie sahen nur das, was die Mehrheit auch berichtete. Eine kleine Gruppe von nachgebenden Versuchspersonen merkte allerdings, daß sie etwas anders als die Mehrheit sahen, sie hatten das Gefühl, die Mehrheit irre sich in ihrem Urteil, aber sie entschieden sich dafür, mit der Majorität zu urteilen, um nicht anders als die anderen zu erscheinen.

Aus: Floren, Fr. J.: Soziale Gruppe und Individuum 1, Verlag Ferdinand Schöningh (als Lizenzgeber), Paderborn 1983, S. 66–67.

Der Film »Die Welle«

(Auszuleihen bei verschiedenen Landesbildstellen.)

Ausgangspunkt des Films ist eine Geschichtsstunde an einer amerikanischen Highschool. Der Lehrer berichtet anhand eines Filmes über die Konzentrationslager über die nationalsozialistische Herrschaft in Deutschland. Als er den Schülern mitteilt, die Deutschen hätten das System und seine Handlungen in weiten Teilen zumindest toleriert und sich nicht dagegen aufgelehnt, stößt er auf Unverständnis bei einer Schülerin, die fragt: »Wie ist es möglich, daß Millionen Deutsche nichts dagegen unternommen haben und keiner versucht hat, sich dagegen aufzulehnen? Das verstehe ich nicht.«

Um der Klasse die Faszination des Faschismus auf die Massen damals und die raffinierten sozialpsychologischen Mechanismen, die dahinterstehen, zu verdeutlichen und dadurch gleichzeitig die willige Unterordnung unter das Regime zu erklären, macht der Lehrer mit seinen Schülern ohne deren Wissen einen Versuch. Er trainiert ihnen nach und nach in den Unterrichtsstunden bestimmte Verhaltensweisen ein, die durch von ihm aufgebauschte Werte begründet werden. So ergibt sich zum Beispiel durch die Propagierung von Werten wie Disziplin, Stärke und Gehorsam, daß die Schüler eine angespannte Sitzhaltung einnehmen, die Fragen des Lehrers »zackig« beantworten etc. Ein eigener Gruß und ein eigenes Symbol für die neuentstandene »Bewegung«, das Bewegung, Veränderung und Gewalt aussagen soll, wird erfunden: »Die Welle«. Die Organisation konstituiert sich mit eigenen Mitgliedsausweisen, eigenen Gesetzen und einer eigenen Hierarchie, an deren Spitze die Person des Lehrers, Mr. Ross, steht, der sich zielstrebig zur Führerperson aufgebaut hat und als solche auch von den meisten Schülern anerkannt wird, die sich immer mehr mit »Der Welle« und dem Gemeinschaftsgefühl, das sie ihnen bieten kann, identifizieren. Die Faszination, die von »Der Welle« auf die Schüler ausgeht, wird immer stärker und führt dazu, daß auch außerhalb der Klasse, wie auch außerhalb der Schule für die Organisation geworben wird. Eine Schülerin, die bereits nach kurzer Zeit durchschaut hat, daß »Die Welle« den anderen den Verstand raubt und sie entwürdigt und das auch offen sagt bzw. schreibt, wird aus der Truppe ausgegrenzt, und man versucht sie durch teilweise tätliche Bedrohungen einzuschüchtern, was jedoch nicht gelingt.

Schließlich scheint es dem Lehrer an der Zeit zu sein, den Versuch zu beenden und den Anhängern der »Welle« deutlich werden zu lassen, worauf sie sich da eingelassen haben. Zu diesem Zweck beruft er eine allgemeine Versammlung sämtlicher Mitglieder der »Bewegung« ein. Auf dieser Versammlung werde, so Mr. Ross bei der Ankündigung, eine bekannte politische Persönlichkeit auftreten »und sich als unser Führer vorstellen«. Die Klasse ist hellauf begeistert, ihren Führer kennenzulernen. Als dann jedoch die Vorführung einer Hitler-Rede erfolgt, wird allen schlagartig klar, was mit ihnen geschehen war bzw. was sie mit sich haben machen lassen und daß zwischen ihnen und den Deutschen, die das Hitler-Regime zwischen 1933 und 1945 großenteils stützten, im Grad der Akzeptanz eines faschistischen Systems kein großer Unterschied besteht. – Mit einer Abschlußrede des Lehrers (»Moralpredigt«) endet der Film.

Mögliche Bearbeitungsrichtungen:

- **Worin liegen mögliche Beweggründe für die Suche nach »Gemeinschaft«? Was muß man gleichzeitig aufgeben?**
- **Welche »Instrumente« und Voraussetzungen sind notwendig und besonders wirksam, um die angestrebte »Gemeinschaft« zu erzielen?**
- **Sind Menschen besonders leicht lenkbar, wenn eine enge »Gemeinschaft« existiert?**

Diskutiert und erweitert folgende Thesen und Gegenthesen

Thesen	*Gegenthesen*
Die Suche nach Gemeinschaft ist nicht ungefährlich, weil zu sehr die Emotionen eine Rolle spielen und das Nachdenken ausgeschaltet wird. (Vielleicht gibt man dann auch die Verantwortung an die Gemeinschaft ab.)	Der Mensch braucht eine Gemeinschaft, er ist auf andere angewiesen, und deshalb benötigt man auch Unterordnung, sonst kann man gleich allein weiterwursteln.
Man benötigt ein solidarisches Zusammenleben mit anderen, die die eigenen Interessen gleichberechtigt teilen – aber gleichzeitig muß man sich seine Kritikfähigkeit erhalten.	Wenn man in einer Gemeinschaft sein will, dann darf man nicht immer alles zerreden und über alles diskutieren wollen. Das macht die Gemeinschaft kaputt.
Heute gibt es kein solidarisches Zusammenleben mehr, weil die anderen immer auch als Konkurrenten betrachtet werden – und auch betrachtet werden müssen (z. B. im Kampf um Arbeitsplätze, Schulnoten usw.).	Die Konkurrenz hat im Grunde keine Bedeutung mehr, wenn man nur die zugewiesene Rolle in der Gemeinschaft akzeptiert, denn eine wirkliche Gemeinschaft kann nur dann existieren, wenn der Satz gilt: »Ich bin nichts, die Gemeinschaft ist alles.«
Gesellschaft, das ist nur der »kalte« Zusammenschluß von Menschen. Wichtig ist die Gemeinschaft, in der man sich wohlfühlen kann.	Nicht auf Gemeinschaftsduselei kommt es an, sondern daß es eine solidarische Gesellschaft gibt, die andere nicht ausgrenzt.

Wie sehen meine selbständigen Positionen dazu aus?

1.3 Gewalterfahrung und Gewaltakzeptanz

Ausschnitt aus dem Interview mit Maik:

»Es ist aber auch so, daß man nicht weiß, was die anderen über einen denken. Ich kann es nur sagen, was ich weiß, wenn ich sehe, was aus Dortmunder Fans geworden ist. Groß die Borussen-Front, vor 2 bis 3 Jahren, auch Fernsehen mal da, Presse und alles mögliche, große Berichte, aber wenn ich das Häuflein heute sehe, dann ist das schon mehr Verachtung vielleicht. Man nimmt die eben nicht mehr so ernst, so wie bisher – ach, die große Borussen-Front. Also schon, daß es so eine gewisse Ehre gibt, aber daß ich irgendeinen Ruf verteidigen will, würde ich nicht sagen. Weil man ja auch nicht weiß, was man für einen Ruf hat. Man weiß nur, was man selbst von den anderen hält. Und man ist natürlich froh, daß, wenn man, z.B. in Bremen war es letzte Saison, da sind wir mit dem Bus hingefahren, so 50 Mann, und jetzt wirklich eine gute Truppe zusammen hatten. Freitagabends war das, und daß wir wirklich die Bremer in ihrem eigenen Stadion geschlagen haben. Also hinter der Tribüne, auf dem Spielfeld haben wir verloren, aber da war das unwichtig. Bremen hat einen guten Ruf in Bielefeld, und wenn man da jetzt hinfährt und man kommt zurück mit dem Bewußtsein, daß man es denen gegeben hat im eigenen Stadion, das ist schon so 'ne... gutes Gefühl in diesem Sinne.«

Wie spricht Maik über Gewalt? Welche Rolle spielt sie bei ihm und in seiner Gruppe? Welche Motive stehen dahinter? Wie entstehen die Motive?

Einige Beispiele zu Gewalterfahrungen:

Noch hatte ich die zunehmende Angst vor dem G., der mich, gleich wo er mir begegnete, ohrfeigte, grundlos, meinen Namen nennend, er tauchte auf, nannte meinen Namen und ohrfeigte mich, als wäre ihm dieser Vorgang, nämlich das von ihm aus gesehen plötzliche Auftauchen meiner Person wo immer, selbstverständlicher Anlaß gewesen, mich zu ohrfeigen. Es war in der ganzen Internatszeit keine Woche vergangen, in welcher ich nicht ein paarmal von dem G. eine Ohrfeige bekommen habe, aber vor allem bin ich von ihm geohrfeigt worden, wenn ich in der Frühe zu spät in das Studierzimmer gekommen bin, und ich bin immer zu spät in das Studierzimmer gekommen, weil ich durch die Brutalität der Stärkeren im Schlafsaal und im Waschraum und wieder im Schlafsaal und auf den Gängen immer wieder abgedrängt worden war. Und wie mir, so ist es einigen anderen, Schwächeren oder Schwachen, ergangen, die sich nicht wehren hatten können und tagtäglich Opfer der Starken, wenn auch oft nur wenig Stärkeren, gewesen waren, dem G. waren die schwachen und schwächeren und durch diese Schwäche beinahe immer unpünktlichen Zöglinge immer für seine Ohrfeigen willkommen gewesen.

Aus: Thomas Bernhard: Die Ursache. Eine Andeutung, © 1975 Residenz Verlag, Salzburg und Wien, S. 49.

Mich mit Farben auszudrücken, war mir angenehm, ich malte gern. Bei dem Thema »Haus und Umwelt« fiel mir ein Quader ein, in Weiß und Gelb, gebaut in braunen, welligen Sand unter tiefblauem Himmel; vor dem steinernen Rechteck ein olivgrüner Strauch. Der Lehrer konstatierte tadelnd ein »Haus in der Wüste«, von Angehörigen einer anderen Rasse bewohnt. Warum fehlte das nordische Dach, warum der germanische Baum? Hier war ich hilflos; diese ideologische Kontrolle unserer Phantasie beantwortete ich mit einem Wechsel der Ausdrucksmittel. Ich verlor die Lust an der Farbe, ich begann zu zeichnen, und zwar schlecht. Ich entzog mich dem Zugriff von Herrschaft, indem ich eine Fähigkeit und ein Bedürfnis preisgab, weil die Lage als zu ausweglos erschien.

Aus: Peter Brückner: Das Abseits als sicherer Ort. Kindheit und Jugend zwischen 1933 und 1945, Berlin 1982, S. 43.

»Hinterher würde ich mir schrecklich gern einen Beruf wählen, der etwas mit Zeichnen zu tun hat. Davon scheinen meine Eltern aber nicht so sehr erbaut zu sein. Meine Mutter möchte mich lieber in einen praktischen Beruf stecken. Dazu habe ich aber absolut keine Lust. Zum Überfluß hat ihr eine Dame vom Arbeitsamt etwas von einer sogenannten Diätküchenleiterin erzählt. Wenn ich mir das vorstelle!!! Wahrscheinlich werde ich aber doch in den sauren Apfel beißen müssen, denn gegen den Wunsch meiner Eltern einen anderen Beruf zu ergreifen, kann ich nicht wagen. Wenn ich da dran denke, könnte ich wahnsinnig werden.«

Aus: Gerhard Baumert: Jugend der Nachkriegszeit. Lebensverhältnisse und Reaktionsweisen, Darmstadt 1954, S. 170.

Als sie vor der Hütte standen, kamen Kinder den Weg entlang. Die Krokodiler hörten sofort, daß es Ausländer waren, auch wenn sie Türkisch von Italienisch nicht unterscheiden konnten, sie hörten jedenfalls kein deutsches Wort.

Als die Kinder fast vor ihrer Hütte waren, rannte Frank mit Indianergeheul auf sie zu, warf mit Tannenzapfen und kleinen Steinen nach ihnen und schrie hinter ihnen her: »Schert euch weg, ihr Spaghettifresser!«

Es waren Italienerkinder. Sie waren so erschrocken, daß sie vor lauter Angst das Weite suchten, nur ein kleiner Knirps, der seine Schuhe verloren hatte, kehrte noch einmal um, um sie aufzulesen. Frank trat ihm dabei in den Hintern. Der Kleine schrie wie verrückt, da ließ Frank von ihm ab.

Die anderen Krokodiler waren inzwischen dazugekommen. Olaf stand breitbeinig wie ein Cowboy mitten auf dem Weg und lachte hinter den Kindern her.

Peter sagte: »Der Kleine hat dir doch gar nichts getan.«

»Sich an einem Kleinen zu vergreifen!« rief Hannes.

»Ach was«, erwiderte Frank, »mein Vater sagt immer, alle Ausländer sind Spitzbuben, vor denen ist nichts sicher, und mein großer Bruder sagt auch, daß die Kinder von den Ausländern schon zu Gangstern erzogen werden.«

Sie kehrten zur Hütte zurück, es war allen peinlich gewesen, was Frank da gemacht hatte, denn eine Abmachung in ihrer Bande hieß: Vergreif dich nicht an Schwächeren. Und Frank war es nun auch anzusehen, daß ihm selbst nicht wohl war. Er sagte wie zur Entschuldigung: »Was haben die eigentlich hier im Wald verloren, sollen doch in ihrem Viertel bleiben.«

»Ist es dein Wald?« fragte Maria.

»Wir spielen ja auch nicht im Italienerviertel«, erwiderte Frank.

Aus: Max von der Grün, Vorstadtkrokodile © C. Bertelsmann Verlag GmbH, München 1976.

Und Gewalt in der »normalen« Politik?

Sehr spät hat die Berliner CDU damit begonnen, den rechtsextremen Flügel ihrer Jugendorganisationen zu stutzen.

Die Hand im Genick

Von Dieter Stäcker

Führende Berliner Christdemokraten zeigten offen ihre Erleichterung: »Welch ein Glück, daß er nicht mehr zu uns gehört.« Seit der Nachwuchspolitiker Carsten Pagel am Wochenende seinen Parteiaustritt erklärt hat, ist für viele CDU-Mitglieder die Welt wieder in Ordnung. Denn der 25jährige Rechtsreferendar, der seiner Partei als Bezirksverordneter in Berlin-Tiergarten und als Kreisvorsitzender der Jungen Union (JU) diente, hat die CDU in den vergangenen Jahren immer wieder mit peinlichen Situationen konfrontiert. »Pagels Haltung ist nicht mehr konservativ, sondern nur noch reaktionär«, umschrieb der JU-Landesvorsitzende Dieter Dombrowski das Problem.

Zuletzt schlug der CDU-Rechtsaußen zu, als vor zwei Wochen auf einer Jahresversammlung des JU-Kreisverbandes Tiergarten ein neuer Vorstand gewählt werden sollte. Pagel, der zu Recht seine Abwahl befürchtete, ließ damals den Eingang des Versammlungsraums scharf bewachen und nur ihm genehme Mitglieder passieren. Als Dombrowski zu seinen Parteifreunden sprechen wollte, wurde er auf Pagels Anweisung von einer Gruppe von Ordnern in lederner Motorradkluft aus dem Saal gedrängt. Der JU-Chef: »Einer packte mich links, der andere rechts, die Hand im Genick. So wurde ich nach draußen befördert.«

Dieser spektakuläre Auftritt ging sogar dem CDU-Kreisvorsitzenden und Bundestagsabgeordneten Peter Kittelmann zu weit. Kittelmann hatte zwar jahrelang mit den Parteifreunden von rechtsaußen paktiert, weil er die parteiinterne »Beton«-Riege um den Regierenden Bürgermeister Eberhard Diepgen und den CDU-Generalsekretär Klaus Landowski gegen eine Abwahl durch den linken Reform-Flügel absichern wollte. Inzwischen aber sitzt Diepgen fest im Sattel. Die Bündnisgenossen von einst wurden lästig, und die CDU-Führung schwang endlich »die dicke Keule« (so die »Berliner Morgenpost«) mit einem Ausschlußverfahren gegen Pagel. Der ging schließlich von selbst und warf der CDU beim Abschied noch »einen spürbaren Linksruck« vor.

Carsten Pagel, der den rechtslastigen »Republikanern« beitreten will, war immer wieder Mittelpunkt rechtsextremer Aktivitäten. Anfang 1983 erschien in dem von ihm herausgegebenen offiziellen Mitteilungsblatt der CDU-nahen Schülerunion ein Aufsatz des damaligen Tiergartener JU-Mitglieds Markus Motschmann, der den mit der rechtsextremistischen Szene sympathisierenden Ex-Flieger Hans-Ulrich Rudel in höchsten Tönen lobte: Als härtester und erfolgreichster Kampfpilot des Zweiten Weltkriegs, so hieß es dort, habe Rudel »glorreiche Einsätze« gegen »anstürmende Sowjethorden« geflogen. Im Juni dieses Jahres regte Motschmann – der die CDU inzwischen verlassen hat – in einer ebenfalls von Pagel herausgegebenen Zeitschrift der Schülerunion an, Träger des Aids-Virus »auf einer nur beim Geschlechtsverkehr sichtbaren Stelle« zu tätowieren.

Pagel und Motschmann sympathisierten Anfang der achtziger Jahre mit der rechtsaußen angesiedelten Bürgerinitiative Demokratie und Identität – einer Organisation, die nach Ansicht der Berliner Ausländerbeauftragten Barbara John (CDU) »durch primitive biologistisch-rassistische Stammtischparolen« von sich reden machte. Zu dem Kreis um Pagel zählt auch der Tempelhofer JU-Kreisvorsitzende Lutz Gutowski, JU-intern »Duce« genannt. Gutowski duldete, daß sich seine jungen Parteifreunde auf einer Fahrt zu westdeutschen Bundeswehreinrichtungen die Zeit mit dem Singen von Neonaziliedern (»In Dachau sind noch Betten frei«) vertrieben.

Den wohl eklatantesten Fall von Neonazismus bescherte der CDU allerdings der Pagel-Kampfgefährte Andreas Dohmeyer, bis vor kurzem noch Vorsitzender des JU-Kreisverbandes Berlin-Reinickendorf. Dohmeyer, inzwischen ebenfalls Mitglied im neugegründeten Berliner Landesverband der »Republikaner«, beschimpfte am Rande eines Parteitags den zum linken CDU-Reformflügel zählenden CDU-Politiker Ekkehard Wruck mit den Worten: »Daß solche Leute wie Wruck hier sprechen dürfen, und dann noch ohne Judenstern, das ist ein Skandal.«

Wruck warnt denn auch die Parteiführung dringend davor, das Problem durch den Austritt Pagels als erledigt zu betrachten. Der Politiker: »Wenn einer geht, bleibt das Umfeld. Wir dürfen das nicht weiter schluren lassen.«

Aus: Deutsches Allgemeines Sonntagsblatt vom 18. 10. 1987.

Berliner Jung-Rep Pagel und Getreue vor der Siegessäule: aalglatt und rücksichtslos sind die Karrieristen der Rechtspartei.
Foto: Carlo Scardovelli

Wortklauberei?

Unser KM MV, Kultusminister Mayer-Vorfelder, legte gern eine flotte Rede hin, und am liebsten frisch von der Leber, ohne Manuskript. Das kann er gut und seine Zuhörer freuen sich, und bei Parteiwahlen bekommt er dafür viele Stimmen. Und wenn's ums Wetzen scharfer Wortwaffen geht, läuft er zur Höchstform auf. Da geht ihm ab und zu (oder besser: oft) der Gaul durch, vielmehr: er läßt seinem Temperament die Zügel schleifen. Dann geraten ihm die Sachverhalte durcheinander; und daß ihm das Amt des Erziehungsministers Mäßigung auferlegt, daß er als Dienstherr der Lehrer und oberster Verantwortlicher für das Wohl der Schüler seine Worte dreimal wägen sollte, vergißt er. Ganz merkwürdig überdies, daß er dann immer so redet, als lehne er sich am liebsten ganz rechts an die Wand. Zum Beispiel mit diesem Satz: »Die heutigen Chaoten« seien »schlimmer als die SA jemals«. Herrje, hat er es im Geschichtsunterricht nicht besser gelernt? Die SA war Hitlers »Sturmabteilung«, mit der SS die politische Kampftruppe der NSDAP, ein hartes Terrorkommando, eine Mörderbande. Der Vergleich ist also, wie immer man »die heutigen Chaoten« einschätzt, maßlos; eine schlimme Verharmlosung jener SA, eine Geschichtsfälschung zu fragwürdigem Zweck. Und der Minister nannte gestern im Landtag die Kritik an diesem haltlosen Vergleich Wortklauberei – anstatt sich ehrenhaft zu korrigieren. Aber das gehört offenbar zum Selbstwertgefühl unserer Politiker, daß sie Fehler einzugestehen außerstande sind; besonders jener, die ganz stark erscheinen wollen. Nur, wie kann ein solcher Minister sich vor Lehrer und Schüler hinstellen und die Stärkung des Geschichtsbewußtseins fordern? Frage an den Ministerpräsidenten Späth. gl.

JU-Mitglieder angeklagt

Berlin, 5. Juli (AP). Wegen rechtsextremer Ausschreitungen bei der Silvesterfeier 1986/87 der Jungen Union in Berlin-Tempelhof hat die Staatsanwaltschaft Anklage gegen drei Mitglieder der CDU-Nachwuchsorganisation erhoben. Wie Justizsprecher Volker Kähne am Dienstag mitteilte, werden die 18, 19 und 25 Jahre alten Männer der Volksverhetzung, der Beleidigung und des Tragens von Kennzeichen verfassungswidriger Organisationen beschuldigt. Den Angaben zufolge sollen die Angeklagten zusammen mit weiteren, unbekannt gebliebenen Anwesenden das nationalsozialistische »Horst-Wessel-Lied« gesungen und mehrfach »Sieg Heil!« gebrüllt haben. Ferner sollen sie nach der Melodie von »Glory, Glory Halleluja« ein mehrstrophiges Lied mit volksverhetzendem Inhalt wie »Wir füllen unser Schwimmbad mit dem Blut der SPD« sowie »Wir hängen Heinz Galinski an der Synagoge auf« gesungen haben. Der Vorsitzende des Zentralrats der Juden in Deutschland hatte daraufhin Strafanzeige erstattet. Bekanntgeworden waren die Vorfälle bereits im September 1987 durch schriftliche Erklärungen mehrerer Mitglieder der Jungen Union an die CDU, die daraufhin die Anklagebehörde verständigte.

Aus: Frankfurter Rundschau vom 6. 7. 1988.

Was haben diese Beispiele mit dem Stichwort »Gewalt« zu tun? Welche Motive stecken dahinter?

Ausmaß und Begründungen

a) Gewalt ist leidvoll – aber auch attraktiv

Welche Gründe für Attraktivität gibt es? Entwerft eine Liste und diskutiert sie im Vergleich mit dieser Aufzählung:

- Sie schafft Eindeutigkeit in unklaren, unübersichtlichen Situationen;
- sie ist eine zumindest augenblicklich wirkende (Selbst)-Demonstration der Überwindung von Ohnmacht;
- sie garantiert Fremdwahrnehmung, die mit anderen Mitteln nicht mehr herstellbar war;
- sie schafft zumindest kurzfristig partielle Solidarität bzw. erweist sich als klar erkennbarer Prüfstein für Solidarität;
- sie erweist sich [...] als ein erfolgreiches Handlungsmodell;
- sie verspricht Rückgewinnung von körperlicher Sinnlichkeit als Gegenerfahrung zur »Entmündigung der Sinne«.

Aus: Heitmeyer, W.: Jugend, Staat, Gewalt in der politischen Risikogesellschaft. In: ders. u.a. (Hg.), Jugend, Staat, Gewalt, Weinheim/München 1989, S. 26.

Beschreibt Situationen, die ihr erlebt habt, in denen eine oder mehrere Funktionen eine Rolle gespielt haben. Weshalb wurden keine anderen Lösungswege beschritten?

b) Wie verteilt sich die Akzeptanz von Gewalt unter Jugendlichen?

Einstellungen zur Gewalt

	Jugendl. (16–23 Jahre)		
	Stimme zu %	Stimme nicht zu %	Keine Angabe %
Angesichts alltäglicher Gewalt ist die aggressive Reaktion Jugendlicher verständlich	74	22	4
Jugendliche sind nicht gewalttätig, sie reagieren auf die Härte der Polizei	42	52	6
Die Polizei sollte härter durchgreifen, dann kommt es nicht zu Ausschreitungen	21	74	5
Man muß leider zur Gewalt greifen, weil man nur so beachtet wird	40	55	5
Ich empfinde unsere Gesellschaft als gewalttätig, die Jugend ist eher friedlich	57	39	4

Aus: infas, in: Landtag Nordrhein-Westfalen. 4. Jugendbericht, 1982, S. 37.

c) Begründungen für Gewalt

Zur Akzeptanz von Gewalt benötigt man immer Begründungen für sich und andere. Welche Begründungen lassen sich hier erkennen? Entwerft eine Liste und diskutiert sie im Vergleich mit den hier angegebenen Begründungen.

Woher bekommen wir Begründungen? Wer liefert sie uns – und mit welcher Absicht? Versucht solche »Lieferanten« und ihre Interessen zu benennen.
Vier Begründungen sind darin zu erkennen:

a) Gewalt als Gegengewalt. Die subjektiv sinnhafte Begründung entspricht der Selbstdefinition als »Opfer«.
b) Gewalt ist »ultima ratio«. Die subjektiv sinnhafte Begründung entsteht z.B. aus der Erfahrung, daß nur so die Fremdwahrnehmung für die eigenen Ziele und Probleme wahrgenommen und die so agierenden Personen als ernstzunehmende Konfliktpartner auftreten können.
c) Gewalt als Ordnungsfaktor. Hier dominiert die subjektiv sinnhafte Begründung, daß Konflikte über (staatliche) Gewalt wieder in eine Ordnung überführt werden können.
d) Gewalt als normales Handlungsmuster. Es entsteht die subjektiv sinnhafte Begründung aus der Wahrnehmung, daß Gewalt alltäglich ist und von daher die Handlungsweisen von Jugendlichen nicht als besonders auffällig und problematisch zu gelten haben, sondern im Gegenteil nur eine ganz normale Anpassung an dominierende Verhaltensweisen darstellen.

Aus: Heitmeyer, a.a.O., S. 27.

Fußballfans – Analyse eines Films

Die sind eben so – Radikalisierte Fußballfans

(Der Film ist auszuleihen bei verschiedenen Landesbildstellen.)

Es geht in diesem Film um jugendliche Fans. Analysiert diesen Film im Hinblick auf mögliche Motive zur Abgrenzung bzw. Abwertung von anderen. Seht euch Körperhaltung und die äußeren Zeichen der Gruppenzugehörigkeit an.

Welcher Sprache bedienen sie sich? Welche Rolle spielt in ihren Aussagen die Politik? Wozu verwenden sie Begriffe aus der Politik in ihrem Gruppenzusammenhang? Welche Aufgabe hat Gewalt für ihren Gruppenzusammenhang, welche Folgen für den einzelnen?

Auschwitz-Film als Motivation für Fußballteam

Sydney (dpa). Der 32jährige Fußballtrainer Richard Allagich aus Sydney benutzte einen zehnminütigen Ausschnitt aus einem Dokumentarfilm über Naziverbrechen im Konzentrationslager Auschwitz während des Zweiten Weltkrieges, um seine Mannschaft am vergangenen Wochenende vor einem Ligaspiel zu »motivieren«.

Allagich erläuterte am Mittwoch sein Verhalten: »Ich sagte den Jungs während des Films, sie sollten sich vorstellen, sie hätten einen Sohn, eine Tochter, Frau oder Mutter in dem Lager und würden nun ihren Tod rächen wollen.« Durch diese Motivation habe seine Mannschaft die Kraft zu ihrem 1:0-Erfolg gefunden, meinte der Coach, der in Jugoslawien Sport und Psychologie studiert hat.

Trainer in Australien trat nach Protest zurück

Sydney (ap). Der australische Fußballtrainer Richard Alagich, der seine Spieler mit Filmen aus dem Konzentrationslager Auschwitz hatte motivieren wollen, ist nach einer Protestwelle vor allem aus der jüdischen Gemeinde Sydneys von seinem Posten als Betreuer des Vereins Manly Sydney zurückgetreten. Robert Goot, der Präsident des jüdischen Beirats, erklärte in Sydney, er sei »angewidert« vom Verhalten des 32jährigen Trainers. Karl Rodney, der Vorsitzende des australischen Fußballverbandes, kündigte Schritte gegen Alagich an. »Wir werden solche Vorkommnisse nicht dulden.« Er kündigte an, der Trainer werde sich vor einem Ausschuß verantworten müssen. Alagich zeigte sich trotz der massiven Proteste weiter von seiner Methode überzeugt.

Diskutiert und erweitert diese Thesen und Gegenthesen zum Film

Thesen	*Gegenthesen*
Die Fans werden von ihren Vereinen alleingelassen. Daher müssen sie ihre eigenen »Erfolge« suchen. Da bleibt nur Gewalt, weil sie so endlich ernstgenommen und wahrgenommen werden.	Die Vereine haben damit nichts zu tun, denn die kümmern sich doch um ihre Fans durch die Autogramme, Post usw. Diese Fans sind Gewalttäter mit kriminellen Neigungen.
Das Auftreten der Fans ist reines Imponiergehabe von Leuten, die eine »Macke« haben.	Die Fans wollen durch die Gemeinschaft und auch die gemeinsame Feindschaft ihre eigene Vereinzelung überwinden. Das Auftreten ist mehr als nur Imponiergehabe.
Die Fans haben von Politik keine Ahnung, die plappern doch nur alles nach, was man ihnen vorsetzt.	Wenn man andere »fertigmacht«, dann ist man selbst »stark«, dies muß man doch nicht nachplappern, denn es ist doch eine alltägliche Erfahrung. Die Fans sagen dies offen, während es andere verschweigen – aber genauso handeln.
Die Fangruppen müssen Stärke demonstrieren, weil sie in Wirklichkeit nur schwache Positionen in dieser Gesellschaft haben. Deshalb werten sie andere Gruppen ab, wie z. B. Ausländer.	Schwache Positionen in dieser Gesellschaft gibt es gar nicht. Wer arbeiten will – und sich ein wenig anpaßt –, der bekommt auch Arbeit. Das ist überhaupt kein Grund, um Gewalt anzuwenden.
Das Fußballspiel mit seiner Aggressivität »heizt« die Fans doch erst richtig an. Das eigentliche Problem liegt in dieser Kampfsportart.	Das, was die Fans demonstrieren, hat mit Fußball nun wirklich nichts zu tun. Fußball ist Fußball, und Politik ist Politik.

Wie sehen meine selbständigen Positionen dazu aus?

Nebenbei: Gibt es *die* Fans?

Hintergründe

Welche Erfahrungen machen Menschen so abhängig, daß sie Gewaltbereitschaft zeigen?

Ergebnisse des Milgram-Experiments

Abraham – Ein Versuch

Informationsfilm, Bundesrepublik Deutschland, 1970
Regie: Hans Lechleitner, Paul Matussek, David M. Mantell
16 mm Lichtton, sw, 48 Minuten

Der Film »Abraham«, der sich mit dem nicht nur menschlich, sondern auch politisch so eminent wichtigen Problem »Gehorsam und Autorität« befaßt, zeigt Menschen in einer Konfliktsituation: Sollen sie einem Befehl gehorchen oder sich weigern, ihn auszuführen? Die Versuchspersonen werden eingeladen, an einem vermeintlichen Lernexperiment teilzunehmen. Sie bekommen die Aufgabe, einem »Schüler« gegenüber – in Wirklichkeit handelt es sich um einen Mitarbeiter des Versuchsleiters – als Lehrer aufzutreten. Dieser Schüler muß vom Lehrer bestraft werden, wenn ihm während eines vorgetäuschten Lernprozesses ein Fehler unterläuft.

Zu Beginn des Versuchs wird der Schüler auf einem Stuhl festgeschnallt. An Hand- und Fußgelenken werden Elektroden befestigt. Für jeden Fehler erhält der Schüler über diese Elektroden einen Stromstoß. Im Verlauf des Versuchs wird aus der Rolle, die der Schüler spielt, immer mehr die Rolle eines Opfers. Die Stromstöße steigern sich bei jedem Fehler um 15 Volt.

Sie beginnen bei 15 Volt und enden bei 450 Volt. Auf einer für den Lehrer deutlich sichtbaren Skala ist die jeweilige Höhe der Strafe angegeben. Er kann sich also nicht »vergreifen«. Außerdem befinden sich auf dieser Skala Hinweise, die von »geringer Schock« über »gefährlicher Schock« bis »extrem schwerer Schock« reichen.

Mit dem jeweiligen Stromstoß wird automatisch ein Tonband ausgelöst. Auf ihm sind die simulierten Proteste, der Schmerz, die Schreie, die sich immer weiter steigernden Verzweiflungs- und Hilferufe des Opfers festgehalten.

Die Aufgabe des Schülers ist absurd. Er soll sich verschiedene Wortpaare merken. Zu einem bestimmten Hauptwort paßt ein bestimmtes Eigenschaftswort. Beim Abfragen wird dieses Eigenschaftswort zusammen mit drei anderen Eigenschaftswörtern vorgelesen. In mehreren Durchgängen wird nun angeblich das »Lernvermögen« des Schülers festgestellt.

Oft wurden die Versuchspersonen unsicher. Sie fragten den Versuchsleiter, ob sie trotz der Schmerzensschreie des Schülers weitermachen sollten. Sie bekamen stereotyp die Antwort: »Es gibt keine andere Wahl. Das Experiment verlangt, daß Sie weitermachen.«

Sodann wird der eben geschilderte Grundversuch variiert. Die echte Versuchsperson erlebt, wie eine andere Versuchsperson – in Wirklichkeit ist dies auch ein Mitarbeiter des Versuchsleiters – sich weigert, bei dem Experiment weiter mitzumachen. Die Auflehnung, der Ungehorsam, die Weigerung, Anordnungen auszuführen, werden also vorgespielt. Dabei wird die Autorität des Versuchsleiters – der während des Versuchs alle Anordnungen und Anweisungen gibt – untergraben und schließlich ganz zerstört.

Zur Auswertung:

Das Ergebnis dieses Versuchs ist deprimierend und erschreckend zugleich. Von 100 Personen, die, aufgrund einer Zufallsstichprobe (Randomverfahren) ausgewählt, an diesem Experiment teilnahmen (nicht alle konnten in diesem Film gezeigt werden), gingen beim Grundversuch 85 Prozent bis zur schwersten Strafe, d. h., sie drückten die Taste, von der sie annehmen mußten, daß dem Schüler ein Stromstoß von 450 Volt verabreicht wurde. Zwar protestierten viele, aber nur 15 Prozent verweigerten die Bestrafung. (Bei der in bezug auf Alter, Geschlecht, Einkommen, Ausbildung etc. fast identischen Gruppe in den USA betrug die totale Gehorsamsrate 65 Prozent.) Nur 2 Prozent zweifelten an der Echtheit der Inszenierung. Auch nachdem dem »Lehrer« die Möglichkeit einer Verweigerung (2. Versuchsbedingung) vorgeführt worden war, waren immer noch 52 Prozent bereit, weiterzumachen und zu strafen, nur 48 Prozent verweigerten. 98 Prozent aller Versuchspersonen waren der Ansicht, bei diesem Versuch würde tatsächlich ein Mensch gequält. 15 Prozent gaben nachher bei der Aufklärung an: »Das Opfer hätte tot sein können.« 40 Prozent glaubten, daß es starke Schmerzen gehabt hätte. 5 Prozent waren der Ansicht, dem »Schüler« sei nichts passiert.

Der Titel »Abraham« wurde gewählt in Anlehnung an ein Gleichnis der Bibel (1. Buch Moses, 22): Abraham erhielt von Gott den Befehl, seinen eigenen Sohn zu töten. Er war bereit zu gehorchen; aber durch einen zweiten Befehl Gottes wurde der erste für ungültig erklärt. Dr. Lechleitner schreibt hierzu: »Bis heute scheinen wir bereit zu sein, den ungültigen, den nicht legitimen Befehlen zu gehorchen. Wir alle erhalten aber unmittelbar mit oder nach einem Befehl aber auch diesen zweiten Befehl. Nicht auf dieselbe Art und Weise wie in der Bibel. Aber die Stimme unseres Gewissens ist unüberhörbar. Das wollte ich mit dem Titel ›Abraham‹ andeuten und mit dem Film demonstrieren.«

Aus: Filmkatalog der Landeszentrale für politische Bildung NRW, Düsseldorf 1984.

Mögliche Bearbeitungsrichtungen:

- **Unter welchen sozialen Bedingungen sind Menschen bereit, andere zu quälen?**
- **Welche Rolle spielt die »Pflichterfüllung« bei der Ausübung von Gewalt?**
- **Wie kann man sich gegenüber den Forderungen von Autoritäten zur Wehr setzen?**

Diskutiert und erweitert die Thesen und Gegenthesen

Thesen	*Gegenthesen*
Für einen guten Zweck wie z. B. die Erforschung neuer wissenschaftlicher Erkenntnisse muß man sich einfach zur Verfügung stellen, denn die Wissenschaftler (oder andere wichtige Persönlichkeiten) werden schon wissen, was sie tun.	Die Anweisungen von Autoritäten (ganz gleich, wer das ist) muß man immer genau prüfen, weil man sonst in Abhängigkeiten gerät und nicht mehr frei ist in seinen Entscheidungen.
Wenn man sich für eine Sache entschieden hat, dann muß man den Weg auch zu Ende gehen, denn man muß konsequent bleiben. Erst dadurch wird man zu einer geachteten Persönlichkeit.	Wichtig ist es, Konsequenzen für andere (und auch für mich selbst) immer wieder neu zu überdenken, um auch »Nein«-sagen zu lernen.
Ich bin jederzeit für mein Tun verantwortlich, denn diese Verantwortung kann mir niemand abnehmen. Wer das trotzdem behauptet, will mich nur beherrschen und gefügig machen.	Wenn man Anordnungen ausführt, die einem gegeben werden, dann kann daran nichts falsch sein, denn ich tue nur meine Pflicht.
Diejenigen, die andere quälen, haben kriminelle Neigungen in sich, gegen die sie sich gar nicht zur Wehr setzen können, denn das ist nun mal die Natur des Menschen. Das muß man so akzeptieren, wie es ist. Außerdem laufen alle Auseinandersetzungen sowieso immer über Gewalt ab – wenn man mal etwas genauer hinsieht.	Man muß ganz genau auf die Umstände und Situationen achten, in denen Menschen Gewalt ausüben – und wer es jeweils verlangt bzw. welche anderen Wege zum Handeln zur Verfügung stehen.

Wie sehen meine eigenen Positionen dazu aus?

Interaktionsspiel (Rettungsboot)
Welche Anteile von Gewalt in uns spielen bei Konfliktlösungen eine Rolle?

Setting: Sieben Teilnehmer sitzen auf Stühlen in einem Halbkreis. Die anderen sitzen hinter ihnen in einiger Entfernung. Die Beobachter der einzelnen Rollen sollen so plaziert sein, daß sie möglichst alle Verhaltensweisen der zu Beobachtenden sehen können.

Spielverlauf: Nachdem die sieben Teilnehmer ihren Platz eingenommen haben, werden die Rollen verteilt. Es ist gleichgültig, wie die Verteilung vorgenommen wird. Die Rolle der alleinstehenden Frau soll eine Jugendliche bekommen, die sprachlich so gewandt ist, daß sie nicht gleich aus dem Boot geschmissen wird. Die Rollen bilden den Hintergrund für die Argumentation der Jugendlichen.

Ihnen wird folgende Anweisung gegeben: »Sie befanden sich alle noch vor 5 Minuten auf einem Schiff, welches soeben untergegangen ist. Sie haben Glück gehabt. Allerdings gibt es jetzt ein Problem. Ihr Rettungsboot, in dem Sie gerade sitzen, ist nur für 6 Personen gebaut. Sie sollen nun in einem Entscheidungsprozeß feststellen, wer das Boot zu verlassen hat. Die Entscheidung muß einstimmig sein, also muß auch derjenige oder diejenige einverstanden sein, der (die) das Rettungsboot verläßt. Argumentieren Sie auf dem Hintergrund Ihrer Rollen. Im Wasser befinden sich Haie, so daß ein Anhängen an das Boot ebenfalls Ihren sicheren Tod bedeuten würde. Sie haben 15 Minuten Zeit für die Entscheidung. Dann geht das Boot unter, da es überladen ist.« Der Spielleiter gibt das Ende bekannt. (Während des Spiels sagt der Spielleiter alle 5 Minuten die noch verbleibende Zeit an.)

Material:
a) Sieben Zettel mit folgenden Rollen:
Professor, 66 J., steht kurz vor dem Abschluß wichtiger Experimente, die der Menschheit sehr nützlich sein können.
Seemann, 33 J., ledig.
Lehrerin für Deutsch und Musik, 30 J., verheiratet, zwei Kinder (sie reiste allein).
Mutter von 5 Kindern, 36 J. (reiste allein).
Buchhalterin, 54 J., alleinstehend.
Schülerin, 18 J., steht kurz vor dem Abitur.
Arbeiter, 30 J., verheiratet, hat bei der Bundeswehr ein Überlebenstraining mitgemacht.

b) Beobachtungsbogen für sieben Teilnehmer:

»Bitte beobachten Sie die Rolle . . .
Setzen Sie sich so hin, daß Sie die Person von vorne sehen können.
(1) Ergreift die Person die Führungsrolle?
(2) Vermittelt sie, fast sie zusammen, ordnet sie?
(3) Strebt sie Koalitionen an und geht sie welche ein?

(4) Drängt sie auf Entscheidungen?
(5) Wie geht sie dabei vor?
(6) Schließt sie Kompromisse?
(7) Welchen Gesamteindruck macht diese Person auf Sie?«

Aus: Hans-Joachim Rödiger: Unterrichtseinheit: Gewalt um uns – Gewalt in uns. In: Faszination der Gewalt, ES 1141, © Suhrkamp Verlag, Frankfurt a.M. 1983, S. 236f.

Wie wäre es, wenn Rollenverteilungen aus der eigenen Gruppe ausprobiert würden?

Noch eine Frage:
Zwei holländische Wissenschaftler haben jüngst das Milgram-Experiment wiederholt, allerdings mit einer kleinen Änderung. Die Versuchsperson sollte den anderen nicht körperlich quälen, also körperlich Gewalt antun. Die Aufgabe bestand darin, im Falle des Versagens ihn mit abwertender Sprache zu bestrafen, ihm also seelische Gewalt anzutun.

Was meint ihr, liegt die Prozentzahl derer, die *heute* (im Vergleich zum Originalexperiment) der (veränderten) Anordnung gefolgt sind, höher oder niedriger? Ein Tip: Wir sind doch heute alle »aufgeklärt« durch die Medien – oder?

(Die Prozentangaben zur Folgebereitschaft findet ihr unten auf der Seite.)

92 Prozent der untersuchten Personen gehorchten der Autorität.

Quelle: Meeus/Raaijmakers: Autoritätsgehorsam in Experimenten des Milgram-Typs: Eine Forschungsübersicht. In: Zeitschrift für Sozialpsychologie 20, 1989-2, S. 70–85.

1.4 Fremdheitserfahrungen

Ausschnitt aus dem Interview mit Maik:

I: »›Ich bin stolz, ein Deutscher zu sein‹, den Spruch kannst du vertreten, um den anderen hast du noch einen Schlenker drumherum gemacht...«

M: »›Deutschland den Deutschen‹.«

I: »Ja, diese Parolen hier auf der Alm oder in der Schule gehen ja auch weiter...«

M: »Du meinst Ausländerhaß, ob das für mich in Frage kommt?«

I: »Sagen wir mal Ablehnung.«

M: »Haß würde ich erst mal nicht sagen, glaub ich nicht. Auch wenn man sich daran gewöhnt hat. Ich seh' da keinen Haß mehr, wenn ich einen Türken sehe, aber ich glaube eben auch, daß es vielleicht zu viele sind. Ich komm' jetzt nicht mit dem Thema, die nehmen uns die Arbeitsplätze weg, das ist ziemlich abgehakt, das Ganze. Und ich habe auch nicht den genauen Überblick über die Zahlen, wieviel in einem Jahr reinkommen, Asylbewerber und was weiß ich. Das interessiert mich auch nicht so unbedingt, die Ausländerzahlen, daß ich sie unbedingt raushaben will. Ich mein', schön ist es nicht, wenn man durch diese Ghettos geht. Es gibt ja so bestimmte Bezirke, in Bielefeld auch, in jeder Großstadt, wo die Leute leben. Verstehst du, so ein gewisser äußerer Eindruck, da hat man das Gefühl, es sind doch zu viele. Wenn ich durch die Bahnhofstraße gehe, sehe, jeder 3. oder 4. ist ein Ausländer, das ist jetzt ein persönlicher Eindruck, vielleicht stimmt es nicht, ich weiß nicht. Aber daß es ein unbedingter Ausländerhaß ist, glaub' ich nicht. Das ist auch gar nicht so mein Hauptanliegen, daß das mein politisches Ziel ist.«

Maik – und andere mit ihm – glaubten, »daß es vielleicht zu viele sind«: Ist das ein stichhaltiges Argument oder geht es gar nicht um Argumente, sondern um Gefühle?

1988 befanden sich ca. 4,7 Millionen Ausländer in der Bundesrepublik. Die Zahl ist aufgrund der Ergebnisse der Volkszählung wahrscheinlich erheblich niedriger, 4,2 Millionen dürften richtig sein.

Damit beträgt der Ausländeranteil an der Gesamtbevölkerung gut 7 Prozent. Die Vergleichszahlen in anderen Ländern:

Schweiz	15,3%
Belgien	9,0%
Frankreich	8,0%

Von den gut 4 Millionen Ausländern sind knapp 60 Prozent länger als 10 Jahre in der Bundesrepublik.

Diskutiert diese Zahlen einmal mit den Begriffen »Überschwemmung«, »Überlastung«, »Überflutung«, »Überfremdung«, »Überforderung«. Wer verwendet solche Begriffe und welche Eindrücke und Gefühle sollen erzeugt werden?

Gibt es also keine Probleme? Wo könnten Probleme liegen?

Zum Beispiel: durch Wohnghettos und deren Folgen für die Verteilung von deutschen und ausländischen Kindern in Schulklassen? Was ist politisch zu tun?

Zum Beispiel: Wie sieht es in Jugendzentren aus? Werden einige von ihnen »nationalisiert«? Das Jugendzentrum X wird nur von deutschen, das Jugendzentrum Y nur von türkischen Jugendlichen besucht? Was ist zu tun?

Welche tatsächlichen Probleme in eurem Umkreis gibt es nach euren *Erfahrungen* sonst noch? Hilfreich ist dabei eine Unterscheidung nach Vermutungen bzw. Hörensagen einerseits und tatsächlichen Erfahrungen.

Welche Probleme haben türkische Jugendliche beispielsweise mit dem Verhalten von deutschen Jugendlichen?

Stellt eine Problemliste auf. Wer könnte Adressat für Initiativen von Veränderungsvorschlägen sein?

> Zwischenfrage zum weiteren Vorgehen:
>
> Sollen wir überhaupt die Probleme im Zusammenleben benennen? Machen wir uns zu Handlangern von Fremdenfeinden? Ist es nicht besser, zu schweigen?
>
> Welche Vorteile hat das Schweigen? Welche Nachteile?
>
> Welche Vorteile hat das offene Benennen von Problemen?
>
> Welche Nachteile hat es, wenn die Ängste von ausländischen Kindern, Jugendlichen, Erwachsenen thematisiert werden? Welche Nachteile hat es, wenn die Ängste von Deutschen thematisiert werden?

Die entscheidende Frage:

Schützt eine offene Diskussion vor gefährlichen »Lösungen«?
Wie sieht meine eigenständige Position zu dieser Frage aus?

Warum kommen wir mit Türken nicht klar?

Zum deutsch-türkischen Nichtverhältnis oder:
Warum sollen Türken nicht
türkisch sein?
Von Jutta Szostak

Unsere Ausländerfeindlichkeit ist in erster Linie Türkenfeindlichkeit.

Wenn man von den hier lebenden 1,5 Millionen Türken noch die Mittelständisch-Gebildeten abzieht – die Lehrer, Gewerkschaftsfunktionäre, Schriftsteller, Künstler, Sozialarbeiter, Kaufleute –, wie groß ist dann die Zahl derer, mit denen wir Deutschen nicht klarkommen? Die uns jetzt als Bedrohung erscheinen, weil wir ihre Probleme kaum zur Kenntnis genommen oder vernachlässigt haben, die uns jetzt endlich beschäftigen müssen?

Was fangen wir mit dem türkischen Gastarbeiter und seiner Familie an, dem wir so hilflos und unfähig gegenüberstehen? Sollen wir ihn integrieren, anpassen, assimilieren, neutralisieren, germanisieren, ihn so lassen, wie er ist? Oder soll man ihn am besten so schnell wie möglich loswerden, auch wenn es uns was kostet?

Die Deutschen haben Menschen in ihr Land geholt, aber sie haben sich nicht darum gekümmert, woher diese Leute kommen, sagt der in Duisburg lebende türkische Schriftsteller Fakir Baykurt. Bei anderen Nationalitäten mag das Herkunftsland unerheblich gewesen sein. Italien, Jugoslawien oder Griechenland sind durch Kultur und Religion den Deutschen nie ganz fremd gewesen. Das gilt jedoch nicht für die Türkei.

Die meisten türkischen Arbeiter kommen aus rückständigen anatolischen Dörfern, wo Großgrundbesitzer und religiöse Führer, Aga und Hodscha, das Sagen haben. In diese feudalistisch strukturierte bäuerliche Welt sind die Reformen Atatürks nie eingedrungen, und noch immer herrscht das Gesetz des Islam, der das Alltagsleben der Dorfbewohner bis heute regelt.

Der Koran schreibt vor, wie und wann man betet, wie man sich wäscht und kleidet, was man ißt, wie Männer und Frauen miteinander umgehen.

Stellen Sie sich einen Mann vor, wie er in einem anatolischen Dorf lebt: Er ist unumschränkter Herrscher im eigenen Haus, alles hört auf ihn. Er befolgt die religiösen Vorschriften, er entscheidet und bestimmt, kauft ein und vertritt die Familie nach außen. Jeder ist ihm, zumal wenn er älter ist, zu Respekt und Gehorsam verpflichtet.

Dieser Mann kommt nach Deutschland. Er kann kein Deutsch, ist ein Arbeiter unter vielen, muß sich Anweisungen gefallen lassen – niemand ist respektvoll und gehorsam. Um sich herum sieht er lauter Gottlose, Leute, die Schweinefleisch essen und Alkohol trinken, er sieht selbständige und freizügige Frauen – wie kann sein anatolisches Selbstbewußtsein all das verkraften?

Und stellen Sie sich eine Frau aus dem Dorf vor: immer im Hause, Analphabetin, völlig vom Mann abhängig, nur in der Gruppe der Frauen hat sie kleinere Freiheiten. Diese Frau kommt nach Deutschland, unmündig gehalten wie ein nichtschulpflichtiges Kind, orientierungslos in einer fremden Umwelt, ohne die Sicherheit der dörflichen Frauengemeinschaft, ständig auf den Mann angewiesen, der freilich hier nicht mehr ganz so großartig ist.

Wenigstens kann sie sich in ihrem Viertel, wo sie wohnt, zurechtfinden: viele Landsleute leben dort, sie hat ihre Einkaufsmöglichkeiten, und regelmäßig kommen fliegende Händler mit ihren Kleinbussen. Größere Einkäufe macht sowieso der Mann. Der Doktor ist nicht weit, und Schule und Kindergarten sind gleich um die Ecke. So behält sie ihre Lebensweise wie auf dem Dorf bei, so gut es geht. Keinen stört es, wenn sie mit Knoblauch kocht, türkische Musik spielt und ihre Kinder nicht schon abends um acht ins Bett bringt.

In den Türkenvierteln vollzieht sich etwas, das von wohlmeinenden Deutschen oft als Gettobildung angeprangert wird. Sicherlich fände eine Anpassung an deutsche Lebensweisen, wenn dies als erstrebenswert angesehen wird, schneller statt, wenn türkische Familien inmitten von Deutschen leben. Ist das aber wirklich ein erstrebenswertes Ziel? Warum sollten sie nicht unter sich bleiben, wo sie sich akzeptiert und sicher fühlen können, sofern sie sich frei dafür entscheiden?

Oft verlangen Deutsche, daß sich die Türken anpassen: »Wenn sie schon in unser Land gekommen sind, um abzusahnen.« Mit solchen Sprüchen machen sich die Deutschen aber nicht klar, welche Energien es Leute vom Dorf kostet, sich in dieser Industrie-Welt auch nur annähernd zurechtzufinden. Das braucht Zeit und guten Willen – auf beiden Seiten.

Konflikte entstehen da, wo man sich ins Gehege kommt. Bewohner von Bergarbeitersiedlungen, die viele Jahre in ihrem Häuschen mit dem Gärtchen gewohnt haben, ertragen es schwer, wenn die Nachbarschaft plötzlich türkisch wird, wenn sich der Lebensraum immer mehr verändert, wenn die eigenen Vorstellungen von Ordnung und Sauberkeit (einschließlich Kindererziehung) so arg abweichen von denen der neuen Nachbarn.

Eine alte Frau, die schon seit Jahrzehnten in einer Duisburger Zechensiedlung wohnt, klagt mir ihr Leid: »Dieser Krach von den Kindern, bis nachts um eins, und wenn man was sagt, werden sie noch frech.«

Konflikte gibt es auch dann, wenn andere erreichen, was man selbst nie geschafft hat – ein Haus zu kaufen vielleicht.

Der türkische Arbeiter Neset wohnt mit Frau und drei Kindern in einer kleinen bescheidenen Wohnung. Er könnte sich was Besseres leisten, aber er spart das Geld lieber, um es gut anzulegen. Er denkt daran, ein Haus zu kaufen, ein Mietshaus. 50000 Mark Eigenkapital hat er schon, das andere will er mit einem Kredit und Mieteinnahmen finanzieren. Neset hat alles genau kalkuliert. Andere geben ihr Geld eben für andere Dinge aus, meint er.

Neset lebt seit zwölf Jahren in der Bundesrepublik. Vor zehn Jahren hat er Sati, ein Mädchen aus seinem Dorf geheiratet. Weil er seine Frau mit nach Deutschland nehmen wollte, mußte er einen höheren Brautpreis bezahlen. Die Jahre in Deutschland haben sie verändert und ihre Beziehung untereinander. Sati sagt nicht mehr zu allem Ja, sie sagt, was sie will, sie diskutiert mit Neset, und Neset hört sich an, was Sati zu sagen hat. Wenn sie recht hat, stimmt er zu und macht, was sie vorschlägt.

Die beiden haben von den Vorbildern, die sie in Deutschland gesehen haben, gelernt. Die Veränderung mag für Deutsche minimal sein, für türkische Verhältnisse ist da eine Menge geschehen. Und doch ist der Rahmen von Satis Möglichkeiten begrenzt – auf den häuslichen Bereich und die direkte Umgebung. Hier geht sie einkaufen, hier geht sie mit den Kindern spazieren, aber es ist noch immer unmöglich für sie, allein in ein Kaufhaus im Stadtzentrum zu gehen. Nach wie vor ist es ihr Mann, der einkauft, auch ihre persönlichen Sachen wie Strümpfe und Kleider.

Bei allem, was Sati und Neset denken und tun, fühlen sie sich kontrolliert – sie haben die Vorschriften des Islam vollends verinnerlicht. Was würde Nesets Vater, der in Mekka gewesen, also Haci ist, dazu sagen? Und der Gedanke an den strengen, überwachenden Vater ist gar nicht so abwegig; der ist zwar 2500 Kilometer weit weg, aber das Kommunikationssystem der Türken funktioniert auch zwischen Deutschland und der Türkei ausgezeichnet. Und die soziale Kontrolle auch.

Viele Türken, die schon die eine oder andere Vorschrift des Koran etwas lockerer handhaben, befolgen strikt das Verbot, Schweinefleisch zu essen. Um ganz sicherzugehen, daß das Fleisch nach den islamischen Vorschriften geschlachtet ist (das heißt, das Blut muß vom lebenden Tier abfließen), schlachten viele Türken selbst. Das Mißtrauen ist groß, irgendwann einmal verbotenes Fleisch vorgesetzt zu bekommen.

Vor kurzem in einer deutsch-türkischen Wohngemeinschaft: Die Mutter eines Türken, strenggläubig, ist aus der Türkei zu Besuch gekommen. Sie weigert sich, Fleisch zu essen. Man verspricht ihr, es sei kein Schweinefleisch, man zeigt ihr das Fleisch, es ist Rindfleisch. Vergebens. Das Fleisch könne ja mit einem Messer geschnitten sein, das vorher mit Schweinefleisch in Berührung gekommen sei. Alle Beteuerungen helfen nichts. Sie ißt Reis und Tomaten.

Das Festhalten am Gewohnten schafft Sicherheit – vor allem, wenn Türken befürchten, sie sollten germanisiert werden. Wo Deutsche eine Überfremdung durch Türken befürchten, da haben Türken Angst davor, man wolle ihnen »das Türkische« nehmen. Im Bemühen, ihre Identität zu bewahren, erscheinen sie oft hartnäckig, Außenstehenden vielleicht verbissen. Leicht haben es dann religiöse Sekten, die sich als Garanten der türkischen Kultur präsentieren und Sicherheit in der Geborgenheit der nationalen Gruppe versprechen.

Viele Jugendliche, die im Rahmen der Familienzusammenführung in die Bundesrepublik kommen, werden von den islamischen Sekten eingefangen. Sie sind, weil fremd und ohne Orientierung, dankbare Opfer. Auch Koranschulen bieten türkischen Eltern an, ihre Kinder vor den Gefahren des Alltags, denen sie im fremden Land ausgesetzt sind, zu schützen.

Das Grundgesetz der Bundesrepublik garantiert Religionsfreiheit; islamische Sekten und Koranschulen können sich mithin frei entfalten. Wenn darin eine wie auch immer geartete Gefahr liegt, dann sind Möglichkeiten der Steuerung aber durchaus denkbar. Jugendliche müßten sich nicht religiösen Sekten anschließen, wenn sie andere Angebote hätten, Eltern müßten ihre Kinder nicht in Koranschulen schicken, wenn sie ihre Kinder auch nachmittags gut betreut und unter Aufsicht wüßten, in den Schulen beispielsweise.

In diesem Umfeld von Berührungsängsten, Fremdheit und Aggressionen auf beiden Seiten an »Integration« auch nur zu denken, führt am Problem vorbei, ist müßig. Es muß darum gehen, Reibungsflächen zu vermindern und Möglichkeiten der Annäherung zu schaffen.

Jetzt dürfte es schon eine Erleichterung sein, wenn man die Türken in Ruhe türkisch sein ließe.

Türkische Lehrer, Sozialarbeiter, auch Künstler, können viel zur Klärung beitragen. Der Schriftsteller Baykurt hat sich zur Aufgabe gemacht, in seinen (hier im Ruhrgebiet entstandenen) Texten kleine Schritte der Annäherung zu beschreiben: wie ein türkischer Bergarbeiter, der bei einem Grubenunglück ums Leben kommt, sich hier begraben läßt statt in der Türkei, oder wie ein türkisches Kind seinen christlichen Namen, der ihm versehentlich im Krankenhaus verpaßt wurde, als die Mutter noch halb in Narkose war, doch behält, oder wie sich deutsche und türkische Kinder gegen anfängliche Widerstände der deutschen Eltern miteinander vertragen. Baykurt beschreibt kleinste Schritte der Annäherung, gerade darum sind sie so realistisch und vielversprechend.

Steuerzahler mit allen Pflichten und wenig Rechten

Fragt man Türken, was sie denn wollen, so bekunden viele ihren Wunsch, in Deutschland zu bleiben, freilich als türkische Staatsbürger. Die wenigsten wollen die deutsche Staatsbürgerschaft erwerben. Warum sollte ihr Wunsch unbillig sein? Warum sollten sie nicht wählen dürfen, wie sie selber leben wollen?

Der Analphabetismus in zwei Sprachen, der besagen soll, daß viele der Kinder weder richtig Türkisch noch richtig Deutsch lesen und schreiben können, ist das Ergebnis einer unentschlossenen Politik, die mit dem »Integrationsproblem« nicht fertig wird. Halbherzige Ansätze gehen auf Kosten der Betroffenen.

Wer zur Lösung beitragen will, muß sich auf die kulturellen Eigenarten der Türken einstellen, ob ihm das paßt oder nicht. Wer jedoch auf die Nicht-Integrierbarkeit der Türken verweist und sie am liebsten nach Hause schicken will, verdeckt damit im besten Fall seine Phantasielosigkeit. Die Türken zu Sündenböcken machen, ist bequem, wenn es darum geht, eine verfehlte Politik zu vernebeln.

Es liegt in der Verantwortung der Politiker, endlich Voraussetzungen dafür zu schaffen, daß die türkische Kultur und Mentalität hier akzeptiert werden.

Im übrigen sind Türken Steuerzahler und keineswegs nur Krankenkassen- und Kindergeldempfänger. Meist sind sie ja im jungen Lebensalter gekommen, gesund also und zahlen deshalb kräftig mehr in die Krankenkassen ein, als sie je bekommen würden. Wir machen sie zu Bürgern mit allen Pflichten, aber weniger Rechten als wir.

Türken müssen hier un-germanisiert leben und selbst entscheiden können, wie sie ihr Leben führen wollen. Warum keine ethnische Minderheit mit all ihren Möglichkeiten zur Bewahrung ihrer kulturellen Identität? Mit Vereinen, Kulturzentren, Theatern? Ja, das kostet etwas. Aber Krankenhäuser, psychiatrische Versorgung, Heim oder Knast kosten auch.

An die Politiker die Frage, wieviel Humanität sie sich leisten dürfen, wann die Menschlichkeit aufhört: Wenn man jemanden ausweisen muß, obwohl er zum gegenwärtigen Zeitpunkt in der Türkei womöglich verhaftet wird, den Beweis für die Gefährdung aber erst nach der Verhaftung erbringen kann. Wenn jemand nicht mehr zum Schein eine(n) Deutsche(n) heiraten muß, um hierbleiben zu können, im freien Goldenen Westen ...

Sind wir nicht auch für das Wunschbild vom »türkischen Märchen Deutschland« verantwortlich?

Aus: Vorwärts vom 6. 5. 1982.

Politische »Vorschläge« aus unterschiedlichen Richtungen

Das Beispiel: »Ökologische Überlastung« verhindern

Der Rest Deutschlands soll den Deutschen vorbehalten bleiben

Die Rede des CDU/CSU-Fraktionsvorsitzenden im Bundestag, Alfred Dregger, bei einer Ausländertagung der CDU

A

1) Neben mir sitzt Prälat Bocklet. Wir haben vieles gemeinsam. Wir sind beide Deutsche und Christen. Prälat Bocklet ist außerdem Priester unserer Weltkirche. Als solcher hat er unser Gewissen zu schärfen, auch zugunsten von Minderheiten, auch ausländischer Minderheiten. Das habe ich zu respektieren.

Aber auch ich habe einen besonderen Auftrag. Ich bin einer der gewählten Abgeordneten des deutschen Volkes. Als Abgeordneter des deutschen Volkes habe ich die deutschen Interessen zu vertreten, das heißt, ich habe für Rahmenbedingungen zu sorgen, die die Existenz unseres Volkes auch für die Zukunft sichern. Ich werde mich darum bemühen, das möglichst so zu tun, daß deutsche und ausländische Interessen auf einen Nenner kommen. Aber ich warne Deutsche wie Ausländer davor, bei Fragen die berechtigten Interessen der Deutschen zu ignorieren.

2) Die Bundesrepublik Deutschland ist vierte Industrie- und zweite Welthandelsnation. Als solche ist es selbstverständlich, daß Deutsche im Ausland und Ausländer bei uns in Deutschland leben, und sie sollten sich hier wohl fühlen.

Von Bedeutung ist die Zahl und das Tempo ihrer Zunahme in Deutschland. Die Vereinigten Staaten von Amerika, ein klassisches Einwanderungsland mit großen Raum- und Rohstoffreserven, haben eine Einwanderungsquote von 290000 Menschen im Jahr. Die ungleich kleinere und an Rohstoffen und Energie weit ärmere Bundesrepublik Deutschland hat allein 1970 900000 Ausländer aufgenommen. In der Bundesrepublik Deutschland gab es 1960 ca. 500000 Ausländer, jetzt sind es 4,6 Millionen. Trotz des Anwerbestopps steigt ihre Zahl weiter aufgrund von Geburtenhäufigkeit, Familiennachzug, Mißbrauch des Asylrechts und aus anderen Gründen.

Noch wichtiger als die Zahl der Ausländer und das Tempo ihrer Zunahme ist die Frage, ob sie auf Zeit oder ob sie auf Dauer zu uns kommen. Ich möchte, daß auch in Zukunft Ausländer nach Deutschland kommen können. Das setzt aber voraus, daß die Rückkehr der Ausländer in ihre Heimat nicht die Ausnahme, sondern die Regel ist. Wäre es anders, würden wir nicht nur die deutschen Interessen mißachten, sondern auch die Interessen der Ausländer, die in Zukunft zu uns kommen möchten.

Selbst für die Mitgliedsstaaten der Europäischen Gemeinschaft bedeutet Freizügigkeit nicht die Einräumung eines Dauerwohnrechts für jeden. Freizügigkeit haben nur diejenigen, die einen Arbeitsplatz finden, und solche, die nach einer gewissen Arbeitszeit hier arbeitsunfähig oder Rentner geworden sind.

B

Nun kann man natürlich sagen: Ich kenne keine Kulturen und keine Nationen mehr, sondern nur noch Menschen. So wie Wilhelm II. zu Beginn des Ersten Weltkrieges meinte: »Ich kenne keine Parteien mehr, ich kenne nur noch Deutsche.« Die Parteien sind wiedergekommen in Deutschland, Gott sei Dank. Auch die Kulturen und Nationen werden fortbestehen, Gott sei Dank. Selbst wenn die Deutschen als einzige sich aufgeben würden, die anderen würden ihrem Beispiel nicht folgen.

Es wird immer Juden, Christen, Moslems, Hindus, Buddhisten und Atheisten geben. Das ist für das Zusammenleben der Menschen von größter Bedeutung. Wir erleben zur Zeit eine islamische Renaissance, am ausgeprägtesten in Iran, aber auch in den arabischen Ländern, am wenigsten ausgeprägt vielleicht in der Türkei, die nach ihrem Selbstverständnis ein laizistischer europäischer Staat ist. Aber auch sie ist von der Renaissance des Islam nicht frei, was man nicht einmal bedauern kann. Nach der Lehre des Islam haben die Moslems alle Rechte, haben Juden und Christen einige Rechte, die anderen keine Rechte. Diese Tatsache kann man nicht ignorieren. Juden und Christen haben diese Tatsache in vielen islamischen Ländern sehr zu spüren. Im übrigen setzt die Vorstellung einer Einheitsgesellschaft, in der alle Kulturen, Religionen und Nationen eliminiert sind, einen Weltstaat mit Einheitszivilisation voraus, eine gräßliche Vorstellung.

Solange es diesen Weltstaat nicht gibt, werden sogenannte reiche Länder mit geringem Selbstbehauptungswillen eine magische Anziehungskraft auf Menschen aus ärmeren Ländern ausüben. Wir haben den Armen in der Welt zu helfen. Aber diese Hilfe werden wir ihnen in ihrer Heimat und in ihrem Kulturkreis zu geben haben, nicht indem wir ihnen unsere Grenzen auf Dauer öffnen. Dafür ist unser Land zu klein und ökologisch zu überlastet.

Unsere Leistungsfähigkeit in dieser Hinsicht wird auch dadurch begrenzt, daß uns nach dem Ende des Zweiten Weltkrieges 200000 qkm unseres Staatsgebietes genommen wurden und 12 Millionen Deutsche aus ihrer Heimat vertrieben wurden. Zu diesen 12 Millionen Vertriebenen sind dann noch 3 Millionen deutsche Flüchtlinge und Aussiedler gekommen. Es ist nicht unmoralisch zu fordern, daß der uns verbliebene Rest Deutschlands in erster Linie den Deutschen vorbehalten bleibt.

Bitte, denken wir nicht nur an den Augenblick, sondern auch an die Zukunft; beachten wir nicht nur die berechtigten Interessen der Ausländer, sondern auch die berechtigten Interessen der Deutschen.

Aus: Frankfurter Rundschau vom 8. 1. 1983.

Eine differenzierte Betrachtung – wozu?

Ausländer sind nicht gleich Ausländer! CDU-MdB Dregger warnt davor, die Welt in Inländer und Ausländer einzuteilen, »das ist zu simpel«. Er unterscheidet vier verschiedene Ausländergruppen (Bundestagsdebatte 4. 2. 1982, S. 4892 ff.):

1. »Menschen mit einer fremden Staatsangehörigkeit, aber deutscher Sprache und Kultur.«
2. »Ausländer, die nicht dem deutschen, aber doch dem europäischen Kulturkreis entstammen.«
3. »Türken.«
4. »Menschen aus den asiatischen und den afrikanischen Ländern.«

Was bedeutet 1., 2., 3., 4.?

Das Beispiel: »Durchrassung« verhindern

Im Wortlaut: Bayerischer Geschichtsstreit

»Großer Schmelztiegel«

Eine Art bayerischer Historikerstreit ist zwischen dem SPD-Landesvorsitzenden Rudolf Schöfberger und der Staatskanzlei von Innenminister Edmund Stoiber (CSU) entbrannt. ***Es geht um Stoibers Warnung vor einer »durchmischten« und »durchraßten« Gesellschaft in Bayern und der Bundesrepublik.*** *Die FR veröffentlicht Schöfbergers Stellungnahme aus der Sozialdemokratischen Pressekorrespondenz und eine Antwort der Staatskanzlei im Wortlaut:*

»So kann nur einer daherreden, der die bayerische Geschichte nicht kennt«, meint Schöfberger, in Anspielung auf die Angst Stoibers vor einer »durchmischten« und »durchraßten« Gesellschaft in Bayern. Ein Blick in die Geschichte Bayerns – vor allem seines Teils zwischen Alpen und Donau – zeigt, so Schöfberger, daß dieses Gebiet »historisch betrachtet der größte Völker- und Rassen-Schmelztiegel des alten Kontinents» gewesen ist: »Von allen Himmelsrichtungen sind Illyrer, Etrusker, Kelten, Germanen, Allemannen, Römer, Franken und Slawen jahrtausendelang auf die schwäbisch-bayerische Hochebene geströmt.«

Rudi Schöfberger hat – nicht nur für Edmund Stoiber – die Vielzahl der Völker und Rassen zusammengestellt, die entscheidend die heutige Bevölkerung Bayerns geprägt oder zumindest ihre Spuren hinterlassen hat. Sein geschichtlicher Überblick ergibt folgendes:

seit 12 000 v. Chr.: Illyrer und Verwandte der Schweizer Pfahlbauern;

seit 700 v. Chr.: Kelten, vermutlich Verwandte der Etrusker – kein Volk, ein »Volk von Völkern«;

500 v. Chr. bis 15 n. Chr.: die keltischen Hauptstämme Noriker und Vindeliker mit vielen Unterstämmen wie Estionen, Chattenaten, Alaunen;

113 v. Chr.: Kimbern und Ambronen;
100 v. Chr.: elbgermanische Sueben;
ab 1000 v. Chr.: nördlich der Donau: Germanen in Form der thüringischen Hermunduren, Naristen, Markomannen und Quaden:

16 v. Chr. bis 500 n. Chr.: Römer mit Besatzungssoldaten aus allen Teilen des römischen Weltreichs: Griechen, Syrer, Mesopotamier, Nordafrikaner usw.; sie bringen beispielsweise die Weinrebe, die Breze und die Zither mit; starke Vermischung mit Kelten und eindringenden Germanen;

162 n. Chr.: germanische Chatten;
166 n. Chr.: Markomannensturm über die Donau Richtung Süden;

ab 233 n. Chr.: Allemannen aus dem Westen;
ab 357 n. Chr.: germanische Juthungen;
ab 375 n. Chr.: Hunneneinfälle in germanischen Stammlanden, Auslöser der Völkerwanderung;

ab 400 n. Chr.: Markomannen in breiter Front;
ab 406 n. Chr.: Alaunen, Vandalen, Sueben, Burgunder, Franken;
ab 500 n. Chr.: Ostgoten, Heruler, Rugier, Thüringer;

ab 508 n. Chr.: Bajuwaren aus Böhmen (die Namensgeber des späteren Bayern) mit einem starken markomannischen Kernstamm; im Gefolge weitere Sueben; Langobarden auf dem Durchzug nach Oberitalien; versprengte illyrische Osi;

600 bis 749 n. Chr.: iroschottische Mönche;
749 n. Chr.: Franken als Beherrscher der keltisch-römisch-germanisch-bajuwarisch-allemannischen Mischrasse;
ab 750 n. Chr.: Goten, von Südosten her slawische Karantanen (Kärnten);

900 bis 955 n. Chr.: Ungarn mit hunnisch-tatarischen Avaren;

955 n. Chr.: nach der Schlacht auf dem Lechfeld Ansiedlung ungarischer Kriegsgefangener (zum Beispiel in Münsing am Starnberger See);

1146 n. Chr.: weitere Ungarneinfälle;
ab 1229 n. Chr.: Juden;
1440 n. Chr.: Hussiten bis Bamberg, Nürnberg, Straubing;
1688 bis 1724 n. Chr.: türkische Kriegsgefangene;
1704 bis 1724 n. Chr.: Panduren;

ab 1799 n. Chr.: Pfälzer (pfälzische Linie des Hauses Wittelsbach);
ab 1805 n. Chr.: Franzosen;
ab 1850 n. Chr.: Tiroler, Ladiner und Italiener;

ab 1945 n. Chr.: Preußen, Pommern, Schlesier, Sudetendeutsche, Siebenbürger Sachsen, Banater usw.

»Neue Völkerwanderung«

Stoiber ließ auf Schöfbergers Geschichtstabelle mit folgender Presseerklärung reagieren:

»Die oberlehrerhafte Belehrung des Hobby-Historikers Rudolf Schöfberger verfehlt das Thema und wird ihm nicht einmal in Bremen einen Geschichtslehrstuhl einbringen. Mit seiner Neigung zu Feind- und simplen Weltbildern ist es offensichtlich unvereinbar, sich argumentativ mit den eigentlichen Anliegen der Asyl- und Ausländerpolitik auseinanderzusetzen. Zur Sache verweist Innenminister Edmund Stoiber auf seine Aussagen in einem Interview der jüngsten Ausgabe der Münchner Katholischen Kirchenzeitung: ›Wenn ich gegen eine multikulturelle Gesellschaft bin, dann bin ich natürlich damit kein Rassist. Die Kulturen befruchten sich gegenseitig, und gerade Bayern ist ein typisches Beispiel: Keine Kultur kann sich abschotten, aber was ich nicht will – und das verstehe ich unter multikultureller Gesellschaft –, daß sich in unserem Lande nebeneinander ohne eine Integrationsfähigkeit Kulturen entwickeln.

Unser Ziel ist die Wahrung der nationalen Identität. Das schließt Offenheit für Vielfalt und kulturelle Bereicherung ein, wenn sie sich als integrationsfähig erweist. Aber man muß auch die Grenzen dieser Integrationskraft sehen. Sie können nicht durch den Begriff multikulturelle Gesellschaft weggeredet werden ... Wir stehen doch am Anfang – und deswegen muß man auch darauf hinweisen – einer neuen Völkerwanderung. Wer das nicht sieht, der verdrängt Realitäten.‹«

Aus: Frankfurter Rundschau vom 4. 4. 1989.

Dazu ein Beitrag der »Republikaner«:

»Das in Jahrtausenden gemeinsamer Geschichte gewachsene, auf geistigen und blutsmäßigen Bindungen beruhende Gemeinschaftsbewußtsein unseres Volkes wird brüchig werden, das Gefühl innerer Verbundenheit, das auch in schweren Zeiten Halt und Kraft verlieh, geht verloren und mit ihm die Fähigkeit zu gemeinsamem Handeln. Das wird Auswirkungen haben nicht nur in der Wirtschaft, sondern auch in der Sozialpolitik und der Verteidigungsbereitschaft ...

Das also ist der Kern des allgegenwärtigen Übels: Man hat sich dem überbetonten Liberalismus, der Vaterlandslosigkeit und dem ›Internationalismus‹ verschrieben ... Und deshalb geht es mit uns ständig bergab.«

Erik Zimmer: Volk in der Krise. Wo bleibt die politische und geistige Wende? In: »Der Republikaner«, 1988, Nr. 4, S. 1f. (Die Zeitung »Der Republikaner« ist die offizielle Parteizeitung.)

Das Beispiel: Überfremdung verhindern

»Heidelberger Manifest«

»Mit großer Sorge beobachten wir die Unterwanderung des deutschen Volkes durch Zuzug von vielen Millionen von Ausländern und ihren Familien, die Überfremdung unserer Sprache, unserer Kultur und unseres Volkstums. Allein im Jahre 1980 hat die Zahl der gemeldeten Ausländer trotz Anwerbestopp um 309 000 zugenommen, davon 194 000 Türken. Gegenüber der zur Erhaltung unseres Volkes notwendigen Zahl von Kindern werden jetzt jährlich kaum mehr als die Hälfte geboren. Bereits jetzt sind viele Deutsche in ihren Wohnbezirken und an ihren Arbeitsstätten Fremdlinge in der eigenen Heimat.

Der Zuzug der Ausländer wurde von der Bundesregierung aus Gründen des heute als fragwürdig erkannten hemmungslosen Wirtschaftswachstums gefördert. Die deutsche Bevölkerung wurde bisher über Bedeutung und Folgen nicht aufgeklärt. Sie wurde auch nicht darüber befragt. Deshalb rufen wir zur Gründung eines parteipolitisch und ideologisch unabhängigen Bundes auf, dessen Aufgabe die Erhaltung des deutschen Volkes und seiner geistigen Identität auf der Grundlage unseres christlich-abendländischen Erbes ist. Auf dem Boden des Grundgesetzes stehend wenden wir uns gegen ideologischen Nationalismus, gegen Rassismus und gegen jeden Rechts- und Linksextremismus.

Völker sind (biologisch und kybernetisch) lebende Systeme höherer Ordnung mit voneinander verschiedenen Systemeigenschaften, die genetisch und durch Traditionen weitergegeben werden. Die Integration großer Massen nichtdeutscher Ausländer ist daher bei gleichzeitiger Erhaltung unseres Volkes nicht möglich und führt zu den bekannten ethnischen Katastrophen multikultureller Gesellschaften.

Jedes Volk, auch das deutsche Volk, hat ein Naturrecht auf Erhaltung seiner Identität und Eigenart in seinem Wohngebiet. Die Achtung vor anderen Völkern gebietet ihre Erhaltung, nicht aber ihre Einschmelzung (›Germanisierung‹). Europa verstehen wir als einen Organismus aus erhaltenswerten Völkern und Nationen auf der Grundlage der ihnen gemeinsamen Geschichte. ›Jede Nation ist die einmalige Facette eines göttlichen Plans‹ (Solschenizyn).

Das Grundgesetz der Bundesrepublik Deutschland geht nicht aus vom Begriff ›Nation‹ als der Summe aller Völker innerhalb eines Staates. Es geht vielmehr aus vom Begriff ›Volk‹, und zwar vom deutschen Volk. Der Bundespräsident und die Mitglieder der Bundesregierung leisten den Amtseid: ›Ich schwöre, daß ich meine Kraft dem Wohle des deutschen Volkes widmen, seinen Nutzen mehren, Schaden von ihm wenden werde.‹ Somit verpflichtet das Grundgesetz zur Erhaltung des deutschen Volkes.

Die Präambel des Grundgesetzes verpflichtet auf das Ziel der Wiedervereinigung. Wie soll diese möglich bleiben, wenn sich die Teilgebiete ethnisch fremd werden? Die jetzt praktizierte Ausländerpolitik, welche die Entwicklung zu einer multirassischen Gesellschaft fördert, widerspricht dem Grundgesetz, das alle Deutschen der Bundesrepublik zur Bewahrung und Verteidigung der Lebensrechte unseres Volkes verpflichtet.

Welche Zukunftshoffnung verbleibt den Hunderttausenden von Kindern, die heute sowohl in ihrer Muttersprache wie in der deutschen Sprache Analphabeten sind? Welche Zukunftshoffnung haben unsere eigenen Kinder, die in Klassen mit überwiegend Ausländern ausgebildet werden? Werden sich die Abermilliarden für die Verteidigung unseres Landes am Ende einer solchen Entwicklung lohnen?

Allein lebensvolle und intakte deutsche Familien können unser Volk für die Zukunft erhalten. Nur eigene Kinder sind die alleinige Grundlage der deutschen und europäischen Zukunft.

Da die technische Entwicklung Möglichkeiten bietet und in gesteigertem Ausmaß bieten wird, alle Ausländerbeschäftigung überflüssig zu machen, muß es oberster Grundsatz zur Steuerung der Wirtschaft sein: nicht die Menschen zu den Maschinen zu bringen, sondern die Maschinen zu den Menschen.

Das Übel an der Wurzel zu packen heißt, durch gezielte Entwicklungshilfe die Lebensbedingungen der Gastarbeiter in ihren Heimatländern zu verbessern – und nicht hier bei uns. Die Rückkehr der Ausländer in ihre angestammte Heimat wird für die Bundesrepublik Deutschland als eines der am dichtesten besiedelten Länder der Welt nicht nur gesellschaftliche, sondern auch ökologische Entlastung bringen.«

Um weiteren Widerhall in der Öffentlichkeit zu erreichen, fordern wir alle Verbände, Vereinigungen, Bürgerinitiativen usw. auf, die sich der Erhaltung unseres Volkes, seiner Sprache, Kultur und Lebensweise widmen, einen Dachverband zu gründen, der kooperative wie individuelle Mitgliedschaften ermöglicht. Jeder Verband soll dabei seine volle Selbständigkeit und Eigenständigkeit behalten. Über die Aufgaben dieses Bundes soll auch zur Wahrung seiner parteipolitischen und ideologischen Unabhängigkeit ein wissenschaftlicher Beirat wachen.

Eine Pressestelle soll die Öffentlichkeitsarbeit übernehmen.

Für den HEIDELBERGER KREIS:

Prof. Dr. phil. habil. Bambeck, Prof. Dr. Fricke, Prof. Karl Götze, Prof. Dr. phil. Haberbeck, Prof. Dr. rer. nat. Illies, Prof. Dr. theol. Manns, Prof. Dr. Dr. Oberländer/Bundesminister a.D., Prof. Dr. jur. Rasch, Prof. Dr. Riedl, Prof. Dr. med. Schade, Prof. Dr. rer. pol. Schmidt-Kahler, Prof. Dr. rer. nat. Schröcke, Prof. Dr. med. Schurmann, Prof. Dr. phil. Siebert, Prof. Dr. phil. Stadtmüller.

Nach: »Deutsche Wochen-Zeitung« und »Tageszeitung«.

Was passiert hier eigentlich mit den Begriffen »Ausländerfeindlichkeit« und »Ausländerfreundlichkeit«?

Wer ist nach diesem Verständnis besonders ausländerfreundlich – wer besonders ausländerfeindlich?

Das Beispiel: »Integration als Völkermord«

Integration heißt auf deutsch Verbindung einer Vielheit von einzelnen Personen oder Gruppen zu einer gesellschaftlichen Einheit (Soziologie), bedeutet Eingliederung, Einschmelzung, Vermischung. Nun stößt aber jede Eingliederung, Einschmelzung (Vermischung) der Ausländer in den deutschen Volkskörper auf unüberwindbare Schwierigkeiten, da die Naturgesetze es nicht zulassen, daß man durch Erlernung einer fremden Sprache und Annahme der fremden Sitten und Gebräuche ein Angehöriger eines anderen Volkes werden kann, denn das angeborene Wesen und Gefühlsleben eines Menschen läßt sich bekanntlich nicht ändern!

Um hier keinen Irrtum aufkommen zu lassen, muß erwähnt werden, daß unter dem Begriff »Ausländer« der Angehörige eines fremden Volkes zu verstehen ist und nicht grundsätzlich der Angehörige eines anderen Staates. So ist z.B. ein Deutscher mit italienischer Staatsangehörigkeit (Südtiroler) niemals ein Ausländer (denn Südtirol wird von deutschen Menschen bewohnt, und die Muttersprache dieser Menschen ist Deutsch), dagegen bleibt ein Türke usw., der die deutsche Staatsangehörigkeit erhalten hat, in diesem Sinne ein Ausländer, denn die Staatsangehörigkeit ist eine Äußerlichkeit, die angenommen und wieder abgelegt werden kann, während man die Volkszugehörigkeit, das angeborene Wesen und Gefühlsleben, das ja rassisch und volkstumsmäßig bedingt ist, nicht ändern kann.

Kurz gesagt, eine Integration (Eingliederung, Einschmelzung) der Ausländer in den deutschen Volkskörper ist aufgrund der Naturgesetze nicht möglich. Alle Versuche einer Integration sind also von vornherein zum Scheitern verurteilt, und entsprechend ist auch das Ergebnis einer solchen naturwidrigen Politik, wie wir gleich sehen werden:

Eine äußerliche Eingliederung in den deutschen Volkskörper bedeutet für die Ausländer bereits Aufgabe ihrer eigenen Lebensweise, Gebrauch der ihnen fremden deutschen Sprache als Umgangssprache und Erziehung ihrer Kinder in der deutschen Sprache.

Damit wird den Ausländern fremde Lebensart und Lebensweise aufgedrängt, die Verbindung zu Volk und Heimat gelöst; kurz: sie werden entwurzelt und heimatlos, denn das Gastland kann für sie nicht Heimat in des Wortes tiefster Bedeutung werden, sie können nie deutsch fühlen und denken, also Deutsche werden, weil die Naturgesetze es nicht zulassen. Nicht umsonst werden daher viele Gastarbeiter gemütskrank!

Die [...] Forderung, die Nationalklassen für Ausländerkinder an den Schulen aufzulösen und die Heimatsprache als zweite Fremdsprache im Unterricht zu lernen, schlägt den Naturgesetzen ins Gesicht, denn damit wird bei den Ausländerkindern die Heimatsprache oder richtiger Muttersprache – die ja eng mit dem angeborenen Wesen und Gefühlsleben des Menschen zusammenhängt und zum Kulturgut eines jeden Volkes gehört – zurückgedrängt, was zu einer seelischen Schädigung und ganz zwangsläufig zu einer Entwurzelung dieser Menschen führt.

Als Muttersprache ist die Sprache anzusehen, die zu dem im Unterbewußtsein des Menschen liegenden Rasseerbgut gehört und die die wichtigste

Brücke vom Bewußtsein zum Erbgut im Unterbewußtsein darstellt. Da das rassische Erbgut der einzelnen Völker oft stark verschieden ist, ist es verständlich, daß es insbesondere für die Kulturworte wie Stolz, Mut, Kühnheit, Tapferkeit, Ehre, Freiheit usw. in einer anderen Sprache oft keine vergleichbaren Worte gibt.

So fehlt zum Beispiel in einer orientalischen Sprache ein vergleichbares Wort für Ehre; das Wort Ehre wird mit dem Wort übersetzt, das Pracht, Reichtum, Ansehen bedeutet, aber Pracht, Reichtum und Ansehen haben bekanntlich mit unserem Begriff Ehre überhaupt nichts zu tun.

Durch die Wegnahme der Muttersprache und ihr Ersatz durch eine andere Sprache wird also an den Ausländern und insbesondere an den ausländischen Kindern ein Unrecht begangen; sie werden seelisch entwurzelt, das heißt, sie stehen ohne inneren Halt da, da die Verbindung zu ihrem Erbgut zerrissen wurde, und wissen nicht, wo ihre Heimat ist.

Aus: Seeger, W.: Ausländer-Integration ist Völkermord. Verlag Hohe Warte, 8121 Pähl.

Was passiert hier mit den Begriffen »Ausländerfeindlichkeit« und »Ausländerfreundlichkeit«?

In welche Rangfolge von Überlegenheit und Unterlegenheit werden hier Menschen gebracht?

Wie sieht meine selbständige Position dazu aus?

»Klar ist«, schreibt das Magazin »Wirtschaftswoche«, »daß in Zukunft die Bundesrepublik noch stärker als bisher zum Einwanderungsland werden wird.« Die deutsche Bevölkerung, so schätzt das Wirtschaftsmagazin, wird in den nächsten vier Jahrzehnten um ein Drittel schrumpfen. Selbst wenn bis 1990 rund 700000 Deutsche aus Osteuropa einwandern sollten – es »würde dadurch lediglich der seit 1981 eingetretene Bevölkerungsrückgang ausgeglichen«.

Aus: PZ Aussiedler... Deutscher als wir..., Bundeszentrale für politische Bildung, 56, März 1989, S. 28.

Kampf der Ausländerfeindlichkeit

Die NPD ist die einzige Partei Deutschlands, die noch Verständnis für die Opfer der Bonner Ausländerpolitik hat. Über Jahre hinweg glaubten die Herrschenden, Menschen durch Kontinente verschieben zu können, so wie man dies mit Maschinen tut. Dem kapitalistischen Denken macht es keinen Unterschied aus.

Jetzt erfolgt der zweite Schritt: Man will die Ausländer ihrer nationalen Identität berauben. ›Integration‹ nennt man es, ›Zwangsgermanisierung‹ könnte man auch sagen. Auf dem Wege zur Integration gibt es jedoch Hindernisse: Die Ausländer selbst. Für uns Nationaldemokraten ist es selbstverständlich, daß die Ausländer ihre eigene Sprache, ihre eigene Religion, ihre eigene Kultur, ihre eigene Lebensweise behalten wollen. Den Integrationspolitikern ist der eigene Wille von Ausländern jedoch ein Dorn im Auge. Die kapitalistische Massengesellschaft braucht gehirnamputierte, willenlose und beliebig manipulierbare Konsumenten.

Das DGB-Funktionariat stellte kürzlich fest, daß es in Westdeutschland mehr Koranschulen gebe als in der Türkei selbst. Was die Funktionäre erstaunt, können wir erklären: Wo die nationale Identität bedroht ist, regt sich besonderer Widerstand. Aus unserer eigenen, deutschen Vergangenheit wissen wir, daß die Grenzlanddeutschen über ein ausgeprägteres Nationalbewußtsein verfügten als die Binnendeutschen. Eigentlich ganz normal. Das Selbstverständliche pflegt man nicht besonders, wohl aber das Gefährdete. Die DGB-Führung stört sich nur daran. Sie erkennt richtig, daß dies die Integrationsbemühungen stört. Folglich werden »Demonstrationen« organisiert, die die Ausländer unter Druck setzen sollen. Das Fanal zum Kampf gegen die Ausländer wurde gegeben. Die derart organisierte Ausländerfeindlichkeit widerspricht nationalen Grundsätzen. Die zwangsweise Umerziehung soll nach den Deutschen nun auch gegen die Ausländer eingesetzt werden.
Anders als durch Gehirnwäsche können liberalistische und marxistische Ideologen ihre Phrasen nicht in die Praxis umsetzen.

Bekämpfen wir die Ausländerfeindlichkeit der Integrationspolitiker. Wir bekämpfen damit gleichzeitig die menschenfeindlichen Grundlagen ihrer Politik.

Kampf der Ausländerfeindlichkeit!

Kampf der Integrationspolitik!

Für das Recht auf nationale Identität!

Aus: Pfeil, Nr. 24/1982.

»Was ist denn jetzt los?«

Integration - oder wer ist hier ausländerfeindlich!?!?

Das von der Propagandamaschine der Herrschenden am meisten gebrauchte Wort ist "Integration". Mit ihr will man das "Ausländerproblem" lösen. Aber was heißt eigentlich Integration?
Integration bedeutet: Einschmelzung, Verbindung. Die Bonner Politiker fordern im "Klartext" also eine Verschmelzung mit den Ausländern. Aber mit der Integration ist das wie mit einer Heirat: Beide Partner müssen einwilligen. Beide Teile aber, Deutsche wie Ausländer, sagen: NEIN. Denn für beide Teile heißt das: Aufgabe der nationalen Identität, Aufgabe von eigener Kultur, Aufgabe von eigener Lebensweise - und das will niemand. Daher sind die Völker gegen Integration!
Auch die Ausländer wollen nicht zwangsgermanisiert werden. Das mußte sogar der linksliberale "Spiegel" zugeben. Einer ihrer Redakteure lebte eine Woche lang mit dem türkischen Gastarbeiter Nuri Kaya zusammen. Kaya erklärte, "daß wir nicht so leben wollen wie sie" (die Deutschen) und eine andere Kultur haben. Ferner meinte Kaya, "für die Kinder ist es ganz schwer, sie können nicht richtig Deutsch, aber auch nicht richtig Türkisch, jedenfalls nicht schreiben und lesen!" (60% der Türkenkinder in Westdeutschland schaffen in der integrierten Schule nicht einmal den Hauptschulabschluß)
Kaya, der in der Türkei bereits ein Häuschen mit Grundstück besitzt, will nach Hause, "wo ich ganz frei bin, wo alle meine Sprache sprechen und schönes Wetter ist". Er sagt, so wie er dächten 90% seiner türkischen Kollegen.

●71 % fordern: möglichst viele Ausländer zurück in ihre Heimat.

●73 % sagen: deutsche Arbeitsplätze zuerst für Deutsche.

●84 % der Bürger verlangen: A U S L Ä N D E R S T O P P !

Schuld an der verheerenden Ausländerpolitik sind nicht die Ausländer, sondern die Politiker. Deshalb: Protest gegen die falsche Ausländerpolitik der alten Parteien wählen.

Wir Jungen Nationaldemokraten achten die Vaterlandsliebe der Türken. Wir wollen ihren Willen zur Rückkehr fördern, ihre nationale Identität erhalten. Deshalb fordern wir auch muttersprachliche Regelklassen - ganz im Sinne der Türken selbst.
Deutsche und Ausländer - besonders auch die Türken - wollen also keine Integration. Angesichts dieser Tatsache ist es schon merkwürdig, wenn man die "Integrationswut" der Bonner Politiker sieht. Es gehört schon eine Menge Arroganz und Überheblichkeit dazu, sich so über den Willen der Völker hinwegzusetzen. Aber wie man ja allerorts sehen (Fern-sehen) kann, haben unsere Bonner Politiker eine Menge davon. Wer hier ausländerfeindlich ist, wäre somit klar beantwortet.

5

Aus: JN/Klartext, Nr. 8/1982.

1.5 Nationalismus – Deutschland, Deutschland über alles

Ausschnitt aus dem Interview mit Maik:

M: »Ja, der Unterschied, ich war ja erst einmal bei einem Länderspiel dabei, gegen Schweden. Unterschied ist sicherlich, daß man erstens mal mit anderen Fans, das ist irgendwie eine größere Gemeinschaft, die auch hinter der Mannschaft steht und daß auch viel mehr zusammenkommt, und von der Stimmung her ist auch viel mehr los.«

I: »Bewegen dich solche Sachen auch besonders, wie die Nationalhymne vor dem Spiel? Vielleicht hast du auch einen schwarz-rot-goldenen Schal?«

M: »Jetzt kommt das Politische rein. Ich bin also eben relativ nationalistisch eingestellt. Nicht nationalsozialistisch, darauf achte.«

I: »Erklär mir das mal.«

M: »Ja, daß ich mich eben hier mit diesem Land identifiziere, daß ich mich hier wohlfühle, wie gesagt, ich reise gerne und in erster Linie in Deutschland, kenne die Städte und Menschen und fühl mich hier wohl und identifizier mich damit. Wenn die deutsche Nationalmannschaft spielt, oder wenn ich die Nationalhymne höre, dann bewegt mich das schon etwas. Man hat das Gefühl, daß man eben auch dazugehört. Es ist natürlich ein anderes Zugehörigkeitsgefühl als bei den Fans mit 50 Mann. Es ist ja kein Vergleich dazu. Also, so was bewegt mich dann schon.«

I: »Dieses ›stolz sein auf dieses Land‹, worauf gründet dies? Auf bestimmte Eigenschaften, die die Leute haben? Oder was man geleistet hat?«

M: »Mein Gott, die Welt besteht eben nun mal aus Nationen, Nationalitäten, Engländer, Franzosen, Deutsche, Amerikaner, und ich bekenne mich eben zu dieser Nation. Jetzt ist eben diese Schwierigkeit, mit dem Nationalsozialismus fertig zu werden ...«

Nationalismus heißt:

das Bewußtsein eines Anders- und Besondersseins vor allem aufgrund ethnischer, sprachlicher oder religiöser Homogenität (Gleichartigkeit), Gemeinsamkeit der soziokulturellen Einstellungen und historischen Erinnerungen. Sendungsbewußtsein, Streben nach historischer Legitimation (Begründung) der nationalen Idee sowie Geringschätzung fremder Nationalitäten oder Animosität ihnen gegenüber.

So sehen es »Gelehrte« – heute noch:

Die Beurteilung des Nationalsozialismus »nach scheinbar übergeordneten Kategorien wie Humanität, Freiheit, Liberalität und Demokratie« sei »nichts anderes als die Fortsetzung des Krieges mit anderen Mitteln«.

So ein Professor für Politikwissenschaft an der Universität Bochum, um gleich noch nachzusetzen:

»Wer aber den Frieden mehr liebt als seine Nation und ihre Freiheit, ist nur ein blökendes Schaf. Wer ›den Menschen‹ mehr liebt, ist schon ein leibhaftiger Schwachkopf, und wer die Demokratie mehr liebt als die Idee der Nation, verurteilt sich selbst zum Raketenfutter ...«

»Es gibt keine der Idee der Nation übergeordneten Prinzipien, schon gar keine moralischen.« Auch dies stammt von eben diesem Professor, der gerne bei Burschenschaften und konservativen politischen Gruppen und Parteien vorträgt.

(Zitate stammen aus: Klönne, A.: Zurück zur Nation, 1984.)

Aufgespießt

»Äußere Erscheinung (nur eine Eintragung möglich). 1 asiatisch, 2 negroid, 3 nordländisch, 4 orientalisch, 5 südländisch, 6 slawisch.«

Von der niedersächsischen Polizei verwendeter Vordruck für Personenbeschreibungen.

Aus: Frankfurter Rundschau vom 28. 12. 1989.

Worauf die Deutschen stolz sind ...

Worauf die Deutschen stolz sind

Tabelle A 10
Bundesrepublik mit West-Berlin
Bevölkerung ab 16 Jahre

Frage: »Wir möchten gerne einmal wissen, worauf man als Deutscher alles stolz sein kann. Hier auf diesen Karten steht einiges aufgeschrieben. Könnten Sie die bitte einmal durchsehen und mir alles herauslegen, von dem Sie meinen, daß man darauf als Deutscher stolz sein kann.«
(Vorlage eines Kartenspiels)

	September/Oktober 1984 %
Goethe, Schiller und andere große Dichter	71
Die schönen Landschaften	71
Beethoven, Bach und andere klassische deutsche Komponisten	63
Technische Hochleistungen der deutschen Industrie	59
Deutsche Wissenschaft und Forschung	59
Die mittelalterlichen Städte	57
Kölner Dom, deutsche Dome und Münster	57
Unsere sozialen Leistungen, soziale Sicherheit	55
Der Fleiß und die Arbeitsfreude der Deutschen	52
Die deutschen Philosophen	47
Der Wiederaufbau nach dem Krieg	47
Das Ansehen Deutschlands in der Welt	46
Autos aus der Bundesrepublik	42
Die Treue und Zuverlässigkeit der Deutschen	41
Friedrich der Große, Bismarck und andere Staatsmänner	33
Die Tapferkeit deutscher Soldaten	33
Der deutsche Widerstand	30
Die Kultur der Germanen	24
Die Leistungen im Fußball	20
Preußen	18
Das Deutsche Reich im Mittelalter, die Kaiser der Hohenstaufen	17
Unmöglich zu sagen	6
	948
	n = 2.206

Quelle: Allensbacher Archiv, IfD-Umfrage 4049

Wie wäre es mit einer »anderen« Liste?
Wonach wird z.B. nicht gefragt, worüber man sich freuen könnte?

... und wie sich dies besonders für Andersdenkende niederschlägt ...

Vom Zusammenhang der Werte: Nationalstolz und Erziehungsziele

Tabelle A 14
Bundesrepublik mit West-Berlin
Bevölkerung ab 18 Jahre

Frage: »Eine Frage zur Erziehung. Wir haben einmal Karten zusammengestellt mit den verschiedenen Forderungen, was man Kindern für ihr späteres Leben alles mit auf den Weg geben soll, was Kinder im Elternhaus lernen sollen. Was davon halten Sie für besonders wichtig? Wenn Sie mir die Karten herauslegen, aber bitte nicht mehr als fünf davon.«
(Vorlage eines Kartenspiels)

– Auszug aus den Angaben –

	Insgesamt	Personen, die auf die Frage, ob sie stolz auf ihre Nationalität sind, antworten:		
		»sehr stolz«	»ziemlich stolz«	»Nicht sehr, überhaupt nicht stolz«
Bevölkerung ab 18 Jahre	%	%	%	%
Gute Manieren	42	51	45	31
Sparsamkeit	31	40	36	19
Höflichkeit	29	36	31	21
Treue, Loyalität	22	24	22	18
Hart arbeiten, etwas leisten wollen	21	32	23	14
Festen Glauben, feste religiöse Bindung	18	24	17	13
Gehorsam	16	25	16	9
Verantwortungsgefühl	61	58	63	65
Unabhängigkeit, Selbständigkeit	47	34	42	57
Andersdenkende achten, tolerant sein	42	31	35	58
Phantasie	13	10	10	21
Unter-30jährige				
Gute Manieren	34	52	40	22
Sparsamkeit	19	37	22	13
Höflichkeit	24	35	27	20
Treue, Loyalität	20	25	20	17
Hart arbeiten, etwas leisten wollen	16	25	19	13
Festen Glauben, feste religiöse Bindung	10	8	9	7
Gehorsam	9	19	9	6
Verantwortungsgefühl	61	61	60	57
Unabhängigkeit, Selbständigkeit	65	62	61	68
Andersdenkende achten, tolerant sein	49	30	42	60
Phantasie	23	21	20	28

Quelle: Internationale Wertestudie 1981/82

Aus: Noelle-Neumann, E./Köcher, R.: Die verletzte Nation, Stuttgart 1987, S. 60 und 64.

... und was die Deutschen von den anderen Nationalitäten glauben

Nationale Stereotype der Bevölkerung der Bundesrepublik

	Italiener	Belgier	Holländer	Franzosen	Amerikaner	Russen	Deutsche
sehr arbeitsam	16,8	32,5	48,8	10,0	26,2	48,7	80,4
intelligent	31,9	41,5	46,8	52,4	61,8	48,8	68,6
praktisch	32,1	31,7	45,0	30,3	49,9	40,9	65,2
eingebildet	28,0	7,1	15,8	42,1	29,8	8,2	33,9
großzügig	26,5	14,2	20,8	33,3	51,7	10,8	22,1
grausam	8,2	1,5	1,5	3,4	8,1	31,2	5,6
rückständig	31,2	3,9	2,8	7,0	1,9	28,8	2,5
tapfer	9,8	16,4	17,2	20,0	22,0	41,4	51,8
selbstbeherrscht	5,5	26,9	30,9	16,9	20,4	21,1	29,5
herrschsüchtig	20,1	3,2	6,0	21,8	23,7	39,6	24,6
fortschrittlich	12,0	31,3	39,5	35,0	72,8	30,3	69,0
friedlich	24,5	58,2	59,1	29,9	27,8	16,6	45,6

Aus: Badi Panahi: Vorurteile, Frankfurt a.M., 1980, S. 118, © Badi Panahi, Nürnberg.

»Staatssymbole gehörten immer zu den heimlichen Verführern«

Ein kritisches Vorwort für eine Wappenmappe der Bundeszentrale für politische Bildung darf nicht erscheinen

Staatssymbole gehörten immer zu den »heimlichen Verführern«, offene Abgrenzung und versteckte Aggression schürten sie. Die Wappentiere – Adler, Bär, Löwe – symbolisieren Macht und Stärke. Die Friedenstaube auf dem Tuch hat dagegen nur selten zu Begeisterungsstürmen hingerissen. Bei der Instrumentierung der Nationalhymnen beherrschte das laute, pathetische Blech die Partituren, ihre Texte sind chauvinistisch. Der liebe Gott soll Amerika oder die Queen segnen, Deutschland stand über allem – der andere interessiert nicht; nicht die Solidarität einer zum gemeinsamen Schicksal verurteilten Menschheit wird gefordert, sondern der nackte Gruppenegoismus besungen. Gedenktage sind Siegesfeiern – nicht die Opfer, die Täter beherrschen die Szene. Die Flagge weht, die Hymne erklingt.

Diese Unterwerfung unter die Macht der Gruppe bereitet Lustgefühle. Erich Fromm schreibt: »Die im Masochismus liegende Befriedigung ist von negativer und positiver Art: negativ als Befreiung von Angst beziehungsweise Gewährung von Schutz durch Anlehnung an eine gewaltige Macht, positiv als

1919 entwarf Emil Döpler für die Weimarer Republik einen neuen Adler unter Verzicht auf die preußischen und monarchischen Attribute. Dieser Adler fand nicht viel Gegenliebe und wurde unter dem Eindruck der Inflation im Volksmund »Pleitegeier« genannt.
1927 wurde er durch den heute noch gültigen Entwurf von Tobias Schwab ersetzt.

Von 1935 bis 1945 mußte der Adler, den römischen Feldzeichen nachgebildet, seine Flügel weit ausbreiten und sich auf einen Eichenkranz mit Hakenkreuz stellen.
Bis auf die Blickrichtung stimmte der Hoheitsadler mit dem Parteiadler der NSDAP überein und symbolisierte so den Herrschaftsanspruch der Diktatur der Nationalsozialisten.

Befriedigung der eigenen Wünsche nach Größe und Stärke durch das Aufgehen in die Macht.«
Mit Staatssymbolen haben die Führer der Völker noch stets Mißbrauch betrieben. Natürliche menschliche Regungen wie Mitleid, Fairneß, Hilfsbereitschaft sind häufig mit nationalen, vaterländischen Appellen erstickt worden. Der Rausch, die Weigerung, der Vernunft zu folgen, wird auch durch das Hissen der Nationalflagge oder das gemeinsame Absingen der Hymne erzeugt. Staatsmänner oder Parteiführer, die suggerieren wollen, daß Selbstbewußtsein und historische Identität von der Nutzung und Darstellung staatlicher Symbole abhängt, haben — gelinde ausgedrückt — nichts aus der Geschichte gelernt. Das Mißtrauen vieler Deutscher gegenüber der Demonstration staatlicher Macht beweist erheblich höhere Lernfähigkeit der Bürger der zweiten deutschen Republik, als es vielleicht manchem lieb sein mag. Gustav Heinemann fand einst auf die Frage, ob er den Staat liebe, die schlichte, tiefsinnige Antwort: »Ich liebe meine Frau.«

Am 20. Januar 1950 wurde durch Bekanntmachung des Bundespräsidenten der Adler der Weimarer Republik nach dem Entwurf von Schwab als Bundeswappen eingeführt. Ganz bewußt wollte man damit an die demokratische Tradition der Weimarer Republik anknüpfen.

(Die Adlersymbole aus: Bundeszentrale für politische Bildung: einigkeit und recht und freiheit, 1985, S. 19.)

Das Symbol der internationalen Friedensbewegung: die weiße Taube auf blauem Grund.

Wir sollten im übrigen vielleicht auch darüber nachdenken, daß die Selbstdarstellung der Staatsmacht in Form von Fahnen, Gesängen, öffentlichen Feiern, Uniformen oder Orden vor allem in Diktaturen ihre Übersteigerung erfährt. Der Unterdrücker muß Macht demonstrieren, um Autoritätsbereitschaft und Angst zu bewirken.

Aus dem von der Bundeszentrale für politische Bildung nicht gedruckten Vorwort von Sternberg, W. v.: Schwierigkeiten der Deutschen im Umgang mit den Staatssymbolen. Textausschnitte aus: Frankfurter Rundschau vom 19. 3. 1987 (Dokumentation).

Warum durfte das kritische Vorwort nicht erscheinen? Lassen sich dazu Gründe finden?

Boris Becker 1985, 1987, 1989

1985

Aufschlag in die deutschen Herzen

Wimbledon-Sieger Boris Becker – oder wie ein Siebzehnjähriger die Sehnsucht nach einem Idol stillt

Von Gerhard Spörl

Ein paar Tage lang haben sich die Deutschen von einem unmündigen Tennisprofi das Herz wärmen lassen, weil der im Spiel verkörperte, was ihnen in der Wirklichkeit angeblich abhanden gekommen ist: Leistungsfreude, Entschlossenheit und schier grenzenloses Selbstvertrauen. Es war, als hätten wir alle in Wimbledon mitgesiegt; nicht einmal der Bundespräsident machte einen Hehl aus seiner überschwenglichen Begeisterung. Bloß die Londoner *Times* hielt übellaunige Bemerkungen für angebracht. Es sei seltsam, so stand da zu lesen, daß die Deutschen plötzlich ihren Enthusiasmus für eine Sportdisziplin entdeckten, auf deren Weihestätte sie doch im Jahre 1940 eine Bombe geworfen hätten.

Tiefe Blicke in verquälte Seelen in Ehren, aber es war doch wohl alles viel einfacher. Der Erfolg des Boris Becker ist die alte, immer wieder neue Geschichte von einem, der sich ein Ziel setzt und es zum Staunen des ungläubigen Publikums eigensinnig, konsequent und ohne viele Worte erreicht. Der Außenseiter, der Jüngling, der Nobody fegt die Sieggewohnten, die Alteingesessenen, das Establishment vom Platz. Dergleichen ereignet sich in schöner Unregelmäßigkeit. Gäbe es eine unstrittige Handlungsanleitung, wie der Erfolg zu organisieren und zu inszenieren ist, wäre die Anteilnahme geringer. Der Charme des Ereignisses liegt im Zufälligen, im Unwägbaren. Und wen kann es wundern, daß das Volk, dem der Glückliche entstammt, sich in seinem Triumph umstandslos selber mitfeiert. Nüchtern, wie es seine Art ist, antwortet Boris Becker auf die Frage nach dem Jubel und Trubel, den die Deutschen veranstalteten: »Vielleicht haben sie ja jetzt ein Idol.«

Bereitschaft zur Identifikation

Kein Zweifel, daß ein Bedürfnis danach bestand. Nicht nur im Massensport Tennis, der so lange ohne ein werbeträchtiges einheimisches Idol hat auskommen müssen und dessen Aufschwung nun unvermeidlich ist. Nein, die Deutschen suchen überhaupt nach Idolen und Idealen, nach Vorbildern und Symbolen. Sie tun das im Westen wie im Osten, teils ganz privat, teils von Amts wegen.

Aus: DIE ZEIT vom 12. 7. 1985.

1987

Boris Becker am 26. Juli 1987 in Hartford (USA). Aus: DER SPIEGEL, Nr. 50/1989, S. 244.

1989

Gesprächspartner von Boris Becker bei diesem Interview war Arno Luik.

[...]

SPORTS: Es waren ja nicht nur die Medien, die aus Ihnen einen Helden machen wollten. Auch die Republik hat Sie so vereinnahmt, als wären Sie – neben Preisstabilität – ihr ureigenes Produkt.

BECKER: Sie wollten mich als Vorbild für die Jugend benutzen. Jeder war damals echt betrunken. Es war vieles falsch, was da lief. Aber ich hatte das auszutragen. Ich mußte mit all den Erwartungen leben. Aber wer war ich? Wo blieb ich? Diese Vereinnahmung war brutal, einfach brutal.

[...]

SPORTS: Einspruch. Ion Tiriac hat mal gesagt: »Ich fand einen Jungen und machte aus ihm einen Champion. Der Boris Becker ist mein Produkt.«

BECKER: Das stimmt nicht.

SPORTS: Stimmt wohl.

BECKER: Okay, okay. Der Ion sagt ab und zu auch was Falsches. Aber er weiß, daß er das heute nicht mehr sagen kann. Sagen wir mal so: Ich war ein 17jähriger Junge, als das alles losging. Ich hatte von Tuten und Blasen keine

Ahnung, nur vom Aufschlagen. Und plötzlich war ich das Idol der Nation, der Deutschen, das Vorbild, eine Marktmacht.

[...]

SPORTS: Staunen Sie manchmal, wie rasant das alles nach dem ersten Wimbledon-Sieg vor sich ging?

BECKER: Ich habe plötzlich die Leute nicht mehr verstanden. Menschen, die einen noch als ganz normal empfunden haben, guckten mich plötzlich an, als ob ich der Messias wär'. Da denkt man schon: Sind die denn alle bescheuert?

SPORTS: Vielleicht kamen Sie einfach in einer Zeit auf die Bühne, die einen strahlenden Helden brauchte?

BECKER: Ich sehe das relativ nüchtern: 1985 war der deutsche Fußball schlecht. Auch bei den Olympischen Spielen 1984 lief es für die Deutschen nicht gut. Und dann kam ich: bumm. Auf einen Schlag und mit einem Turniersieg. Die meisten wußten gar nicht, um was es in Wimbledon geht. Aber ein paar haben geschrieben: Er ist der neue Gott im Tennis. Und er ist so jung, lacht so schön – das kam halt gut an. Dann war ich plötzlich das neue Idol.

SPORTS: Was war das für ein Gefühl?

BECKER: Es war beschissen. Ich hab' ja noch selber nach Idolen gesucht.

SPORTS: Ist es nicht verführerisch zu erleben, daß jede Bemerkung, die man macht, von den Medien aufgegriffen und vergrößert wird?

BECKER: Man denkt, man ist der Größte.

[...]

SPORTS: Hängt diese Faszination Davis-Cup auch damit zusammen, daß Sie als quasi heimatloser Geselle elf Monate lang durch die Welt reisen und nun für Deutschland spielen können?

BECKER: Das hat nie so eine große Rolle gespielt.

SPORTS: Aber so haben Sie es mal formuliert.

BECKER: Ja, ich habe schon viel gesagt, aber ich habe mich geändert. Okay: Es ist toll, wenn man in einem Stadion spielt und dann sind die 10000 wirklich für das Team, stehen dahinter und klatschen.

SPORTS: Und es wird auch die Nationalhymne gespielt. Und alles ist so feierlich.

BECKER: Ja, das ist wichtig. Die Hymne hat eine kaum zu beschreibende Funktion. Man glaubt nicht, was da mit einem passiert. Es läuft dir irgendwie kalt den Rücken runter. Ich weiß nicht, was das ist. Wenn die Nationalhymne abends im ZDF oder der ARD gespielt wird, finde ich es immer ziemlich peinlich. Aber wenn sie im Stadion gespielt wird, und du bist auf dem Platz, und alle stehen auf und sind ruhig, dann hat das eine unheimliche Macht, und jeder kriegt eine Gänsehaut. Als Spieler kannst du die ersten Schläge glatt vergessen, die Knie zittern dir. Es ist eine tolle Stimmung, und irgendwie repräsentiert das dann Deutschland.

SPORTS: Sie sind stolz, ein Deutscher zu sein?

BECKER: Völlig falsch. Das wäre die Ansichtsweise der Rechten. Aber nein. Um so etwas geht es gar nicht. Es ist einfach ein unglaubliches Gefühl, das ...

SPORTS: ... nichts mit Nationalstolz zu tun hat?

BECKER: Überhaupt nicht. Es hat nicht mal etwas mit Heimat zu tun. Leimen ist mein »home«. Das Reden von Deutschland – was bringt's? Was soll's?

SPORTS: Das ist ein bißchen überraschend. Am Anfang Ihrer Karriere wurden Sie als das deutsche Marken-Produkt vereinnahmt. Von der Regierung wurden Sie als das Idealbild einer konservativ geprägten Jugend präsentiert. Und nun gehen Sie auf Distanz zur Nation?

BECKER: Ich mag es generell nicht, wenn mich jemand vereinnahmen will – ich will ich sein.

SPORTS: Sie spielen für Boris Becker, nicht für Deutschland?

BECKER: Es ist doch ein Zufall, daß ich Deutscher bin. Wäre ich Italiener, würde ich halt für Italien spielen. Ich fühle mich als Kosmopolit. Jedes nationalistische Hochgefühl hat nichts mit mir zu tun.

[...]

BECKER: Ich mache einiges. Ich habe für Greenpeace und andere Sachen sehr viel gespendet. Aber ich hänge das nicht an die große Glocke. Mir ist klar, daß ich mit meinem Namen etwas machen könnte, aber ich muß das genau überlegen. Ich würde mich gerne mehr engagieren.

SPORTS: Wofür zum Beispiel?

BECKER: Greenpeace ist eine Möglichkeit. Aber ich finde generell, daß es mit der Anschauung der Menschen nicht stimmt.

SPORTS: Inwiefern?

BECKER: In unserer kapitalistisch westlichen Welt dominieren die völlig falschen Werte, und das ist, finde ich, das Hauptproblem. Da hoffe ich, irgendwann mal, etwas tun zu können.

SPORTS: Da habe ich schon wieder Ihren Partner Eric Jelen im Ohr, der sagt: »Er spricht wie ein halber Kommunist, aber das ist einfach mit soviel Geld im Rücken.«

BECKER: Okay. Gegen diesen Vorwurf kann ich mich schlecht wehren. Geld ist wichtig, wenn man Hunger leidet. Aber in unserer Gesellschaft gibt es soviel Geld, da dürfte niemand hungern, niemand ohne eine Wohnung sein. Das ist doch schizophren, daß es so was gibt. Was ich mit den falschen Werten meine, ist einfach, daß jeder guckt, daß er ein bißchen mehr als sein Nachbar hat. Daß Geld einfach das Hauptziel in unserer Gesellschaft ist – das Goldene Kalb, um das alle tanzen.

SPORTS: Wie sieht die bessere Becker-Welt aus?

BECKER: Ich kann die Welt nicht verändern. Aber ich kann meine Welt ändern. Und vielleicht ändere ich noch zwei, drei andere Leute, und das ist schon ein Erfolg. Es wird immer Leute geben, die sagen: Der hat's ja, der hat gut reden. Aber ich habe in meinem Leben gemerkt, daß viele arme Leute unabhängiger sind als reiche.

SPORTS: Das ist das uralte Klischee: arm, aber glücklich.

BECKER: Nein, nein. Ich weiß schon, daß Reiche sehr wohl glücklich sein können. Ich verstehe auch, daß Geld sehr wichtig ist, wenn man arm ist. Aber bei dem Rangeln ums Geld bleibt bei uns zu oft das Glück auf der Strecke.

SPORTS: Wissen Sie, was die Bundesbürger im Durchschnitt verdienen?

BECKER: Ich glaube 2500 Mark.

SPORTS: Es sind – die neuesten Zahlen – brutto 3372 Mark im Monat. Gibt es Ihnen manchmal ein schlechtes Gewissen, wenn Sie an die Diskrepanz denken zwischen Ihrem Einkommen und dem Ihrer Fans?

BECKER: Es ist ein Witz, was sie mir bezahlen. Aber bin ich deswegen überbezahlt? Die Firma Fila hat, seitdem ich für sie werbe, einen Umsatz wie noch nie. Ich werde also marktgerecht bezahlt. Aber das, und das ist ja das Schizophrene, ändert nichts an der Tatsache, daß ich dennoch zuviel verdiene. Das ist ein Witz, wenn ich bedenke, was ich dafür leiste: Einen Tennisball rüberzuschuckeln übers Netz. Mal ein As mehr zu schlagen als jemand anders. Also, das habe ich noch nie verstanden. Noch so ein Witz: Was ich für einen Schaukampf bekomme! Die Leute kommen, sie zahlen, und die Sponsoren haben mehr Umsätze. Und da sage ich: Wenn's keinem schadet, mir schadet es auch nicht – also nehme ich das Geld.

SPORTS: Sie staunen, wie das Spiel funktioniert?

BECKER: Ja, immer wieder. Denn die Leute sehen in mir oft, was ich gar nicht bin. Oder was ich auch gar nicht sein kann. Denken die vielleicht, ich bringe über den Fernseher das Glück in ihr Haus? Und wenn ich gewinne, dann – denken sie – gewinne ich ja für Deutschland, und jeder gewinnt ja gern, und wir sind ja alle Deutsche, und dann laßt uns mal alle freuen. Daß man mich braucht, um sich selbst zu erfreuen – da ist doch was falsch. [...]

SPORTS: Würden Sie eigentlich heute – wenn Sie vor der Entscheidung stünden – zur Bundeswehr gehen?

BECKER: Ich sehe wirklich nicht den Grund für die Bundeswehr. Für die Polizei – okay. Aber Bundeswehr – was soll das? Warum soll man zur Bundeswehr? Ich würde kein Gewehr in die Hand nehmen.

SPORTS: Also würden Sie Zivildienst leisten?

BECKER: Viel lieber. Was soll ich mit dem Gewehr?

SPORTS: Haben Sie mitgekriegt, daß neulich ein Arzt verurteilt werden sollte, weil er gesagt hatte »Soldaten sind potentielle Mörder«?

BECKER: Ja. Es ist ein bißchen hart, was er gesagt hat, aber nicht ganz falsch.

SPORTS: Sie haben ja schon ziemlich viele Politiker getroffen. Wer hat Ihnen am meisten imponiert?

BECKER: Der Weizsäcker. Der erfaßt immer ganz genau, um was es geht. Das ist sensationell. Er ist 'ne andere Kategorie als Bush und Reagan. Für mich die Number one. Ich find ihn imponierend. [...]

Ich kann mir sehr gut vorstellen, daß ich bald wieder nach Deutschland komme – Steuern hin, Steuern her. Ich müßte hier 56 Prozent Steuern zahlen – aber dann möchte ich schon gern wissen, wo das Geld bleibt. Mit einigem, was da passiert, bin ich nicht so ganz einverstanden.

SPORTS: Welche Etatpunkte im Haushalt der Bundesrepublik stören Sie denn?

BECKER: Auf jeden Fall stört es mich sehr, daß soviel Geld in die Rüstung geht, denn davon haben wir nun wirklich mehr als genug. Viel zuwenig geht in den Umweltschutz oder wird gegen die Arbeitslosigkeit ausgegeben. Zuwenig wird auch gegen die Wohnungsnot gemacht. Wenn ich wüßte, daß das Geld in solche Sachen gehen würde, dann wäre ich gern bereit, sogar noch mehr Steuern zu bezahlen.

Aus: Interview in Sports, 1/1990 und 2/1990.

Jubelfeiern und Krawalle nach Titelgewinn in Rom

Rechtsradikale nutzten Fußball-Weltmeisterschaft

FRANKFURT a.M., 9. Juli (dpa/AP/Reuter/FR). Hunderttausende begeisterter Fußballfans haben in der Nacht zum Montag in südländischem Freudentaumel den Gewinn der Fußballweltmeisterschaft durch die deutsche Mannschaft gefeiert. In mehreren Städten der Bundesrepublik und in Ost-Berlin kam es dabei auch zu schweren Ausschreitungen und Verkehrsunfällen. Vier Menschen kamen ums Leben, viele wurden verletzt. Zehntausende brachten am Montag auf dem Frankfurter Römerberg dem zurückgekehrten Nationalteam Ovationen dar.

Die Woge der Begeisterung über den 1:0-Sieg gegen die Mannschaft Argentiniens rollte auch in der DDR. In vielen Städten wie Leipzig wurde gejubelt und gefeiert. Ein sächsischer Rundfunkmoderator rief begeistert: »Wir sind wieder Weltmeister.«

Die schwersten Ausschreitungen meldete die Polizei aus Hamburg, wo sich in der Nacht auf der Reeperbahn 300 bis 500 äußerst brutale Hooligans (gewalttätige Fußballanhänger) sowie Rechtsradikale aus einer Menge von 10000 Feiernden heraus mit 400 Polizisten eine Straßenschlacht lieferten. 45 Polizisten wurden verletzt und rund 100 Menschen festgenommen. Fensterscheiben gingen zu Bruch, Geschäfte wurden ausgeplündert. Mehrfach versuchten die rechtsradikalen Gewalttäter Polizeisperren zu durchbrechen, um die ehemals besetzten Häuser an der Hafenstraße anzugreifen. Die Polizei vereitelte dies mit Wasserwerfern und Schlagstöcken. Schlägereien, Plünderungen und Randaliererei wurden aus fast allen größeren Städten der Bundesrepublik gemeldet. Der Schaden geht nach ersten Schätzungen in die Millionen.

Auf der Straße »Unter den Linden« in Ost-Berlin jubelten Tausende DDR-Bürger über den Sieg der deutschen Elf. Etliche grüßten mit dem Hitlergruß und schwenkten alte Flaggen des deutschen Kaiserreichs. Randalierer prügelten wahllos auf Passanten ein. Drei Schwerverletzte liegen noch in Krankenhäusern. Vermummte schlugen am Alexanderplatz Schaufenster und Windschutzscheiben ein. Einige machten regelrecht Jagd auf Vietnamesen, die in Restaurants und Hauseingänge flüchteten. Die Polizei mußte ein besetztes Haus am Prenzlauer Berg gegen Rechtsradikale verteidigen, die mit Eisenstangen und Knüppeln bewaffnet waren.

In Dortmund, wo es mancherorts Bier zum halben Preis gab, mündete der Jubel in Krawalle. Schaufenster wurden geplündert, Brände gelegt. Im schwäbischen Böblingen ging die Polizei gegen Randalierer vor, die in Geschäfte einbrachen und Autos demolierten. 47 Festnahmen wurden verzeichnet.

In Köln drohte eine aufgebrachte Menge einen jungen Türken zu lynchen, der aus Angst, sein eingekeiltes Auto werde umgekippt, die Nerven verloren und Gas gegeben hatte.

Im Münchner Stadtteil Schwabing feierten 100 000 Menschen bis drei Uhr in der Frühe; in West-Berlin und Köln waren es genauso viele, in Stuttgart trafen sich 35 000.

In Heilbronn und Geislingen kamen drei Menschen bei Autounfällen ums Leben. In beiden Fällen prallten die mit Fahnen geschmückten Fahrzeuge gegen Masten. In Köln schlug ein junger Mann die Scheibe einer Straßenbahn ein und streckte jubelnd den Kopf hinaus. Er schlug gegen ein Hindernis am Streckenrand und starb noch an der Unfallstelle.

In West-Berlin erlitten vier Jugendliche lebensgefährliche Verletzungen, als sie nach der Siegesfeier auf dem Kurfürstendamm mit insgesamt 20 jungen Leuten eine Spritztour mit einem gestohlenen Lieferwagen machten. Das Auto kam von der Fahrbahn ab und streifte einen Betonpfeiler. Der Fahrer raste unbeirrt weiter, ohne sich um die hinausgeschleuderten Verletzten zu kümmern.

In Gladbeck erlitt ein 35jähriger einen Schulterdurchschuß, als er vom Fenster aus dem Treiben auf der Straße zusah. Dort hatte ein 38jähriger aus Freude über den Sieg mit einer scharfen Waffe in die Luft gefeuert.

In Stuttgart-Zuffenhausen verletzte sich ein Mann schwer, als seine Kleidung beim Entzünden eines Feuerwerkskörpers in Brand geriet.

Franz Beckenbauer nach dem WM-Sieg in Rom:
»Wir sind jetzt die Nr. 1 in der Welt. Ich glaube, daß der deutsche Fußball mit einer noch kompakteren Auswahl durch die Spieler aus der DDR über Jahre hinweg nicht zu besiegen sein wird. So leid mir das für den Rest der Welt tut.«
(Interview mit dem Sport-Informations-Dienst vom 9. Juli 1990.)

Aus: Frankfurter Rundschau vom 10. 7. 1990.

Die Grenzfrage: 1989, 1939, 1937

In Bayerns Schulen sehen die Deutschland-Karten anders aus

Neue Schaubilder für den Unterricht zeigen bis in die Gegenwart die Grenzen von 1937 / SPD: Rechtsradikaler Sprachgebrauch
Von unserem Korrespondenten Helmut Lölhöffel

BONN, 23. Juli. An bayerischen Schulen wird neuerdings ein Wandplakat mit Landkarten verteilt, die Deutschland bis zur Gegenwart in den Grenzen von 1937 zeigen. Diese für den Unterricht gedachten Schaubilder wurden von dem konservativen Würzburger Völkerrechtler Dieter Blumenwitz entworfen, der in den 70er Jahren den Freistaat Bayern bei seinen Klagen gegen die Ostverträge vor dem Bundesverfassungsgericht vertreten hatte. Vertrieben werden die Karten, die Teil eines Gesamtwerks mit dem Titel »Denk ich an Deutschland« sind, von der bayerischen Landeszentrale für politische Bildungsarbeit.

Bei der Darstellung der Grenzen beruft sich Professor Blumenwitz auf die »Kartenrichtlinien«, die 1961 vom damaligen Bundesminister für gesamtdeutsche Fragen, Ernst Lemmer (CDU), herausgegeben worden waren. Nach dieser später von der sozialliberalen Koalition aus politischen Gründen aufgehobenen Empfehlung ist als Staatsgrenze Deutschlands »stets die Grenze des Deutschen Reiches nach dem Stande vom 31. 12. 1937« darzustellen und »stärker als die innerdeutschen Landesgrenzen zu halten«. Wenn man die staats- und völkerrechtliche Lage umschreiben wolle, sei die »Kartenrichtlinie« heute noch maßgebend und zutreffend, meint Blumenwitz.

Auf dem faltbaren Kartenteil ist Deutschland sechsmal abgebildet: vor 1914, während der Weimarer Republik, im Dritten Reich, nach 1945 und um 1949. Die letzte Karte, die den gegenwärtigen Zustand zeigen soll, ist aber nicht etwa »Deutschland 1989« überschrieben, sondern »Die völkerrechtliche Lage Deutschlands« – ein Trick des Autors, um seine These vom Fortbestehen der Reichsgrenzen aufrechterhalten zu können. Auf dieser Karte werden Pommern, Schlesien und Ostpreußen als »Ostgebiete des Deutschen Reiches, Stand 31. 12. 1937» gekennzeichnet, ohne daß die Staatsgrenzen Polens als solche erkennbar wären.

Bei den ehemaligen deutschen Ostgebieten jenseits der polnischen Westgrenze ist der Vermerk angebracht »De facto in die Sowjetunion eingegliedert« beziehungsweise »De facto an Polen angegliedert«. Endgültige Lösungen seien »dem Friedensvertrag vorbehalten«. Berlin ist, wie auf den Karten vor 1939, als Hauptstadt doppelt unterstrichen, während Bonn mit einer unterbrochenen Doppellinie markiert ist.

Zur Karte des Dritten Reiches, die Deutschland bis zum »Ausbruch« des Zweiten Weltkriegs darstellt, wurden Anmerkungen angebracht, daß das Sudetenland durch das Münchner Abkommen mit dem Deutschen Reich vereinigt worden sei. Danzig sei, ebenso wie das »Protektorat Böhmen und Mähren«, 1939 an das Deutsche Reich angegliedert worden.

An diesen Formulierungen und an der gesamten Tendenz des Kartenwerks nahm SPD-Sprecher Eduard Heußen Anstoß. Der FR sagte er, die Beschreibung jener Vorgänge sei vielleicht im juristischen Sinne korrekt, aber »euphemistisch« und insofern »reine Propaganda«. Dies sei »der Sprachgebrauch des Dritten Reiches, der von den Rechtsradikalen heute verwendet wird«. Der politisch-militärische Druck Hitlers, mit dem er seine Gebietsansprüche in Europa durchsetzte, sei außer acht gelassen worden. »Das war Raub und nicht Vereinigung«, sagte Heußen.

Der Bonner SPD-Sprecher stellte eine Verbindung dieser Deutschland-Karten zu dem her, »was der CSU-Vorsitzende Theo Waigel mit seiner Rede beim Schlesiertreffen angezettelt hat«. Offenbar bediene sich die CDU jetzt der bayerischen Regierung, der die Landeszentrale für politische Bildung untersteht, »um die Grenzdiskussion neu anzufachen«.

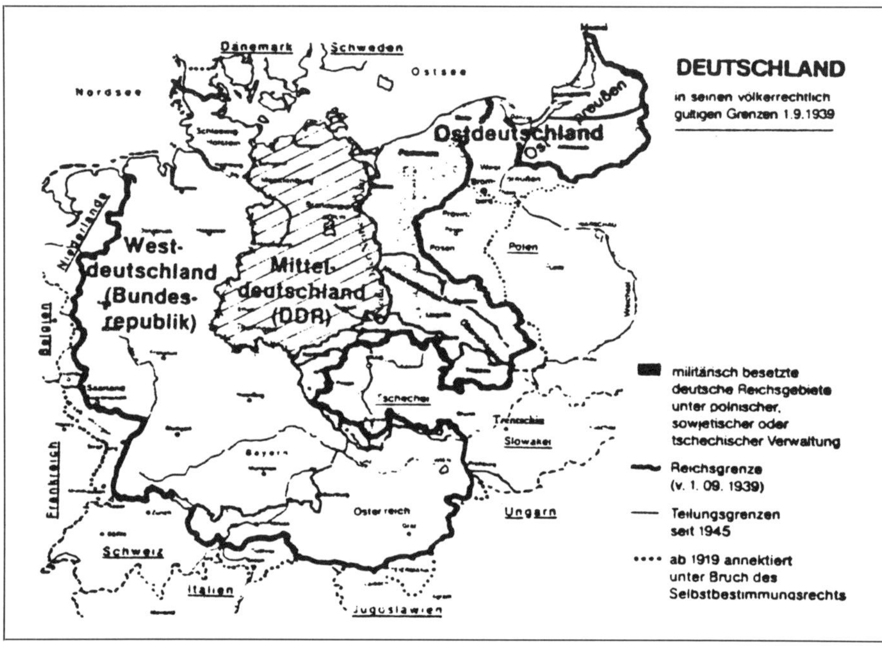

Diese Karte ist einer NF-Veröffentlichung entnommen. Für die NF (aber auch für andere revanchistische Organisationen) besteht »Deutschland« in den gezeigten Grenzen weiter.
NF = Nationalistische Front.

»Ich bin stolz, ein Deutscher zu sein«

Dieser Satz ist aufgrund der Barbarei des Nationalsozialismus für viele nicht mehr aussprechbar.

Heute sieht man ihn wieder auf Aufklebern oder Aufnähern, die demonstrativ insbesondere von Jüngeren getragen werden.

Sind die Träger/innen »Neonazis«, die damit auch die Greuel überdecken wollen nach dem Motto »Ganz egal«; sind es Nationalisten, die ein besonderes Überlegenheitsgefühl gegenüber anderen darstellen wollen; sind es solche, die zeigen wollen, wozu sie gehören; sind es solche, die »stark« sein wollen?

Erweitert und diskutiert die nachfolgenden Thesen

Thesen	*Gegenthesen*
Der Ausspruch drückt nationalistische Überheblichkeit aus. Er richtet sich gegen andere Völker, deshalb sollte man ihn unterlassen.	Durch den Ausspruch zeige ich nur, daß ich mich zu diesem Land bekenne. Dänen sagen doch auch, daß sie stolz sind Dänen zu sein – ohne daß sich jemand aufregt.
Als Jugendlicher habe ich mit der Geschichte von damals nichts zu tun. Die Sache ist abgeschlossen. Ich muß zusehen, daß ich heute klarkomme. Und da ist es wichtig zu wissen, wo ich stehe.	Die Geschichte läßt sich nicht einfach als vergangen und vergessen erklären. Viele Dinge wirken weiter, deshalb ist dieser Spruch völlig fehl am Platze.
In einer Zeit, wo die Grenzen fallen, ist dieser Spruch ein Rückfall in den »kalten Krieg«. Es kommt doch auf die Menschen an, nicht auf die nationale Zugehörigkeit.	Je mehr die Grenzen fallen, desto deutlicher muß ich machen, wozu ich gehöre. Es ist sowieso alles ein großer »Einheitsbrei« in Europa. Es ist alles durcheinandergewirbelt, da brauche ich einfach nationalen Boden unter den Füßen.
Die Behauptung, daß die Deutschen eine Alleinschuld am Zweiten Weltkrieg tragen, ist noch lange nicht bewiesen. Es ist nur eine verlängerte Kriegspropaganda, um uns ständig auf Knien zu sehen. Dagegen wehre ich mich mit dem Ausspruch.	Mit solchen Behauptungen sollen doch nur Verbrechen aufgerechnet werden. Darin zeigt sich, wie gefährlich es heute ist, wenn so argumentiert wird. Ich bin zwar nicht schuldig, aber ich bin mitverantwortlich dafür, was kommt. Deshalb muß man solche nationalistischen Sprüche unterlassen. Es gibt bessere.

Autoritär-nationalisierende Sichtweisen bei Jugendlichen (16- bis 17jährige)

Zustimmung zu:	Shell Jugendstudie 1981 (N = 351)	Eigene Untersuchung (N = 1257)
Todesstrafe für Terroristen, Rauschgifthändler und Sexualmörder	47,0%	57,2%
Deutsche Ausbildungsstätten nur für deutsche Jugendliche	49,3%	32,7%
Deutsches Geld nur für deutsche Aufgaben. Gegen das Verschenken unseres Geldes ans Ausland	34,8%	36,3%
Schluß mit der weichen Welle im Strafvollzug	32,1%	66,5%
Deutschland den Deutschen	36,2%	43,5%
Kanaken raus	24,8%	37,4%

Aus: Heitmeyer, W.: Rechtsextremistische Orientierungen bei Jugendlichen, Weinheim/München 3 1989, S. 182.

„ICH BIN (NICHT) STOLZ, EIN DEUTSCHER ZU SEIN“

Anhand einer Skala sollten die Befragten sich darüber äußern, ob und in welchem Maße sie sich den Satz „Ich bin stolz, ein Deutscher zu sein“ zu eigen machen; der Wert 1 bedeutet „voll und ganz“, der Wert 6 „überhaupt nicht“. Das Ergebnis für die Befragten insgesamt und für die beiden Gruppen, die am stärksten vom Gesamtergebnis abwichen – die Wähler der Grünen und der Republikaner:

„voll und ganz“ … „überhaupt nicht“

	1	2	3	4	5	6
Befragte insgesamt:	27	28	24	10	6	5
Grün-Wähler:	8	13	21	18	16	23
Wähler der Republikaner:	49	34	7	5	4	-

DER SPIEGEL

Aus: DER SPIEGEL, Nr. 15/1989, S. 150.

Aufgespießt

»Daß das Zweite Deutsche Fernsehen jetzt sein Programm allabendlich mit der Nationalhymne beschließt, ist von Bundesernährungsminister Ignaz Kiechle am Dienstag in Bonn begrüßt worden. Er sehe dies als patriotische Geste an, hat der Minister gegenüber dem Intendanten Prof. Dieter Stolte erklärt. Vielleicht helfe dies mit, daß es wieder mehr Patrioten in Deutschland gibt, denn Patrioten seien es, die die Zukunft eines Landes gestalteten. Schon als junger Mann kurz nach dem Krieg habe er bei Besuchen in der Schweiz und in Österreich Bewunderung für die dortigen Bürger gehabt, die mit Fahnen vor ihren Häusern immer wieder dokumentierten, freie Bürger ihres Vaterlandes zu sein, schrieb der Bundesernährungsminister. Das Gegenteil dieses wohlverstandenen Patriotismus ist für ihn die schlimme Floskel »no future«: keine Zukunft, keine Leistungsbereitschaft, aber Ansprüche an alle. Es sei auch kein gutes Zeichen, meint Kiechle, daß das Wort ›Volk‹ hierzulande zunehmend durch ›Gesellschaft‹ ersetzt wird. ›Die Gesellschaft erscheint mir manchmal sehr kalt und so seelenlos, daß sie kaum mehr den Nachbarn, geschweige denn den Nächsten, den Landsmann noch kennt. Familie und Volk, Heimat und Vaterland – diese Begriffe sollten auch bei uns wieder etwas aufgewertet werden.‹ Daß das ZDF mit dem Deutschlandlied dazu einen Beitrag leiste, sei erfreulich.«

Pressemitteilung des Bundesministeriums für Ernährung, Landwirtschaft und Forsten vom Dienstag D/R/S

Aus: Frankfurter Rundschau vom 17. 4. 1985.

1.6 Etikettierung und Stigmatisierung statt Auseinandersetzung?

Ausschnitt aus dem Interview mit Maik:

»... Ich hab was gegen Leute, so eben, die politisch links sind. Die sich total von Deutschland und allem sich absetzen und alle gleich als Nazis beschimpfen. Es ist eben bei mir so, daß ich so eine gewisse Aggression habe gegen solche Leute ... Es ist ziemlich schwierig, also man fühlt sich irgendwie angegriffen, kann man sagen. Die ›Falken‹ meinetwegen, die einen als Nazi ansehen; dann kommt es schon vor, daß ich mich da hinstelle und sage, na gut, ich bin ein Nazi, und was ist jetzt? Obwohl ich das im Grunde nicht bin, ganz sicher nicht. Ich halte von Adolf Hitler nichts, von der NSDAP nichts. Es ist immer so eine Art Krieg auf einer anderen Ebene, das eine auf dem Fußballplatz und das ist eben mehr so politisch. Ich sag' den Leuten, daß ich mich da irgendwie provoziert fühle und mich dann eben hinstelle und meine Meinung dann eben auch vertrete. Wenn man dann mit mehreren zusammen ist, dann hat man auch die Möglichkeit, das eher zu tun.«

Ist Maik ein »Nazi« oder »Neonazi«? (Charakterisiert einen reinrassigen Neonazi und einen reinrassigen Deutschen.)

Wie wird Maik eingeordnet?

Was ist ein Stigma? Unter Stigma verstehen wir ein diskriminierendes, also einen Menschen in seiner Würde und Persönlichkeit verletzendes Zeichen, wie etwa der Judenstern im Dritten Reich eines war. »Stigmen« haben ihre eigene Sozialgeschichte. Juden mußten bereits im Mittelalter zeitweilig aufgrund von Verordnungen Zeichen auf sich nehmen: Sie trugen besondere Kleidung, bisweilen ein gelbes Band am Arm, und im 18. Jahrhundert waren reisende Juden gezwungen, einen Zettel am Hut zu tragen, auf dem sein Besitzer als »Hebräer« zu erkennen war.

Der Faschismus in der Zeit von 1933 bis 1945 »verfeinerte« die Stigmatisierungs-Methoden früherer Zeiten, indem jede Minderheitengruppe in den Konzentrationslagern ein besonderes Zeichen bekam. So mußten Juden einen gelben Stern, »Asoziale« einen schwarzen, Homosexuelle einen rosa und Zeugen Jehovas einen lila Winkel an der Brust geheftet tragen. So konnte jedermann erkennen, wer aus welchen Gründen in ein KZ verschleppt worden war.

Sozusagen »unsichtbare Stigmen« sind die vermeintlichen Eigenschaften, die wir bei Vorurteilsopfern entdecken. Aussehen oder bestimmte Verhaltensweisen bestärken uns jeweils in unserem Vorurteil. Immer dann, wenn wir sie an unserem Gegenüber wahrnehmen oder wahrzunehmen meinen, assoziieren wir eine spezielle Eigenschaft mit einem

Bündel weiterer negativer Eigenschaften gleich einer ganzen Minderheitengruppe.

Aus: Hohmann, J.S.: Dagegen sein ist immer leicht, © 1981 by ECON Verlag GmbH, Düsseldorf und Wien.

»Dies mit dem Verhalten von Maik in Verbindung zu bringen, ist ja wohl skandalös!«

- **Warum verwendet man Stigmen, warum Etikettierungen?**
- **Welche Entwicklungen können bei Maik eintreten, wenn er sich immer wieder mit dem Nazi- oder Neonazi-Etikett konfrontiert sieht?**
- **Welche Gruppen werden möglicherweise besonders auf ihn aufmerksam?**
- **Wie müßte die Auseinandersetzung mit Maik tatsächlich aussehen?**
- **Wie sieht meine selbständige Position aus? (Stimmt sie überein mit der Meinung in meiner Gruppe?)**

2. Dirk: »Ick will eigentlich nich', daß 'se an die Macht kommen«

18,8 Prozent der männlichen Erstwähler in Berlin haben am 29. Januar 1989 die sogenannten »Republikaner« gewählt. Dirk ist einer von ihnen.

»Det hätt' ick denen ooch vorher sagen können.« Für die Computer-Spezialisten und Meinungsforscher, die am Wahlabend in Berlin – nach der ersten Hochrechnung – fieberhaft versuchten, die Republikaner-Stimmen aus den »Sonstigen« herausfiltern, hat Dirk nur ein müdes Lächeln.

»Det war doch klar.« Hier im Neuköllner Vorstadt-Jugendzentrum waren die »Reps« schon vor der Wahl ein Geheimtip. Zwar hatte niemand je einen Republikaner gesehen, aber alle kannten das »Video«, den umstrittenen Republikaner-Wahlspot, in dem vermummte Demonstranten, Türken und Punks der sauberen Stadt das »Lied vom Tod« vorspielten. Dieser Spot wurde kopiert und weitergereicht wie ein verbotener Porno- oder Horrorfilm, er soll sogar in Kneipen gezeigt worden sein.

»Die hätten doch bloß mal uff de Straße gehen müssen.« Dirk lehnt sich zurück und kramt eine verbeulte Marlboroschachtel aus seiner Jackentasche. Nein, für ihn war das Wahlergebnis keine Überraschung: In den südlichen Trabantenstädten des alten Arbeiterbezirks Neukölln brachten es die »Reps« auf bis zu 21 Prozent!

Neukölln, das ist heute der bevölkerungsreichste Bezirk Berlins: 300000 Menschen leben hier, davon 45000 Ausländer und 17000 Sozialhilfempfänger. Neukölln hat die meisten Hunde, die wenigsten Kulturveranstaltungen und die schlechteste Luft in der Stadt, besonders, wenn der Wind von »drüben« kommt, von den Fabriken und Müllverbrennungsanlagen im Ostteil der Stadt. Nach Neukölln fährt niemand, der dort nicht wohnt. Wozu auch? Noch in den sechziger Jahren wurden hier ganze Stadtviertel abgerissen und durch »moderne« Wohnsiedlungen ersetzt. Die »Gropiusstadt«, mit ihren 20stöckigen Wohnkästen zwischen Parkplätzen und pflegeleichten Sträuchern, wurde als städtebauliches Modellprojekt gefeiert.

Heute liefern sich hier türkische und deutsche »Gangs«, wie die »Terrorbande-Wutzkyallee« oder der »Türken-Beseitigungsverein«, regelrechte Straßenschlachten. Schon kurz nach 6 Uhr abends, wenn die Einkaufscenter und Videotheken schließen, verschwinden auch die Menschen von den Straßen, und das »Modellprojekt« wird zur Geisterstadt. Dann trauen sich die Alten nicht mehr aus der Wohnung, und die Jungen hängen an den Pommes-Buden und U-Bahn-Eingängen herum.

»Ick find det jut hier.« Dirk streicht sich die Haare aus dem Genick und prüft sein leicht sonnenbank-gebräuntes Konterfei in der Fensterscheibe. Er meint »sein« Jugendzentrum, den einzigen Ort im Umkreis von mehreren Kilometern, an dem man sich abends treffen kann – ohne Geld; einen länglichen Flachbau aus Fertigteilen, mit Tischtennisplatte, Kicker und drei Sozialarbeitern, mit Jugendcafe und Band-Übungsraum. Nebenan dröhnt ein Gitarrenverstärker.

»Ja, ick hab die Reps jewählt.« Die »Reps«, das klingt bei Dirk wie der Name eines amerikanischen Football-Teams, wie »New York Giants« oder »Chicago Bears«. Der body-gestylte 19jährige, mittlerweile Familienvater, aber immer noch in Turnschuhen, Jogginghose und brauner Lederjacke, schaut mich herausfordernd an. »Was willste denn nu wissen?«

18,8 Prozent der männlichen Erstwähler in Berlin haben am 29. Januar 1989 die Republikaner gewählt. Dirk ist einer von ihnen.

Ick bin Kfz-Mechaniker bei BMW in 'ner Lehre und bin jetzt im September fertig.

Frage: *War das deine erste Lehre?*

Det war meine erste. Ick hab' die Zehnte zweimal gemacht, den Realschulabschluß hab' ick beim ersten Mal nich' so janz jepackt jehabt, und denn hab' ick den nachjemacht, und denn gleich die Lehre anjefangen.

Wirst du nach der Lehre übernommen?

Nee, übernommen werd' ick nich', aufgrund von Disziplinangelegenheiten. Also, Hauptfaktor ist eigentlich die Schule, die Berufsschule, da bin ick also ab und zu mal nich' da und so.

Foto: Hermina Oberück

Warum gehst du da nicht hin?

Ja, muß ick janz ehrlich sagen: Det iss mir zu langweilig. Weeß nich', det Einzige wat Spaß macht iss Fachkunde, da bin ick eigentlich auch immer da, und det find ick ooch jut. Aber ick weeß nich', Sozialkunde und Zeichnen, det sind eben Sachen, die mir nich' soviel Spaß machen, und eben ooch weniger liegen.

Die Lehre willst du jetzt aber durchziehen, und dann?

Ja, dann will' ick sehen, daß ich irgendwie in den Senat reinrutsche, weeß ick, z.B. bei der BVG oder Polizei als Kfz-Mechaniker, jedenfalls da bemüh' ick mich drum. Nicht daß ick jetzt hier auf'm freien Markt rumhopse, von einer Bude zur anderen, von einer kleenen Klitsche zur anderen, det kann' ick eben nich' verantworten gegenüber meiner Familie, wa. Ick muß ja sehen, daß ick det Geld reinbringe.

Deine Familie?

Ja, meine Freundin und mein kleiner Sohn, der iss jetzt 9 Tage.

Und wo wohnt ihr?

Bei meinen Eltern, die haben ein Haus. Und meine Freundin hat 'ne Einzimmerwohnung, aber damit kommen wir überhaupt nich' klar. Also ich kann nich' zu dritt in 'ner Einzimmerwohnung wohnen, tut mir leid. Jetzt wohnen wir eben bei meinen Eltern, weil da wesentlich mehr Platz ist. Daß ick mich da eben auch mal in Ruhe in mein Zimmer setzen kann und Musik hören kann, ohne daß meine Frau und mein Kind immer in unmittelbarer Nähe sind, wa.

Und bei deinen Eltern wollt ihr auch bleiben?

Nee, natürlich nich'. Wir suchen ja auch schon 'ne Wohnung seit 'nem halben Jahr, haben auch schon einige Anjebote jehabt, aber det hat sich dann alles wieder zerschlagen. Wir hatten also ooch schon richtig feste Zusagen, daß die Vermieter jesagt haben: Ja, auf jeden Fall, die halten wir Ihnen frei und weeß ick wat, und drei Tage später hab' ick anjerufen und die Wohnung war weg.

Und wieso?

Weeß ick, größtenteils wegen den Aussiedlern.

Das hat man euch so gesagt?

Na ja, manche haben eben um den heißen Brei rumjeredet, aber einige haben uns det ooch knallhart ins Jesicht jesagt, daß 'se da 'n Polen reinjeholt haben. Und daß sich da dann so 'n kleiner Haß entwickelt, weeß ick nich', kann man mir doch nich' verdenken, wa? Wenn ick also 'ne Wohnung suche als Deutscher – ick bin eben hier schon seit 19 Jahren – und ick kriege keine, weil eben die Aussiedler Berlin so bevölkern, daß nie eine frei wird, weeß ick nich'...

Hast du persönlich mit Ausländern oder Aussiedlern zu tun?

Wat heißt persönlich, man hat also schon mal Konflikte mit ihnen, aber sonst eigentlich nich'.

Was für Konflikte, Schlägereien?

Na, Schlägereien eigentlich weniger, aber daß 'se immer meiner Freundin hinterherkucken, ihr immer an den Hintern fassen oder sonstwat. So kleine Zwischenfälle, die mich natürlich uffregen, wenn ick mit ihr alleine bin und ick mich nich' gegen fünf wehren kann ... Wenn da einer steht oder zwei, denn iss det noch in Ordnung, aber ick leg mich also nich' mit fünf an.

Und das passiert öfter?

Ja, das iss schon öfter passiert. Aber, ick meine, das iss ooch schon bei Deutschen passiert, aber eben weniger als, sagen wir mal, bei Türken. Aber einem Deutschen hau' ick dafür eben ooch aufs Maul, wenn er meine Kleene da irgendwie anfaßt oder sonst irgendwat. Da haben die die Finger von zu lassen, und da bin ick ooch 'n bißchen konsequent, wa.

Und dann hast du die Reps gewählt?

Ja, ick hab die Reps jewählt.

Wie bist du auf die gekommen, wo hast du was von denen gehört?

Ick hab von denen so 'n Wahlprogramm jelesen, und da waren eben einige Sachen drin, die mich angesprochen haben. Also nich' jetzt auf die Polizei bezogen, daß die mehr Waffen kriegen und härter durchgreifen sollen, det janich mal; aber daß se probieren wollen, det wenigstens mal 'n bißchen in 'n Griff zu kriegen, mit den Ausländern. Ick weiß nich', wieviel noch hier reinkommen wollen, ick weiß nich', wieviel wir hier noch brauchen, ehrlich. Berlin iss doch voll, oder etwa nich'? Ick möchte nich' wissen, wie det prozentual aussieht. Du mußt echt spaßeshalber mal ins Krankenhaus gehen, also in die Entbindungsabteilung, da sieht man – also ick möchte wirklich nich' lügen – 40 Prozent Deutsche und 60 Prozent mindestens Ausländer. Also, die haben echt keine anderen Hobbies, wa, irgendwie kommt's mir echt so vor. Die machen Berlin dicht, die machen Berlin dichter denn je, und da iss überhaupt keen Ende in Sicht. Und das war eben 'n wesentlicher Punkt, warum ick die eben jewählt habe.

Meinst du denn, daß die Republikaner da was machen können?

Nee, ick will auch eigentlich nich', daß se an die Macht kommen, weil det wär' wahrscheinlich verhängnisvoll, wa. Ick will hier keen 3. Reich nochmal, sowat will keener, absolut nich'. (...) Aber irgendwie müssen 'se det doch mal in 'n Griff kriegen, und ick möchte nich' wissen, ob ick vielleicht irgendwann mal aus Berlin raus muß, weil Berlin einfach voll iss. So wie jetzt z.B. mit der Wohnungsnot, det betrifft ja nich' nur mich, det betrifft ja viele von uns, ne.

Woran merkst du denn, daß soviele Ausländer hier sind, auf der Straße?

Ick fahr jetzt jeden Morgen bis Mehringdamm, ick kucke Grenzallee uff den U-Bahnhof, und der iss zu. Da sind bestimmt 150 Türken, und denn komm' ick zur Karl-Marx-Straße, da sieht's jenauso aus, und denn zum Hermannsplatz, da sieht's noch viel schlimmer aus; also da iss wirklich alles voll.

Ja, was gefällt dir daran nicht?

Also wenn ick die Leute schon sehe, wenn 'se hier herkommen und von uns ooch noch det Jeld kriegen, allet schön und jut, wa; aber ick weeß nich', irgendwo muß man sich doch ooch mal 'n bißchen anpassen, oder nich'? Die sitzen uff de Bänke, rotzen da überall rum, machen und tun, pöbeln die Leute an, ne, die alten Omis, die da vorbeiloofen, nee also echt, findste det in

Ordnung? Und bei den Aussiedlern isset größtenteils doch so, daß die erst mal jar keene Arbeit haben, sondern daß die hier herkommen und kein Wort deutsch können, nur polnisch und weeß ick wat können die; können sich hier keinen Meter verständijen, rennen zum Sozialamt und sagen: Mach' mal Kohle klar! Mach' mal schneller! Ick meine, in 'ner Türkei verrecken 'se doch auch nich', oder in Polen.

Was würdest du denn am nächsten Sonntag wählen?

Die Republikaner. Aber nich', weil ick von ihnen überdimensional überzeugt bin, sondern aus Trotz. Aus Trotz.

Aus: Leggewie, C.: Die Republikaner, Berlin 1989, S. 20–24.

2.1 Was ist, wenn der Einstieg nicht klappt?

Ausschnitt aus dem Interview mit Dirk:

Ick bin Kfz-Mechaniker bei BMW in 'ner Lehre und bin jetzt im September fertig.

Frage: *War das deine erste Lehre?*

Det war meine erste. Ick hab' die Zehnte zweimal gemacht, den Realschulabschluß hab' ick beim ersten Mal nich' so janz jepackt, und denn hab' ick den nachjemacht, und denn gleich die Lehre anjefangen.

Wirst du nach der Lehre übernommen?

Nee, übernommen werd' ick nich', aufgrund von Disziplinangelegenheiten.

Frühe Versäumnisse können kaum noch aufgeholt werden

Bildungsforscher untersuchten die Bildungs- und Berufsverläufe von drei Generationen/»Weichen werden früh gestellt«

MANNHEIM. Schlechte Karten für arbeitslose Jugendliche und für Akademiker, die nach dem Examen beispielsweise als Taxifahrer arbeiten müssen. Sie werden beruflich möglicherweise nie mehr ganz auf Touren kommen. Dieser Schluß läßt sich aus einer Untersuchung des Berliner Max-Planck-Institutes für Bildungsforschung ziehen. Eine Forschergruppe um die beiden Sozialwissenschaftler Karl-Ulrich Mayer und Hans-Peter Blossfeld hat festgestellt, daß die Weichen für das berufliche Fortkommen in der Bundesrepublik schon sehr früh gestellt und später kaum noch herumgerissen werden können.

Fast alles hängt davon ab, wie gut die wirtschaftlichen Bedingungen und damit die Lage auf dem Arbeitsmarkt ist, wenn Jugendliche von der Schule in den Beruf wechseln, und wie qualifiziert ihr erster Arbeitsplatz ist. Wenn jemand in den zwei bis drei Jahren nach seinem Schulabschluß nicht mit einer Ausbildung beginnt, etwa weil es zu wenig Lehrstellen gibt, wird er das wahrscheinlich nicht mehr nachholen können. Und wer mit 30 noch Hilfsarbeiter ist, wird es wohl auch bleiben. Alarmierend sind die Ergebnisse auch für Schulabgänger, die in der Hoffnung auf eine Lehrstelle eine Berufsvorbereitungsmaßnahme nach der anderen durchlaufen. Vieles spricht dafür, daß die frühe Festlegung von Berufsverläufen eine bundesdeutsche Spezialität ist, denn in anderen Ländern scheint das Berufsleben in weniger starren Gleisen zu verlaufen.

Die Sozialwissenschaftler untersuchten die Lebensläufe von mehr als 2000 Männern und Frauen der Geburtsjahrgänge um 1930, 1940 und 1950, um herauszufinden, wie sich die wirtschaftlichen Verhältnisse in der sensiblen Phase des Übergangs von der Schule zum Beruf auswirken und wie stark Beschäftigte durch ihren ersten Arbeitsplatz festgelegt werden. Ihre Auswahl legten sie so, daß der Einstieg ins Berufsleben mit unterschiedlichen wirtschaftlichen Bedingungen zusammenfiel: bei der ältesten Gruppe die unmittelbare Nachkriegszeit, bei der mittleren das »Wirtschaftswunder« und bei der jüngsten der Ausbau des Sozialstaats. Die Studie mit dem Titel »Bildungs- und Berufsverläufe« gehört zu dem Forschungsschwerpunkt »Lebensläufe und gesellschaftlicher Wandel« am Berliner Max-Planck-Institut.

Erwartungsgemäß fanden sie zunächst einmal eine positive Entwicklung vor. Je jünger die Befragten, desto höher im allgemeinen der Schulabschluß und um so wahrscheinlicher die abgeschlossene Berufsausbildung. Der Anteil der Ungelernten, also derer, die nie eine Ausbildung aufnahmen, fiel von 23 Prozent bei den um 1930 Geborenen bis auf sieben Prozent bei den Jahrgängen um 1950. Bei den Frauen hatten die jüngsten sogar doppelt so häufig eine Ausbildung abgeschlossen wie die ältesten.

Aber es zeigte sich eben auch, daß Entscheidungen früh getroffen werden und Versäumnisse dann kaum noch aufgeholt werden können. Unabhängig vom Geburtsjahr standen alle Jahrgänge bei der Suche nach einer Ausbildung unter erheblichem Zeitdruck. Hans-Peter Blossfeld: »Der Übergangsprozeß vom allgemeinen zum beruflichen Bildungssystem ist auf einen Zeitraum von zwei bis drei Jahre beschränkt.« Im Klartext: Wer bis dahin noch keinen Ausbildungsplatz hat, findet wohl auch keinen mehr.

Das bleibt nicht ohne Folgen. Bei den Nachkriegsjugendlichen, von denen jeder Vierte ohne Ausbildung ist, waren auch 1960 viele der ungelernten Arbeiter noch nicht weitergekommen. »Auch die Verbesserung auf dem Lehrstellenmarkt in den späten fünfziger und sechziger Jahren konnte daran nichts mehr ändern«, schreibt Blossfeld. Er zieht daraus den Schluß, daß auch die heutige Lehrstellenknappheit dauernde Folgen haben wird. Die jetzt benachteiligten Jugendlichen könnten beruflich ebenfalls für immer ins Hintertreffen geraten. Um diese Entwicklung zu verfolgen, werden vom Berliner Max-Planck-Institut derzeit rund 2000 Personen befragt, die um 1960 geboren wurden.

Auch am ersten Arbeitsplatz werden Signale auf »Stopp« gestellt. Üblicherweise bleiben die meisten in dem Arbeitsfeld, in dem sie ihren ersten Job fanden. Und wer wechselt, bleibt im allgemeinen auf der gleichen Qualifikationsstufe. Der ungelernte Arbeiter am Fließband wird somit eher Fensterputzer in einer Gebäudereinigungsfirma als Facharbeiter. Wobei größere Veränderungen nach dem 30. Geburtstag ohnehin die Ausnahme von der Regel sind.

Bei den um 1930 Geborenen war beispielsweise jeder Zweite, der als ungelernter Arbeiter begonnen hatte, mit 50 Jahren immer noch in der gleichen Position. 15 Prozent hatten eine Stelle als ungelernter Arbeiter im Dienstleistungsbereich gefunden, vier weitere Prozent Vergleichbares in der Verwaltung. Nur acht Prozent hatten es zu einem qualifizierten handwerklichen Beruf und 10 Prozent zu einer ähnlichen Beschäftigung in der Dienstleistungsbranche gebracht.

Bei den beiden jüngeren Gruppen sieht es nicht viel anders aus: Knapp jeder Zweite bleibt seinem ersten Arbeitsfeld treu. Etwa ein Viertel wechselt in wenig qualifizierte Stellen in anderen Wirtschaftszweigen, rund 18 Prozent gelingt

Was ist, wenn der Einstieg nicht klappt? Foto: Martin Langer

der Aufstieg zumindest in eine Facharbeiterposition. Als starr haben die Arbeitswelt dabei alle untersuchten Jahrgänge erfahren. Nur daß die Jüngeren den um 1930 Geborenen gegenüber die besseren Startchancen voraushatten.

Von den Ältesten haben zwar viele Facharbeiter später innerbetrieblich Karriere gemacht und es beispielsweise zum Werkmeister und Betriebsingenieur gebracht, aber im Endeffekt haben sie auch erlebt, daß ihre jüngeren und besser ausgebildeten Kollegen sie beruflich »aufs Abstellgleis« schoben. Sie zogen daraus Konsequenzen, schickten ihre Kinder auf weiterführende Schulen – und stellen jetzt fest, daß auch das nicht unbedingt vor Arbeitslosigkeit schützt.

Aus: Frankfurter Rundschau vom 27. 10. 1988.

2.2 Wie sieht der Arbeitsmarkt aus und welche Folgen sind sichtbar?

Ausschnitt aus dem Interview mit Dirk:

Die Lehre willst du jetzt aber durchziehen, und dann?

Ja, dann will ick sehen, daß ich irgendwie in den Senat reinrutsche, weeß ick, z.B. bei der BVG oder Polizei als Kfz-Mechaniker, jedenfalls bemüh' ick mich drum. Nicht daß ick jetzt hier auf'm freien Markt rumhopse, von einer Bude zur anderen, von einer kleenen Klitsche zur anderen, det kann' ick eben nich' verantworten gegenüber meiner Familie, wa. Ick muß ja sehen, daß ick det Geld reinbringe.

Die Arbeitssituation von Arbeitnehmern ist gekennzeichnet von einer hohen und zunehmenden Ungleichheit hinsichtlich Einkommen, Qualifikation, Arbeitsplatzsicherheit, Aufstiegschancen. Durch wirtschaftliche Modernisierungs- und Rationalisierungsprozesse verändern sich die Arbeits- und Arbeitsplatzchancen einzelner Arbeitnehmergruppen beträchtlich.

Kern/Schumann sehen die Herausbildung von vier »Teilarbeitsmärkten«:

- Die »Rationalisierungsgewinner« (Produktionsfacharbeiter/Instandhaltungsspezialisten): Sie bilden aktiv die Grundlage der neuen Produktionskonzepte.
- Die »Rationalisierungsdulder« auf »Restarbeitsplätzen«: Sie laufen im Betrieb weiter mit, aber auch langfristig Gefahr, aufgrund bestimmter Merkmale (Alter, Geschlecht, Qualifikation) ausgemustert zu werden.
- Die Arbeiter in krisenbestimmten Branchen (z.B. Stahl, Kohle, Werften): Je nach betrieblicher Perspektive herrscht entweder totale Konkurrenz innerhalb der Belegschaft oder – im Kampf um »Arbeit überhaupt« und um das Überleben (des Betriebes oder der Branche) – größtmögliche Solidarität.
- Die Arbeitslosen, die immer weniger Chancen haben, in den Produktionsbereich hineinzukommen oder zurückzukehren: Es ist nicht vorhersagbar, ob sie eher aggressiv oder apathisch reagieren oder sich in »neuen sozialen Bewegungen« organisieren werden.

Aus: Weder verharmlosen, noch dämonisieren – Die Wähler der extremen Rechten I. Hrsg.: Karl-Heinz Klär u.a., Reihe »Das Mandat«, Verlag Demokratische Gemeinde, Bonn 1989, S. 16f.

Welche Spuren hinterläßt diese Entwicklung?

In seiner Arbeitnehmerbefragung »Gewerkschaften vor den Herausforderungen der 90er Jahre« hat infas 1987 ermittelt, daß nur rund die Hälfte der Arbeitnehmer sich in ihrer Arbeitsperspektive ungefährdet sieht, etwa ein Fünftel Unsicherheiten, aber keine akute Gefährdung erwartet und ein Drittel zu dem höchst gefährdeten Arbeitsmarktsegment gehört (besonders häufig un- und angelernte Arbeiter, Angestellte ohne qualifizierte berufliche Ausbildung sowie Teilzeitbeschäftigte).

Aus: Ebenda, S. 17.

Ein Karussell ist eine feine Sache – auf der Kirmes

Ein Karussell ist eine feine Angelegenheit. Drauf sitzen macht Spaß. Wenn man an den Rand gerät, wird es ungemütlich. Oft ahnt man nicht, bei welcher Umdrehung man rausgeschleudert wird, man weiß nicht, wie man landet. Aber: Man kann doch wieder aufspringen. An welcher Stelle schafft man den Wiederaufstieg? Wen oder was trifft man an, wenn es gelingt – wo findet der Wiedereinstieg statt...?

Stellenkarussell dreht sich immer schneller

Mehr Arbeitnehmer verlieren Job und finden neuen/Kluft zwischen Bundesländern größer

rb FRANKFURT A.M. Wenig Veränderung zeigen die reinen Bestandszahlen des Arbeitsmarktes im Februar: Absolut und saisonbereinigt ist die Arbeitslosigkeit nur ganz leicht gefallen, die Quote liegt unverändert bei zehn Prozent. Doch dahinter verbirgt sich einiges an Bewegung – im Vergleich zum Vorjahr verloren mehr Beschäftigte ihren Job, gleichzeitig fanden aber auch mehr Erwerbslose eine neue Stelle. In nackten Zahlen ausgedrückt: Knapp 300000 Männer und Frauen meldeten sich im Februar neu arbeitslos, sechs Prozent mehr als vor einem Jahr. Gleichzeitig fanden aber auch etwas über

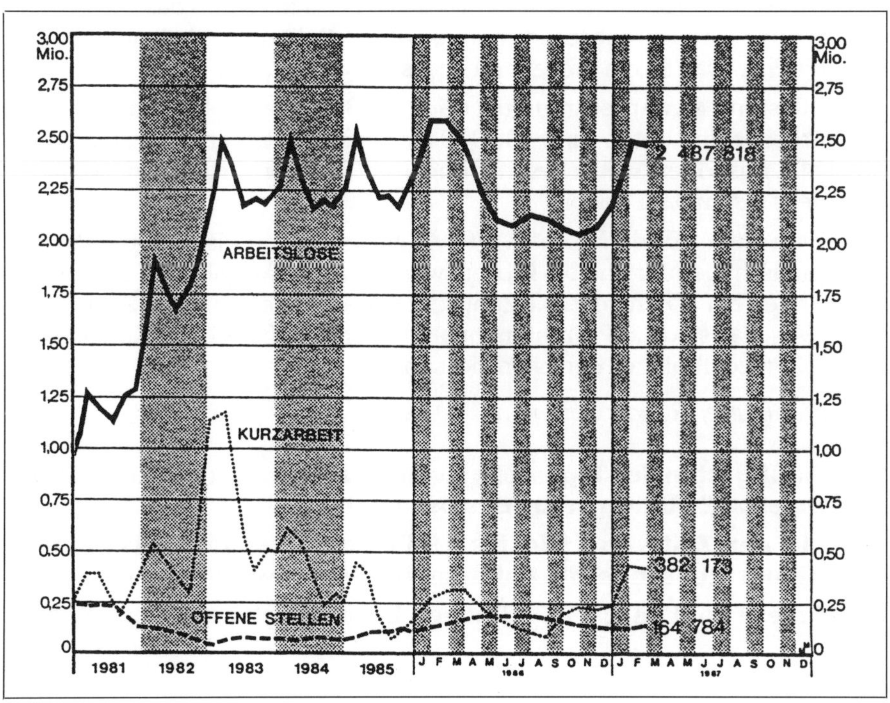

300 000 registrierte Erwerbslose wieder einen Arbeitsplatz (plus neun Prozent) – ziemlich genau die Hälfte davon übrigens durch die Vermittlung des Arbeitsamtes.

Regional betrachtet waren die Unterschiede in der Entwicklung diesmal nicht so groß wie im Januar, doch hat sich die Kluft zwischen Bundesländern mit hoher und solchen mit niedriger Arbeitslosigkeit insgesamt etwas vergrößert: Saarland, Hamburg, Bremen und Nordrhein-Westfalen hatten gegenüber dem Vormonat noch eine Zunahme zwischen 1,4 und 0,4 Prozent zu verzeichnen, Baden-Württemberg und Bayern registrierten hingegen jeweils etwa 1,6 Prozent weniger Betroffene. Die Spanne der Arbeitslosenquoten reicht inzwischen von 5,5 Prozent im südlichen »Musterländle« bis zu 16,1 Prozent in Bremen.

Fünf Gruppen von »Kunden« weist die Monatsstatistik der Bundesanstalt stets gesondert aus – zu ihnen zählt derzeit etwa jeder dritte Erwerbslose: Gestiegen ist die Zahl der betroffenen Ausländer um 0,7 Prozent (gegenüber Januar) oder 1,4 Prozent (gegenüber Februar '86) auf 278 300. Hingegen sind 1,6 Prozent weniger Jugendliche unter 20 Jahren registriert als vor einem Monat und rund 13 Prozent weniger als vor einem Jahr. Bei den übrigen Gruppen – Schwerbehinderte, über 58jährige sowie Teilzeitarbeitsuchende – gab es im Vergleich zum Januar kaum Veränderungen.

Bei den Kurzarbeitern macht sich die unterschiedliche Branchensituation bemerkbar: Während der Steinkohlenbergbau diesmal keine Feierschichten einlegte, kam es zu Arbeitsausfällen in der Stahlindustrie und im Maschinenbau.

Die Zahl der Erwerbstätigen liefert mit zeitlicher Verzögerung das Statistische Bundesamt: Danach gab es im Januar 25,77 Millionen Arbeitnehmer und Selbständige. Das ist ein Prozent mehr als im Vorjahr.

Zur Entlastung des Arbeitsmarktes trägt die Bundesanstalt selbst auch bei: Seit Jahresbeginn traten rund 100 000 Männer und Frauen in Fortbildungs-, Umschulungs- oder Arbeitsbeschaffungsmaßnahmen ein, knapp zwölf Prozent mehr als im Jahr davor.

In Hessen waren Ende Februar 170 149 Arbeitslose registriert, 0,8 Prozent weniger als im Januar und 5,4 Prozent weniger als im Vorjahr. Die Quote liegt unverändert bei 7,5 Prozent. Die Zahl der offenen Stellen stieg um 2,3 Prozent auf 13 914, das sind 4,6 Prozent mehr als im Februar '86. 31 787 Kurzarbeiter (plus 23 Prozent) gibt es derzeit in Hessen.

Aus: Frankfurter Rundschau vom 7. 3. 1987.

Sehr häufig ist in der Tagesschau vom Arbeitsmarkt die Rede. Dann werden etwa 2 Millionen Arbeitslose gemeldet.

Aber in der Zeit von 1974 bis 1983 waren es rund 14 Millionen betroffener Menschen, die auf dem »Stellenkarussell« saßen ...

(Wird diese Zahl bei ca. 26 Millionen Beschäftigter auch erwähnt?)

Immer häufiger werden Menschen vor diese Fragen gestellt:

Position 1:	*Position 2:*
Ich ziehe hinter jedem Arbeitsplatz her, ganz gleich, wo er sich befindet, weil ____________	Ich bleibe hier und ziehe nicht hinter jedem Arbeitsplatz her, weil ____________

Welche Folgen haben die jeweiligen Positionen für mich, meine Freunde, meine Familie?

Kann man sich dieser Situation entziehen?

Gibt es mögliche politische Konsequenzen, die zu ziehen wären?

Nebenbei: Überprüft einmal, welche Ziele die sogenannten »Republikaner« in diesem Fall für die betroffenen Deutschen in der Position 2 bereit halten: Das Parteiprogramm von 1987 gibt einen Hinweis.

Umverteilung

Die sieben fetten Jahre

Mit der rasanten Entwicklung der Unternehmensgewinne konnten Löhne und Gehälter nicht Schritt halten

Von Klaus-Peter Schmid

Den deutschen Unternehmen geht es bestens. Sie exportieren wie nie, machen satte Gewinne, investieren, schaffen neue Arbeitsplätze – und schauen trotzdem besorgt auf das kommende Jahr. Da stehen nämlich harte Tarifauseinandersetzungen an, und ein Katalog zu hoher Forderungen kann, so Hans Peter Stihl, Präsident des Deutschen Industrie- und Handelstages, »schnell der Konjunkturkiller Nummer eins werden«.

Fast so, als wollten sie ihr derzeitiges Glück beschwören, warnen Vertreter der Industrie vor jeder Versuchung, alte Verteilungskämpfe neu zu beleben. Sie ruhen praktisch, seitdem zwei große Gewerkschaften, nämlich IG Chemie und IG Metall, Tarifverträge mit dreijähriger Laufzeit unterschrieben haben. Gegen Ende dieses Jahres werden sie die Forderung für die nächste Runde formulieren, und es sieht ganz so aus, als ob sie einigen Nachholbedarf anmeldeten. Unbestritten ist, daß die Gewinne nun schon beträchtliche Zeit schneller wachsen als die Löhne. So stellte das Deutsche Institut für Wirtschaftsforschung (DIW) in Berlin fest: »In den letzten Jahren expandierten die Gewinne der Produktionsunternehmen in der Bundesrepublik rascher als je zuvor in den vergangenen dreißig Jahren ... 1988 wurde mit 300 Milliarden Mark ein Niveau erreicht, das um 85 Prozent über dem im Jahre 1982 lag.«

Wie man die Zahlen auch dreht und wendet: Mit diesem Tempo konnten die Löhne und Gehälter auch nicht entfernt mithalten. Nach einer Rechnung des DGB lagen 1982 die durchschnittlichen Bruttolöhne bei 2730 Mark im Monat, 1988 bei 3290 Mark. Das entspricht einem Zuwachs um gut zwanzig Prozent. Das Mißverhältnis zum Wachstum der Gewinne bleibt auch dann eklatant, wenn man berücksichtigt, daß 1982 als Basisjahr für die Unternehmensgewinne ausgesprochen ungünstig war.

Das Ergebnis dieser auseinanderdriftenden Entwicklung: Der Anteil der Löhne und Gehälter am gesamten Sozialprodukt, die Lohnquote, ist seit 1982 rückläufig (siehe Tabelle). Mit 67,7 Prozent ist sie heute wieder auf dem Niveau von 1970 angelangt. Das bedeutet gleichzeitig, daß die Gewinnquote seit sieben Jahren, also über die gesamte Länge des gegenwärtigen Aufschwungs, gestiegen ist – auf mittlerweile 32 Prozent (1981: 25 Prozent).

Genau genommen lief die Entwicklung für die Arbeitnehmer noch ungünstiger. Denn da der Anteil der Arbeitnehmer an der Gesamtzahl der Erwerbstätigen (also die Arbeitnehmerquote) in der Bundesrepublik fast kontinuierlich gestiegen ist, hat sich in entsprechendem Umfang der Anteil der Löhne und Gehälter am Sozialprodukt erhöht. Trägt man dieser strukturellen Veränderung Rechnung, dann ist die Lohnquote heute auf ihrem niedrigsten Stand seit fast dreißig Jahren angelangt.

Die häufig beschworene »dramatische Umverteilung von unten nach oben« läßt sich mit diesen Zahlen allerdings nur bedingt belegen. Denn in der Gewinnquote sind auch alle Einkünfte aus Vermögen (etwa Zinsen, Mieten, Dividenden) enthalten, und die werden nicht nur von Unternehmern kassiert, sondern fließen auch auf die Konten von Arbeitnehmern und Rentnern. Außerdem gibt es innerhalb der Lohnquote riesige Ungleichheiten. Der Vorstandsvorsitzende mit Millionensalär wird mit dem Hilfsarbeiter quasi in einen Topf geworfen, Transfereinkommen (wie Rente, Kindergeld, Wohngeld) bleiben unberücksichtigt. Doch trotz der berechtigten Warnung vor zu weitreichenden Schlüssen ist eine Beobachtung unstrittig: Der gegenwärtige Wirtschaftsaufschwung wird von einer Gewinnexplosion begleitet.

Der rückläufigen Lohnquote der vergangenen Jahre entspricht zudem die moderate Entwicklung der Lohnstückkosten, also der Lohn- und Lohnnebenkosten je Produktionseinheit. 1988 nahmen die Lohnstückkosten nur noch um 0,2 Prozent zu, während die Nettogewinne um 12 Prozent stiegen. Nicht nur das Stillhalten der Gewerkschaften führte zu diesem Effekt. Auch ein kräftiger Produktivitätsschub und nicht zuletzt niedrige Importpreise kamen vor allem den Unternehmern zugute.

So ähnlich wird es wohl auch in diesem Jahr weitergehen. Die Bayerische Hypotheken- und Wechselbank prognostizierte: »Trotz steigender Kostenbelastung werden die Gewinne 1989 voraussichtlich erneut wesentlich kräftiger wachsen als die Arbeitseinkommen.« Und Rüdiger Pohl, Mitglied des Sachverständigenrats, zieht daraus den Schluß: »Am Wachstum der Leistungskraft der Volkswirtschaft partizipiert der einzelne Beschäftigte in diesem Jahr also nicht.«

Wenn Gewerkschaften verhindern wollen, daß ihnen die Mitglieder weglaufen, dann müssen sie sich in einer derartigen Situation etwas einfallen lassen. Die vereinzelt laut gewordene Forderung nach einem Lohnnachschlag wurde von den Arbeiterzentralen als allgemeine Strategie verworfen; einzelne Unternehmen beruhigten die Basis durch die Zahlung eines einmaligen Betrages, also einer Beteiligung an außergewöhnlich hohen Gewinnen. Die große Auseinandersetzung zwischen Kapital und Arbeit scheint also auf die Tarifverhandlungen des kommenden Jahres vertagt.

Damit setzen sich die Gewerkschaften erneuter Kritik aus. Von allen Seiten werden sie davor gewarnt, die Rolle der Totengräber der Konjunktur zu spielen. Die Problematik beschreibt das DIW so: »Deutlich höhere Lohnabschlüsse im nächsten Jahr würden von den Unternehmen bei weiterhin expandierender Nachfrage wahrscheinlich in höhere Preise umgesetzt, was von der Bundesbank als Beginn einer Lohn-Preis-Spirale interpretiert und mit einer Verschärfung ihrer Politik beantwortet würde. Im Ergebnis käme es dann unter Umständen zu einer Verteilungskorrektur, wie sie für Abschwungprozesse normal ist, aber nur um den Preis wieder steigender Arbeitslosigkeit.«

Das Dilemma ist nicht leicht aufzulösen. Jeder sieht ein, daß die Lohnzuwächse in den vergangenen Jahren eher bescheiden waren; klar ist aber auch, daß kräftige Lohnzuschläge das Ende des Aufschwungs heraufbeschwören könnten. Da ist es verständlich, daß schon jetzt Appelle an die Adresse der Gewerkschaften gerichtet werden, vernünftig zu sein und ihre Forderungen nicht an den hohen Unternehmergewinnen zu orientieren, sondern am Gemeinwohl.

Ganz in diesem Sinne hieß es im Frühjahrsgutachten der Forschungsinstitute: »Die kräftige Verbesserung der Gewinne sollte keinesfalls zu einer die neuen Abschlüsse belastenden Hypothek werden, waren unzureichende Gewinne und Gewinnaussichten doch eine wesentliche Ursache der Investitionsschwäche in den ersten Jahren des Aufschwungs und für den Mangel an zusätzlichen Arbeitsplätzen.«

Die Lohnquote sinkt

Einkommen der Privathaushalte in Prozent des Volkseinkommens

	Bruttolohnquote tatsächlich	Bruttolohnquote bereinigt*
1960	60,1	65,0
1965	65,3	67,3
1970	68,0	68,0
1975	73,1	71,5
1980	73,3	69,5
1981	74,4	70,9
1982	73,8	70,5
1983	71,6	68,5
1984	70,3	67,3
1985	69,8	66,7
1986	69,0	65,6
1987	69,0	65,6
1988	67,7	64,5

Quelle: Statistisches Bundesamt

* Um Änderungen der Beschäftigungsstruktur bereinigt. Die Arbeitnehmerquote von 1970 (83,4 Prozent) wird konstant gehalten.

Auffallend ist dabei, daß sich die Warnungen vor wirtschaftlicher Unvernunft stets an die Gewerkschaften richten, so gut wie nie an die Unternehmer. Dabei wäre ein Appell an die Unternehmer, sich nach sieben fetten Jahren mit etwas bescheideneren Gewinnen zu begnügen, keine Zumutung. Für Investitionen bliebe immer noch reichlich Kapital übrig, Preiserhöhungen wegen steigender Lohnkosten müßten nicht zwangsläufig sein.

Das Problem ist nur, daß niemand die Unternehmer zu einer neuen Bescheidenheit zwingen kann. Während die Höhe der Löhne in Tarifverträgen verbindlich fixiert wird, ist etwas Vergleichbares bei Gewinnen nicht möglich. Sie sind das Ergebnis vieler verschiedener Faktoren, auch eine Belohnung für die Bereitschaft zum Risiko und damit Triebkraft der Wirtschaft. Und wenn diese Belohnung höher als geplant ausfällt, dann kann es in einem System mit Tarifautonomie keinen automatischen Mechanismus der Umverteilung geben.

Vor einigen Jahren konstatierte Rudolf Henschel, ehemals Chefökonom des DGB: »Um Lohnabschlüsse zu erzielen, die wenigstens ein Verteilungsgleichgewicht gewährleisten, müssen die Mitglieder der Gewerkschaften bereit sein, für Lohnforderungen, die rechnerisch eine Anhebung der Lohnquote bewirken würden, Arbeitskämpfe zu riskieren.«

Genau das aber wäre wohl das letzte, was in der Öffentlichkeit auf Verständnis stieße. Da wäre das von der Dresdner Bank für 1990 skizzierte Szenario sicher willkommener: »Die Tarifverhandlungen gestalten sich zwar schwieriger als in den vergangenen Jahren, zu einem größeren Arbeitskampf – vergleichbar mit 1984 – kommt es jedoch nicht.« Die Tarifpartner denken darüber derzeit weniger optimistisch. Sie stellen sich bereits auf harte Tarifauseinandersetzungen ein.

Aus: DIE ZEIT vom 28. 7. 1989.

... was ist mit jenen?

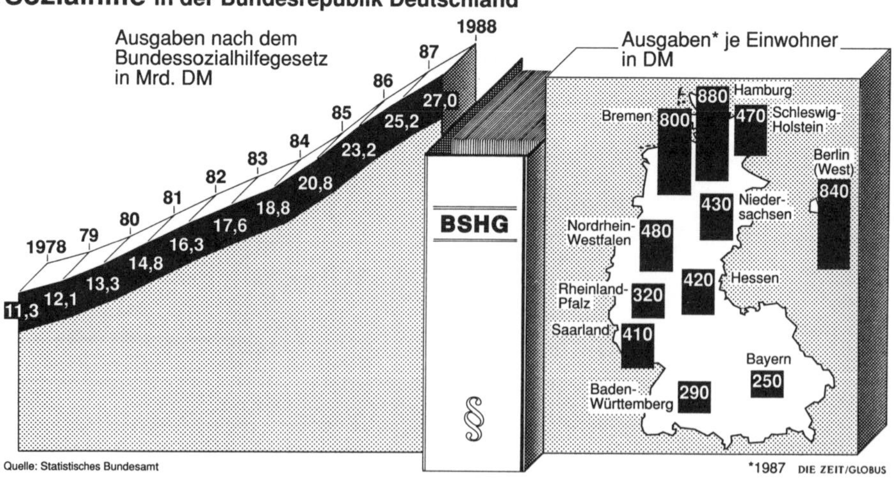

Wie betrifft dies Jugendliche?

Gab es 1973 in der Bundesrepublik Deutschland nur 26625 Sozialhilfeempfänger im Alter zwischen 19 und 25 Jahren und betrug ihr Anteil an der Gesamtzahl der Empfänger von Hilfen zum Lebensunterhalt nach dem Bundessozialhilfegesetz nur 3 Prozent, so waren es 1984 bereits 243632 junge Menschen. Ihr Anteil betrug 14 Prozent.

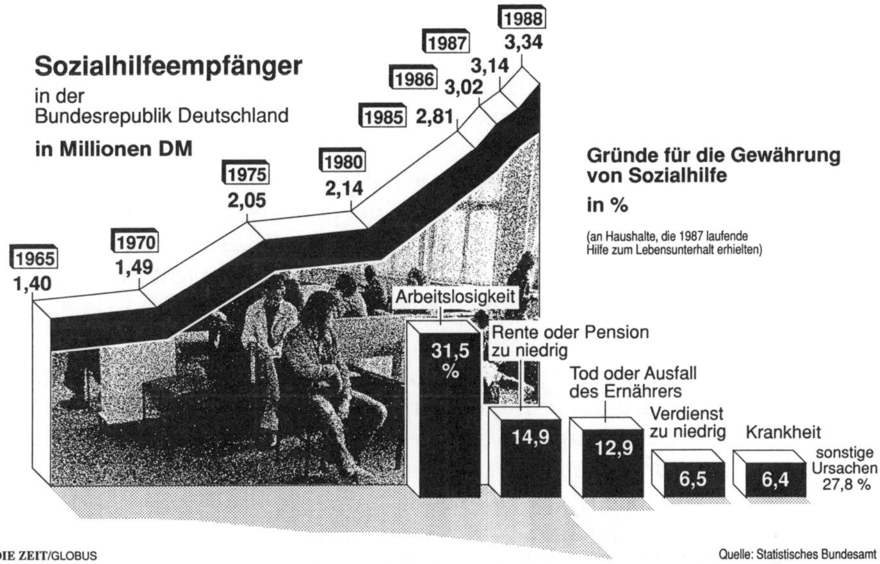

Seit 1965 ist die Zahl derjenigen, die Sozialhilfe in Anspruch nehmen, um fast 240 Prozent von 1,4 auf 3,34 Millionen gestiegen. Gewaltig erhöht haben sich auch die Ausgaben. Innerhalb der vergangenen 25 Jahre ist ihr Volumen um das Vierzehnfache auf 27 Milliarden Mark geklettert. Hauptursache für die Ausgabensteigerung waren, neben Leistungsverbesserungen, vor allem die Zunahme der Arbeitslosen sowie der Anstieg der Zahl der pflegebedürftigen älteren Menschen. Allein für die Hilfe zur Pflege mußten die Städte und Gemeinden 1988 8,7 Milliarden Mark aufbringen, für die Hilfe zum Lebensunterhalt 11 Milliarden Mark. Im Durchschnitt sind die Ausgaben zwischen 1980 und 1988 jährlich um 9,1 Prozent gestiegen.
Aus: DIE ZEIT vom 9. 2. 1990.

Zu nebenstehender Graphik:

Höhere Ausgaben im Norden
Die Ausgaben für Sozialhilfe in der Bundesrepublik steigen. Lagen sie 1970 noch bei 1,8 Prozent aller Ausgaben von Ländern und Gemeinden, so erhöhte sich ihr Anteil bis 1988 auf vier Prozent. Im letzten Jahr nahmen die Leistungen für Hilfe zum Lebensunterhalt stärker zu als die Ausgaben für Hilfe in besonderen Lebenslagen, wozu die Pflegehilfe zählt. Hilfe zum Lebensunterhalt wurde auffallend häufig bereits von den 18- bis 25jährigen beantragt, die als arbeitslose Schulabgänger keinen Anspruch auf Arbeitslosenunterstützung haben. Insgesamt gibt es bei der Sozialhilfe ein deutliches Nord-Süd-Gefälle. In den Stadtstaaten Hamburg, Berlin und Bremen mit ihrer hohen Bevölkerungsdichte lagen die Sozialhilfeausgaben sogar weit über dem Bundesdurchschnitt.
Aus: DIE ZEIT vom 12. 5. 1989.

Armut unter Arbeitslosen

Situation und Perspektiven der von Arbeitslosigkeit betroffenen Menschen und ihrer Angehörigen

Die Entwicklung des Arbeitsmarktes – Strukturierung und Verhärtung der Arbeitslosigkeit

Seit 1983 bewegt sich die Zahl der registrierten Arbeitslosen über und an der Zwei-Millionen-Grenze. Diese zwei Millionen bilden keine feste Gruppe, sondern erneuern sich zum größeren Teil ständig, so daß faktisch wesentlich mehr als zwei Millionen Menschen jährlich mit Arbeitslosigkeit in Berührung kommen. In einer Befragung des sozio-ökonomischen Panels für das Jahr 1983 gab jede zweite Erwerbsperson (Person, die im Laufe des Jahres zumindest zeitweise am Erwerbsleben teilgenommen hat, in betrieblicher Ausbildung stand oder arbeitslos gemeldet war) an, in diesem Jahr zumindest für eine gewisse Zeit arbeitslos gemeldet gewesen zu sein. Jeder zehnte Haushalt in der Bundesrepublik war im Laufe dieses Jahres direkt mit Arbeitslosigkeit konfrontiert. Arbeitslosigkeit stellt damit nicht mehr nur ein »Randgruppenschicksal«, sondern bereits eine »Massenerfahrung« dar (Büchtemann 1985: S. 457). [...]

Was jedoch mehr noch Sorge bereitet als die hohe Gesamtzahl arbeitsloser Menschen, ist die Strukturierung der Arbeitslosigkeit und ihre zunehmende Konzentration auf bestimmte Gruppen von Betroffenen. Alle einschlägigen Untersuchungen und Statistiken weisen darauf hin: Besonders gefährdet sind

- Personen ohne Ausbildung,
- Personen mit gesundheitlichen Beeinträchtigungen,
- 20- bis 30jährige,
- ältere Arbeitslose
  sowie
- Ausländer und
- Frauen (insbesondere unter Berücksichtigung der stillen Reserve).

Daß die unter 20jährigen laut Statistik kein so großes Problem mehr darstellen, darf nicht zu der Annahme verleiten, daß diese Gruppe bereits in den Arbeitsmarkt integriert wäre. Indem die Anzahl und der Anteil der Jugendlichen und der jungen Erwachsenen im Bildungs- und Ausbildungsbereich sowie in den Maßnahmen der Bundesanstalt für Arbeit stark angestiegen sind, hat sich das große Problem der »zweiten Arbeitsmarktschwelle« (die Integration in den Arbeitsmarkt nach der Ausbildung) vielmehr vermehrt auf die 20- bis 25jährigen und teilweise auch älteren verlagert (vgl. Tessaring 1988: S. 179). [...]

Eine Annäherung an das tatsächliche Ausmaß der Langzeit- und Mehrfacharbeitslosigkeit ermöglichen uns die Ergebnisse des Mikrozensus 1986 (Mayer, H.-L. 1988). Im Unterschied zur Arbeitsmarktstatistik verwendet dieser nicht das Kriterium »beim Arbeitsamt arbeitslos gemeldet«, sondern geht ausschließlich von der Verfügbarkeit des einzelnen aus. Danach waren im April 1986 48,2 Prozent der Erwerbslosen (1,1 Millionen Personen) bereits ein Jahr und länger auf Arbeitssuche, während die offizielle Statistik im September des gleichen Jahres nur 32 Prozent bzw. 654008 Personen als längerfristig Arbeitslose ausgab.

Einen weiteren Anhaltspunkt für die tatsächliche Spaltung des Arbeitsmarktes erhalten wir zudem durch die Längsschnittstudie des sozio-ökonomischen Panels (vgl. DIW 1988a) für die Jahre 1984 bis 1987. Danach waren von den Erwerbslosen im Jahre 1984 nach einem Jahr 41,2 Prozent immer noch und 5,7 Prozent erneut erwerbslos, zusammen also knapp 47 Prozent. Nach zwei Jahren waren es noch 31,7 Prozent und nach drei Jahren immer noch 30,8 Prozent der bereits 1984 Erwerbslosen, die weiterhin als nicht in den Arbeitsmarkt integriert betrachtet werden mußten.

Die offiziellen Angaben zur Langzeitarbeitslosigkeit dürfen somit nicht dahingehend interpretiert werden, daß all diejenigen, die nicht in der Langzeitarbeitslosenstatistik der Bundesanstalt für Arbeit aufgeführt sind, nach einiger Zeit auch tatsächlich wieder auf dem Arbeitsmarkt Fuß fassen. Für mehr und mehr Menschen stellt der Arbeitsmarkt vielmehr eine sehr unsichere Größe dar, an der sie nur phasenweise teilhaben. Ihre soziale und psychische Belastung dürfte der der Langzeitarbeitslosen ähnlich sein.

Die strukturellen Mängel der Arbeitslosenversicherung

Der Effekt dieser Strukturen ist: Gar nicht oder nur schlecht versichert ist, wer auf dem Arbeitsmarkt noch nicht Fuß fassen konnte, wer seine Erwerbstätigkeit – etwa wegen Kindererziehung oder Pflege eines Angehörigen – längere Zeit unterbrechen mußte oder wer ohnehin so wenig verdient, daß ihn eine Kürzung seines Nettoeinkommens zwangsläufig unter die Armutsschwelle drückt.
Schlecht versichert ist weiterhin, wer langzeitarbeitslos ist und somit in die niedriger bemessene Arbeitslosenhilfe rutscht. In diesen Fällen hat die Arbeitsverwaltung zudem die Möglichkeit, nach einer gewissen Zeit die Berechnungsgrundlage der Arbeitslosenhilfe abzusenken. Auch hat sie die Möglichkeit, im Rahmen der Zumutbarkeitsregelung den Arbeitslosen zur Annahme einer Arbeit zu bewegen, die nicht seiner bisherigen Qualifikation entspricht, womit ein häufiges Wechseln zwischen Arbeit und Arbeitslosigkeit zu einem beruflichen Abstiegsprozeß und einer schubweisen Einkommensniveauminderung führen kann (vgl. Hanesch 1986: S. 45). Jugendliche, Frauen, ungelernte Arbeiter mit ohnehin niedrigem Einkommen, Personen in prekären Beschäftigungsverhältnissen, mit gesundheitlichen Einschränkungen: all diese Menschen müssen, wenn sie ihre erste Ausgrenzung bereits auf dem Arbeitsmarkt erfahren haben, im Arbeitsförderungsgesetz ihre zweite erleben. Die Ergebnisse des sozio-ökonomischen Panels zur Struktur der Arbeitslosen und ihrer Absicherung durch die Arbeitslosenversicherung belegen dies auch empirisch. Bezogen danach im Jahre 1983 67 Prozent der befragten Arbeitslosen Arbeitslosengeld, 15 Prozent ausschließlich Arbeitslosenhilfe und 18 Prozent keinerlei Leistungen aus der Arbeitslosenversicherung, so zeigt die Differenzierung nach Personengruppen:

- von den bis 25jährigen bezogen lediglich 63 Prozent Arbeitslosengeld, 24 Prozent gar keine Leistungen;

- von den alleinstehenden Frauen bezogen nur 53 Prozent Arbeitslosengeld, 27 Prozent Arbeitslosenhilfe und 20 Prozent keine Leistungen;
- von den ungelernten Arbeitslosen bezogen nur 50 Prozent Arbeitslosengeld, 27 Prozent Arbeitslosenhilfe und 23 Prozent keine Leistungen (ähnlich die angelernten Arbeitslosen);
- von den in extensiver Weise Mehrfacharbeitslosen bezogen nur 53 Prozent Arbeitslosengeld, 32 Prozent Arbeitslosenhilfe und 13 Prozent keine Leistungen (vgl. Büchtemann 1985: S. 459f.).

[...]

Der Einfluß der Arbeitslosigkeit auf die Familie

Mit Blick auf die oben skizzierten latenten Funktionen von Arbeit wird nun gelegentlich gemutmaßt, die Familie könnte kompensatorische Funktionen übernehmen und psychosoziale Belastungen infolge Langzeitarbeitslosigkeit auffangen. Die vorliegenden empirischen Befunde deuten jedoch darauf hin, daß »nur in Einzelfällen ... die Familie in der Lage (ist), im Hinblick auf die arbeitslose Person als stabilisierender Faktor zu wirken« (AGJ 1988: S. 10), und daß statt dessen vielmehr negative Auswirkungen auf die Familie selbst dominieren (vgl. zusammenfassend AGJ 1988; Hornstein 1988).

Bei unterschiedlichen sozialen und ökonomischen Gesamtlagen sowie innerfamiliären Beziehungsqualitäten einzelner Familien sind die mögliche Stützfunktion sowie das Ausmaß der Belastung der Familie zwar ebenfalls differenziert zu sehen (vgl. Hornstein 1988), doch scheinen die wenigen empirischen Anhaltspunkte für die These zu sprechen, daß in unserer Arbeitsgesellschaft Familie und Arbeit so eng miteinander zusammenhängen, daß beim Ausfall der Arbeit auch die Familie »zentral getroffen« wird (AGJ 1988: S. 6f.). Hinter dieser Vermutung steht die Beobachtung, daß die Funktionen der Familie neben der Erziehung der Kinder in erster Linie vor dem Hintergrund des Ausgleichs zur Arbeitswelt definiert werden: Familie als Ort des psychischen, sozialen und emotionalen Ausgleichs. Entsprechend ranken auch die traditionellen Rollenstrukturen (Ernährer/Mutter und Hausfrau), über die sich die Familienmitglieder gegenseitig und selbst definieren, um die Erwerbsarbeit des Ernährers, die darüber hinaus die Familie bis in die Alltagsstruktur hinein dominiert (vgl. Wahl 1988): wann gegessen wird, wann der Ausflug stattfindet, wann wer zu Hause ist oder zu Hause zu sein hat ... Und auch in der vorherrschenden Familienideologie stellt der Faktor Arbeit ein wesentliches Element des Gesamtbildes dar. Arbeitslosigkeit muß die Struktur der Familie somit zwangsläufig ins Wanken bringen. Daß dabei die Belastung um so größer zu sein scheint, je rigider und starrer die Rollenstruktur in der Familie ist, ist nur verständlich (vgl. Hornstein 1988: S. 262). Nun, wo der Vater den ganzen Tag zu Hause ist, wächst die Gefahr des Macht- und Rollenkampfes. Die Ernährerfunktion – zumeist des Vaters – geht ebenso verloren, wie die Zeitstruktur in der Familie ihre Selbstverständlichkeit verliert. Die Organisation des Alltags ist gefährdet, was wiederum die soziale Leistungsfähigkeit der Familie beeinträchtigt. Statt kompensatorischer Stützung durch die Familie entsteht vielmehr ein Teufelskreis, der bis zur Beendigung des familialen Zusammenlebens führen kann – und dies wohl auch häufig genug tut, wie der Hinweis aus der Familiengerichtshilfe signalisiert, daß in den letzten Jahren die Zahl der Scheidungen, die auf Arbeitslosigkeit zurückzuführen sind, deutlich gewachsen sei (vgl. AGJ 1988: S. 16).

Die in diesem Zusammenhang formulierte Vermutung, daß auch wesentliche familiale Funktionen wie die Pflege, Erziehung und soziale Plazierung von Kindern in Mitleidenschaft gezogen werden, wird ebenfalls durch vereinzelte Untersuchungen gestützt. Sie weisen auf Zusammenhänge von elterlicher Arbeitslosigkeit und Krankheitshäufigkeit und -dauer der Kinder, ihrer Schulleistung, Zukunftsorientierung sowie der allgemeinen emotionalen Befindlichkeit hin – wobei auch hier die Auswirkungen, abhängig von der Verarbeitung der neuen Situation durch die Eltern, innerhalb der betroffenen Gruppe differieren (vgl. zusammenfassend Hornstein 1988).

Aus: Schneider, U.: Armut unter Arbeitslosen. In: Blätter der Wohlfahrtspflege, Nr. 11/12, 1989.

Arbeitslose = Wähler rechtsextremistischer Parteien?
Ist diese einfache Gleichung richtig?
Dazu ein Blick nach Bayern (Europawahl 1989):

Die extremen Rechten erringen in allen Landesteilen zwischen 14 und 17 Prozent der Stimmen (Ausnahme: Unterfranken 11,4%).

Die Hochburgen streuen über das ganze Land. Massierungen liegen
- im Südosten (Rosenheim 23%, Mühldorf 20,8%),
- im Bayerischen Wald (Cham 19,4%, Regen 19,6%),
- im Raum Nürnberg/Fürth (19,1%).

In den beiden Großstädten Fürth und Augsburg, in denen REP und DVU gemeinsam mehr als 20 Prozent Wählerstimmen erreichten, hat die SPD mit rund 10 Prozent die höchsten Wählerverluste.

Bereits auf Regierungsbezirksebene wird sichtbar, daß es in Bayern gegenläufige sozialstrukturelle Muster gibt, innerhalb derer hohe rechtsextreme Wahlerfolge zustande gekommen sind:
- Mittelfranken (17% REP und DVU). Überwiegend protestantisch; industrialisiert mit teilweise über dem bayerischen Durchschnitt liegenden Arbeitslosen- und Ausländerquoten;
- Schwaben, Oberbayern, Niederbayern (jeweils rund 16% REP und DVU). Überwiegend katholisch, vielfach ländlich oder kleinstädtisch, wenig Arbeitslose und Ausländer (auszunehmen die Stadt München).

Aus: Weder verharmlosen noch dämonisieren, a.a.O., S. 20.

2.3 Wohnhaft in ... in Wohnhaft

Ausschnitt aus dem Interview mit Dirk:

Und bei deinen Eltern wollt ihr auch bleiben?

Nee, natürlich nich'. Wir suchen ja auch schon 'ne Wohnung seit 'nem halben Jahr, haben auch schon einige Anjebote jehabt, aber det hat sich dann alles wieder zerschlagen. Wir hatten also ooch schon richtig feste Zusagen, daß die Vermieter jesagt haben: Ja, auf jeden Fall, die halten wir Ihnen frei und weeß ick wat, und drei Tage später hab' ick anjerufen und die Wohnung war weg.

Und wieso?

Weeß ick, größtenteils wegen den Aussiedlern.

Wohnungsnot als Katalysator

Die soziale Verunsicherung wurde durch die sich verschärfende Wohn- und Mietsituation verstärkt. Die seinerzeit von den Oppositionsparteien heftig kritisierte Aufhebung der Mietpreisbindung und die Restriktionen im sozialen Wohnungsbau hatten in der Stadt mit dem höchsten Mietwohnanteil in Deutschland gravierende Folgen.

Die Volkszählung ergab, daß es in Berlin zirka 62000 Wohnungen weniger gibt als angenommen – aber 130000 Einwohner mehr. Der Fehlbedarf an Wohnungen wird auf mindestens 50000 geschätzt. 64 Prozent aller Berliner waren vor der Wahl mit der Situation am Berliner Wohnungsmarkt unzufrieden; für 22,2 Prozent waren Mieten- und Wohnungsmarkt – noch vor der Arbeitslosigkeit – das wichtigste Problem.

Die Wohn- und Belegungspolitik vor allem des letzten Jahres wirkte zusätzlich provokativ. 90 Prozent der neuverteilten Sozialwohnungen gingen 1988 nicht etwa an Ausländer, sondern an Teile der 20000 Aussiedler und 8000 Umsiedler.

Aus: Funke, H.: »Republikaner«, Berlin 1989, S. 16.

Keine Neue Heimat

Unter kritischen Stadtplanern und Architekten hat – aufgeschreckt durch die Wahlerfolge der Rechtsradikalen in den trostlosen Betonvierteln – eine Diskussion begonnen. Dieter Hoffman-Axthelm schreibt in einer Analyse für das Architektur-Fachblatt »Arch +« über die jungen REP-Wähler in den Trabantenstädten: »Sie leiden in erster Linie unter einem kulturellen Defizit. In erfahrungsarmer Alltagswelt aufgewachsen, wo Arbeit, Politik und öffentliche Kultur nicht vorkommen und durch Sozialmaßnahmen ersetzt sind, wo folglich jeder sich selbst der nächste ist und alle Energien, privatisiert, in Wohnungsausstattung und Autopflege gehen, haben sie den Kontakt zur Stadt und ihrem sozialen und politischen Leben, ihren Vieldeutigkeiten und ständigen kulturellen Zumutungen, verloren. Ausdruck dieses Kontaktverlustes ist die Ausländerfeindlichkeit – dort am ausgeprägtesten, wo die wenigsten Ausländer leben.«

Aus: Mahrzahn, Chr.: Aufstieg der Republikaner. In: Kirfel/Oswalt: Die Rückkehr der Führer, Wien/Zürich 1989, S. 49.

Wohnhaft: »Man kann einen mit einer Wohnung erschlagen wie mit einer Axt.« Foto: Hermine Oberück

»Moderne« Großstadtquartiere: Findet hier »Leben« statt?

Beispiel: Gropiusstadt

55000 Menschen schlafen und essen im Bezirk Gropiusstadt. »Das Hochhausgebirge, aufgegangen aus dem Ornament geometrischer Planung, hatte (aber) nur einen Sinn, nämlich Menschen so in sich hinein zu zwängen, als seien diese selbst schon abstrakte Figuren ohne Identität und immer reisefertig.« (Alexander Wilde, taz)

»Man schottet sich ab. Jedes Stockwerk bildet eine Welt für sich. Hier hilft man sich noch, doch was darunter oder darüber passiert, kümmert kaum jemanden.« (Vgl. TIP: Titel Märkisches Viertel).

Entsprechend steigen die Motive, um wegzuziehen, soweit es der Wohnungsmarkt erlaubt. Zumindest aber verbringt man die Freizeit, so oft es geht, außerhalb des Stadtteils.

»... hier ist die absolute Kulturwüste. Ab 21 Uhr ist alles tot. Wer danach vor die Tür geht, ist selbst schuld. Der Alkohol fließt, das Haschisch qualmt, die Horrorvideos laufen heiß und im Grünzeug krepiert einer. Das Erstaunliche ist, daß das so selten passiert.« (Zitat aus einem Brief Jugendlicher aus der Gropiusstadt an Berlins Regierenden Bürgermeister, Walter Momper.)

Solche Fragen sind nicht selten, denn:
»Schon kurz nach 6 Uhr abends, wenn die Einkaufscenter und Videotheken schließen, verschwinden auch die Menschen von den Straßen, und das ›Modellprojekt‹ wird zur Geisterstadt. Dann trauen sich die Alten nicht mehr aus der Wohnung, und die Jungen hängen an den Pommes-Buden und U-Bahn-Eingängen herum.« (Volker Hartel, zitiert nach Leggewie)

»Die Gewaltbedrohung in dieser ›Schlafstadt‹ – besonders in den Abend- und Nachtstunden – wird von den Jugendlichen genau wie von den älteren Jahrgängen als bedrückend und behindernd empfunden.« (Jugendstadtrat Wendt)

Der gewaltsame Tod des Jugendlichen Dirk K. im Mai 89 hat dann doch einige Gruppen aufgerüttelt. Jugendliche verfaßten einen offenen Brief mit einem Forderungskatalog. Er wurde dem Regierenden Bürgermeister Momper übergeben, der zufällig zum selben Zeitpunkt an einer Anti-Apartheids-Veranstaltung mit der südafrikanischen Künstlerin Makeba teilnehmen wollte. Da Momper sich keine Zeit für die Jugendlichen nehmen wollte, hinterließ das entsprechende Spuren bei den Jugendlichen: »Warum kommt

Prozentanteile und Wohnumfeld in Berlin
(Zweitstimmenanteil 1989 und Punktdifferenz 1989 – 1985)

Stimmbezirksgruppen (nach vorherrschender Bebauungsstruktur)	CDU 89 %	CDU 89–85	SPD 89 %	SPD 89–85	AL 89 %	AL 89–85	FDP 89 %	FDP 89–85	REP 89 %
Gute Altbauten	38,1	– 7,4	35,4	+6,0	13,4	+1,3	4,9	–5,9	6,5
Einfache Altbauten	30,2	–11,3	37,5	+5,4	**20,5**	+2,7	2,9	–3,2	7,2
Schlechte Altbauten	26,9	–12,6	38,2	+5,1	**23,4**	+3,6	2,0	–3,0	7,7
Gute Einfamilienhäuser	**43,3**	– 5,7	31,7	+5,4	10,3	+1,4	**6,8**	–7,1	6,0
Einfache Einfamilienhäuser	**42,4**	– 6,0	35,7	+4,8	8,4	+0,0	5,0	–6,2	6,6
Gewerbezentren	33,9	–11,0	39,3	+5,5	13,9	+1,9	3,2	–3,6	7,9
Gute Nachkriegsbauten	**40,3**	– 7,9	37,0	+5,8	8,9	+0,9	4,4	–6,2	7,9
Einfache Nachkriegsbauten	37,6	– 9,5	**41,5**	+5,2	7,8	+0,8	3,1	–4,3	**8,4**
Großsiedlungen	37,5	– 9,8	**42,4**	+4,5	5,8	+0,4	2,6	–4,3	**10,1**
Berlin insgesamt	37,8	– 8,6	37,3	+4,9	11,8	+1,2	3,9	–4,6	7,5

Quelle: infas Wahlberichterstattung, Wahl zum Abgeordnetenhaus von Berlin 1989.

der erst, wenn Südafrikaner hier sind, warum kommt der nicht mal und kümmert sich um unsere Probleme?« – »Momper fertigt uns hier im Schnelltempo ab und drinnen sitzt er stundenlang mit Schwarzafrikanern.« (Der Tagesspiegel)

Dementsprechend waren die Reaktionen von Jugendlichen. Ein Pfeifkonzert und »Deutschland zuerst«-Rufe waren die schrille Begleitmusik zur Anti-Apartheids-Veranstaltung.

Dies hat offensichtlich auch politische Folgen: Neben den durchgrünten Stadtteilen Buckow und Rudow haben die Reps im Siedlungsbereich Gropiusstadt ihre höchsten Stimmenanteile in ganz Berlin. Drei der acht Wahlkreise mit zweistelligem Rep-Anteil in Berlin liegen in den »Süd-Staaten« Neuköllns. Hier liegt auch der einzige Stimmbezirk Berlins, in dem jeder fünfte Wahlberechtigte »rechtsaußen« gewählt hat. Berücksichtigt man die prozentualen Anteile von Erst- und Jungwählern an den Rep-Stimmen, so kann davon ausgegangen werden, daß über 50 Prozent der 18- bis 23jährigen in diesem Stimmbezirk diese Partei wählten.

Gropiusstadt Berlin-Neukölln Foto: Ullstein – Ralf Rieth

Eine Neubausiedlung in München

Die Neubausiedlung

Der Münchner Stadtbezirk, in dem die Siedlung »Blumenau« und die Volksschule, die von den befragten Hauptschülern besucht wurde, liegen, hat 1975 (ein Jahr vor der Befragung) ca. 39000 Einwohner. Der Anteil der ausländischen Wohnbevölkerung ist relativ gering. In der eigentlichen Blocksiedlung wohnen ca. 13000 Menschen. Der Anteil der Kinder und Jugendlichen an der

Wohnbevölkerung ist überdurchschnittlich hoch (bezogen auf die Gesamtstadt). So beträgt der Anteil der 0- bis 18jährigen in der Blocksiedlung 31 Prozent, im gesamten Bezirk 22 Prozent und in der Gesamtstadt nur 18 Prozent. Die Erwachsenen befinden sich überwiegend noch in der Phase des Aufbaus bzw. der Konsolidierung der Familie. Rentnerhaushalte sind in der Siedlung unterrepräsentiert. Die Bevölkerung gehört im Schnitt zu den unteren Einkommensgruppen. Von der beruflichen Stellung her sind untere bis mittlere Angestellte und Arbeiter (darunter zahlreiche Kommunalbedienstete) typisch. Dies liegt auch daran, daß der Anteil an Sozialwohnungen in dieser Siedlung – wie in fast allen vergleichbaren Regionen – sehr hoch ist.

Die Blocksiedlung wurde ab Mitte der sechziger Jahre in zwei Bauabschnitten errichtet. Zwischen den beiden Abschnitten verläuft eine Autobahn. Von der Bebauung her repräsentiert die Siedlung eine »aufgelockerte und durchgrünte Blockbebauung« mit ringförmiger Straßen- und interner Fußweg-Erschließung. Um den Lärm von der nahen Autobahn zu mildern, wurde ein Schutzwall angelegt.

Die Neubausiedlung entspricht dem Typ eines monofunktionalen Wohngebiets – gewerbliche oder handwerkliche Arbeitsplätze fehlen völlig, die wenigen vorhandenen Arbeitsplätze finden sich im Dienstleistungssektor. Der »Kern« der Siedlung wird von der Volksschule, einer katholischen Pfarrkirche mit Kindergarten und Gemeindesaal, einem um einen Innenhof gruppierten Einzelhandelszentrum sowie einigen weiteren Versorgungseinrichtungen gebildet. Freizeiteinrichtungen für Jugendliche und Erwachsene – etwa Schwimmbad, Kino, Bibliothek, Freizeitheim, Disco, öffentlicher Sportplatz mit anschließenden Räumlichkeiten – fehlen völlig. Zwischen den Wohnblocks befinden sich vereinzelt feststehende Tischtennisplatten und einige Kleinkinderspielplätze mit Sandkästen, Turngeräten und der sonstigen genormten Ausstattung.

An einem Nachmittag im Juli fahre ich zur Neubausiedlung draußen am Stadtrand. Ich will heute Kneipen und »Kontrolleure« aufsuchen.

Das »Stüberl« liegt etwas außerhalb der Siedlung. Es ist ein kleines Lokal mit fünf Tischen, einer Bar, mit Pool-Billard, zwei Spielautomaten und Music-Box. An einem kleinen Tisch sitzen zwei etwa 15jährige Jungen, sie trinken Bier, rauchen, und unterhalten sich zunächst über Fußball und spielen dann Karten.
Folgende Szene spielt sich ab: Es kommt eine etwa 50jährige Frau mit einem kleinen Hund in das Lokal, um Flaschenbier zu kaufen. Sie erzählt aufgeregt, daß eben ein Bub mit einem Radl ihrem Hund über die Pfote gefahren sei – und das mit Absicht. »Grad' derschlagen sollte man die, die Kinder sind ja so schlecht.« Darauf die Wirtin: »Ja, lieber fünf Hunde als ein Kind.« Die beiden Jungen, die Karten spielen, verziehen keine Miene. Als die Frau gegangen ist, sagt die Wirtin: »Die spinnt doch, der ist doch nicht mit Fleiß über die Pfote gefahren, so ein Schmarrn!«

Ich frage die Wirtin, ob denn viele Jugendliche aus der Blumenau im »Stüberl« verkehren würden. Die Wirtin sagt, daß sie meistens nicht wisse, wo die denn immer herkämen. Es würden aber auch schon welche von »dort drüben«

Was »erschließen« die Fußgängerwege …

… und die breiten Straßen?

»Wir treffen uns an der Tischtennisplatte.«

dabei sein (Entfernung in Luftlinie vom »Stüberl« bis zum Beginn der Blocksiedlung: 250 bis 300 m). Einwurf eines Gastes: »Erzähl' halt mal was von deine Rocker!« Sie darauf: »ein Schmarrn!« Bei der Nachfrage, ob es damit (»Rocker«) irgendwelche Probleme gebe, sagt sie, daß manche sich manchmal »aufführen«, sie werde aber mit allem und allen gut fertig.

Die Wirtin äußert Verständnis dafür, daß die Jungen (Mädchen seien kaum dabei) manchmal länger hier sind, denn »irgendwo müssen sie ja hin«. Einige kämen regelmäßig und mit denen habe man am wenigsten Probleme, da sie ja mit der Zeit langsam bekannt würden. Sie nennt als Beispiel die beiden Jungen, die sich im Lokal bis vor kurzer Zeit aufhielten: Zuerst hätten sie Billard gespielt und dann noch ein bißchen dagesessen. »Sie haben ja selbst gesehen, daß die sich anständig aufführten.« Wenn sich welche daneben benähmen, bekämen sie gesagt, daß sie nicht mehr reinkommen dürfen in der nächsten Zeit.

Ich mache mich auf die Suche nach einem gesprächsbereiten Hausmeister. An einer »Versorgungseinheit« sehe ich einen Mann im Arbeitsmantel. Er ist Hausmeister, ich erläutere ihm mein Interesse, es kommt keine Nachfrage, sondern er »legt gleich los«. Bei der Frage, ob es Probleme mit Burschen oder Mädchen (Alter 14 bis 17) gäbe, sagt er, daß er heute gerade den Rasen gemäht habe, das Messer des Mähers sei wieder kaputt, und zwar von Steinen, Büchsen, die im Rasen herumlägen. Es sei ganz klar, daß Kinder und Jugendliche mit dem Zeug herumschmeißen, die Erwachsenen würden ja weniger Cola oder Fanta trinken, sondern Bier. Weiterhin würde er seit Jahren

Der Hausmeister: Alles im Griff ...

Steine aus den Wiesen herauslesen — »aber die schmeißen immer wieder neue rein«. Zum »Rockerproblem« meint der Hausmeister, da gehe jetzt zur Zeit nichts mehr. Früher (er sagt vor ein bis zwei Jahren) sei es mal so gewesen, daß vor der Kirche dauernd welche rumgestanden und laut gewesen seien mit Radios und Cassettenrekordern. Da habe sich der Pfarrer auch gewehrt. Oder in der Süd-Blumenau seien welche auf den Tischtennisplatten mit Mopeds oder Mofas rumgefahren. Er habe einmal zu einem gesagt, er solle verschwinden. Daraufhin habe der geantwortet: »Ich schmier dir eine und hol' meine Spezln.« Er habe dem dann zurückgegeben: »Hör zu, dann hol ich meine Freunde aus dem Krieg, dann werdet ihr aber schauen.« Dann sei der Bursche abgehauen.

Der Hausmeister sagt, er kenne die meisten anderen Hausmeister in der Blumenau. Außerdem kenne er vom »Revier« alle Autonummern und die Nummern von Mopeds und Mofas, die zu »seinen« Blöcken gehören. Da sage er schon mal zu einem Kollegen: »Hörst', da kurvt hier einer (Jugendlicher) rum, ich glaube der gehört zu dir, sag' doch mal was zu dem.« Und umgekehrt ginge es auch so. Er schaue schon darauf, wo diejenigen herkommen, die bei »seinen« Blöcken sich aufhielten, aber nicht hier wohnen würden. Er sage dann zu denen, die nicht hierher gehörten: »Schau, die Leute haben sich hier eingekauft oder zahlen Miete, da kannst du hier nicht rummachen, bleib dort, wo du herkommst.« Manchmal sei der Lärm und das Rumfahren der Mopeds doch zu arg; die führen, meistens zu zweit, auf einem Moped vollkommen »blödsinnig« herum, immer die gleiche Strecke. Die würden es darauf anlegen, die Leute in Rage zu bringen. »Ich reg' mich da nicht auf, ist einer von mir dabei (ein ›Einheimischer‹ wie er sagt), dann rede ich mit dem, ist es ein Fremder, der hier direkt provozieren will, dann schaue ich, daß ich den wegbring', denn was hat der hier zu suchen?«

Was mir an diesem Tag noch aufgefallen ist: Geht man über die Erschließungswege zwischen und an den Blöcken, so merkt man, daß Bewohner einen eher mißtrauisch – schnell, sozusagen aus den Augenwinkeln beobachten. Das verbindet sich bei mir mit dem Gefühl, daß ich in eine Privatsphäre eindringe, und daß eine Sphäre anonymer und distanzierter Öffentlichkeit hier nicht ausgeprägt ist. Offensichtlich fordert ein Herumschlendern, ein sichtbar ziel- und zweckloses Umherwandern, Schauen, Sitzen, Beobachten eine gezielte Wachsamkeit gerade bei Hausfrauen heraus. In ihren Gesichtern ist zu lesen: »Der gehört hier eigentlich nicht hin, der wohnt nicht im Block, was will der hier?«

[...]

»Brav« und ordentlich

Die *Neubausiedlung* wird überwiegend als ein Quartier von »braven« Leuten bezeichnet. »Kleine Leute« wohnen dort, die politisch eher zurückhaltend und passiv sind; Leute, die in der Zeit nach dem Zweiten Weltkrieg aus ländlichen Gebieten, aber auch als Flüchtlinge oder Aussiedler in die Großstadt gezogen sind. Viele Familien sind aus Altstadtgebieten und den dortigen beengten und unbefriedigenden Lebens- und Wohnbedingungen in die Neubausiedlung gekommen. Die Siedlung ist trotz der relativen Verbesserung der Wohnverhältnisse gegenüber früher für einige Familien ein Übergangsquartier. Wenn die Wohnungen zu klein werden (oder die Kinder älter sind), versucht man, die Region zu verlassen und weiter hinaus ins Umland – »richtig ins Grüne« – zu ziehen.

»Ordentlichkeit« und »Sauberkeit« werden sehr häufig zur Charakterisierung benutzt. Diese Definition des Quartiers als brav, ordentlich, sauber, gar »vornehm« wird nicht zuletzt durch die rigorose Abhebung von einem Unterkunftswohnungsareal in der Nähe gestützt. Ein *Lehrer* sieht das so aus:

> »Ja, Sie, am Tag, haben Sie kein Auto offenstehen lassen dürfen. Auch nicht, wenn Sie nur fünf Minuten weg waren. Da haben Sie kein Motorrad hinstellen können. Da haben Sie hundertprozentig damit rechnen dürfen, daß das halb abmontiert ist. Überall diese Asozialen. Wo ich noch drunt' war, da ist jede Nacht die Funkstreife gefahren, ununterbrochen, zwei Wagen. Ich glaube, daß es sich jetzt doch etwas gebessert hat. Das haben wir hier in der Blumenau überhaupt nicht erlebt. Daß mal so eine Gruppe Jugendlicher ein bißchen übermütig geworden ist, nun, das kommt natürlich überall vor. Das ist zu unserer Zeit ja auch passiert. Und daß da dann die Funkstreife kommt und die wieder beruhigt und auseinanderschickt, aber mehr ...«

Die »Asozialen« sind also woanders, sie haben in der Neubausiedlung nichts zu suchen. Irgendwelche »Vorfälle«, Einbrüche, Schlägereien, Zerstörungen in der Siedlung: Das wird »denen dort« zugeschrieben, die einen guten Teil der »Kosten« für die Ordentlichkeit und das gute Ansehen der Siedlung zu zahlen haben.

Im südlichen Teil der Siedlung stehen zwei Wohnblöcke mit Behindertenwohnungen, eine Tatsache, die von vielen Bewohnern nicht so gern gesehen wird, weil sie fürchten, daß ihr Wohnquartier das Image einer »Behindertensiedlung« bekommt. Die Existenz dieser speziellen Wohnanlage wird von den Bewohnern eher verdrängt, kommt die Sprache dennoch darauf, ist die erste Reaktion Abwehr.

Wohn- und Schlafstadt

Die Neubausiedlung übernimmt für die Großstadt die Funktion, einem Teil ihrer Bewohner Wohn-, Schlaf- und ein wenig Lebensraum zu bieten. Das ist zu wenig, um über eine Anfangsphase der Besiedlung und der Bewohnung hinaus Interesse, Identifikation und lokalpolitische Bedeutung zu erreichen und zu bewahren.

Die 4-Zimmer-Sozialwohnungen (als größter vorhandener Wohnungstyp) sind oft von 4- oder 5-Personen-Haushalten bewohnt, und das bedeutet zunächst einmal, daß in den Wohnungen selbst keinerlei Ausweich- und Rückzugsmöglichkeiten für die einzelnen Familienmitglieder gegeben sind. Diese Wohnbedingungen müssen im Zusammenhang gesehen werden mit den Vorerfahrungen vieler Bewohner: Sie kamen aus beengten, von der Ausstattung her ungenügenden Wohnsituationen. Verglichen damit sind die Wohnungen in den Blöcken – draußen am Stadtrand – mit der zentralen Warmwasserversorgung, den Zentralheizungen, zum Teil mit Müllschlucker, den Balkonen und Lodgen komfortabel und befreiend, auch wenn sie einen Einheitsgrundriß aufweisen und für die Einrichtung und Nutzung wenig Wahlmöglichkeiten lassen.

Da die Belegungsdichte der Wohnungen – Personen/Räume – hoch ist, drängen vor allem Kinder und Jugendliche nach »draußen« in das Quartier. Die Erfahrung, daß dort die Gelegenheiten, sich zu treffen, etwas zu unternehmen, nicht erfreulich sind, bestimmt das Urteil über die Wohnsituation mit. Das schlechte Wohnumfeld relativiert die deutlichen Verbesserungen, was die Wohnung und das Wohnen selbst anbetrifft.

Die Bewohner haben andererseits die Fähigkeit, sich Vorteile und Schönheit der neuen Wohnsituation sehr lange und intensiv einzureden. Sie suggerieren sich fast, sie hätten endlich die Wohnung für eine zuträgliche Wohnsituation gefunden. Genauso deutlich wird aber die permanente Störung und Irritation durch das Wohnen »am Rande«.

[...]

Der Umgang der Leute miteinander

In der *Neubausiedlung* sagen die Schlüsselpersonen übereinstimmend, daß die »Netze« der Kommunikation weitmaschig oder unvollständig sind und daß die Bewohner nicht allzuviel Interesse an Kontakten mit Nachbarn oder anderen Bewohnern des Quartiers haben. Die Nachbarschaftsbeziehungen sind grundlegend ambivalent: Man will sich nicht »in den Topf schauen« lassen, geht eher auf mißtrauische Distanz (bis auf folgenloses Grüßen als unterster Stufe nachbarlichen Verhaltens), beklagt andererseits Isolation, beklagt die Interesselosigkeit der Menschen aneinander (bzw. am Berichtenden selbst). Mit Mitbewohnern in Kontakt zu kommen, dafür »muß man etwas tun«, das verlangt Planung und Initiative. Oft geht der erste Kontakt über die Kinder, die auf den Spielplätzen bei den Blöcken, in den Fluren und Treppenhäusern spielen und sich aufhalten.

Unterstützt von der Kirchengemeinde wurde eine Nachbarschaftshilfe gegründet, die sich mit Babysitten, Alten- und Behindertenbetreuung befaßt; also eine Initiative, die offenkundig Infrastrukturmängel auszugleichen sucht und weniger — offensichtlich notwendige — Anregungen für nachbarliche Kommunikation anzubieten trachtet.

Das Quartiersleben ist wesentlich bestimmt von drei Tatsachen: vom relativ großen Anteil berufstätiger Frauen, vom Kinderreichtum der Familien und dem fast völligen Fehlen von Kommunikationseinrichtungen, die öffentlich zugänglich sind (was man wiederum im Zusammenhang mit den beengten Wohnverhältnissen sehen muß). Für viele Familien bedeutet der Umzug in eine Neubausiedlung eine Umstellung in ihren Lebensgewohnheiten, auch in den Kommunikationsstilen und Kommunikationserwartungen. Sie berichten von einem »Miteinander« der Bewohner »dort« und demgegenüber von einem »Nebeneinander« hier, auch wenn sie schon über 10 Jahre im Quartier zusammen wohnen. Mag der Formel des »Miteinander« auch eine Verklärung der vergangenen Lebensbedingungen anhaften, die Erfahrungen von mißtrauischer Distanz und empfundener Gleichgültigkeit — die die faktische und schlicht vorhandene Anonymität, unter der viele Bewohner leiden, widerspiegeln — sind gegenwärtig, und viele Frauen, Männer, Mädchen und Jungen leiden darunter.

Die Beziehungen zu Nachbarn sind aber nicht nur von Distanz und sozialer Kälte, sondern auch von Konflikt- und Aggressionsbereitschaft gekennzeichnet. Auslöser sind: Lärm in allen Formen und Intensitäten und die bloße Anwesenheit von Kindern bzw. Jugendlichen. Für das »Klima« von Aggressionsbereitschaft *mag die allgegenwärtige, lähmende Ordentlichkeit und Funktionalität des Quartiers mitverantwortlich sein.*

Die Neubausiedlung besitzt keine Quartiersöffentlichkeit; außerhalb des privaten Bereichs der Bewohner herrscht Gleichgültigkeit oder Mißtrauen. Tagsüber sind im Quartier nur Hausfrauen, Mütter mit Kleinkindern, Gruppen von Kindern und Jugendlichen normal; die auspendelnden und abends wieder einpendelnden Berufstätigen haben tagsüber nicht im Quartier zu sein. Sonstige Anwesende werden eher als Eindringlinge in private Sphären angesehen.

Kleine private Verkehrskreise bilden das Kommunikationsnetz, ein Netz also voneinander abgeschotteter, nicht-öffentlicher Zirkel und Freundeskreise. Dies ist Ausdruck dafür, daß der Stil der Kommunikation durch das Fehlen öffentlichen Verhaltens und öffentlicher Verhaltensfähigkeit mitbestimmt ist.

Aus der mißtrauischen Distanz heraus fällt es vielen Bewohnern schwer – betrachtet man deren Berichte über den Umgang der Menschen miteinander – partiell, auswählend und selbstbewußt – eben in der »öffentlichen Sphäre« – miteinander in Beziehung zu treten. Die Abwehr allzugroßer Nähe und Intimität hat den Charakter des Zurückweisens von Zumutungen und Bedrohungen: Bedrohungen durch andere Blockbewohner, Nachbarn oder Frauen, die man im Supermarkt sieht. Man kann sagen, daß es ein Quartiersleben im eigentlichen Sinn gar nicht gibt, sondern nur einzelne, unverbundene Bereiche eher privaten Umgangs. Der Kontakt über das Telefon spielt eine große Rolle, »man trifft sich nicht«, sondern »verabredet« sich telefonisch.

[...]

Kälte und Resignation

Der Charakter der *Neubausiedlung* als reine »Wohn- und Schlafstadt« findet in den Erfahrungen Jugendlicher seinen Niederschlag. Sie berichten wenig Konkretes (über die Bedeutung des Quartiers für sie selbst), erzählen keine Stories, die sie selbst als Akteure enthielten. Ihre Umwelt bleibt blaß, sie ist beschränkt auf die offenkundigen, geplanten und notwendigen Funktionen – sie bleibt abstrakter sozialer Raum. Wie Erwachsene und »Experten« auch, finden Jugendliche die Neubausiedlung bei direkten Fragen – und auf einer ersten Ebene des Berichtens – gut, befriedigend oder »klasse«.
Ein Junge aus der Siedlung sagt dazu[1]:

Karl: Ah, ich find es hier Klasse! Ich hab meine Freunde und so und kann zum »Städtischen« zum Fußballspielen gehen. Wir haben eigentlich alles. Bis halt, daß wir kein Freizeitheim haben, aber das tät' sowieso nicht viel nützen. Da gehen halt die Großen hin. Also ich tät' da sowieso nicht oft hingehen. Also ich find' es hier schon ideal.

Interviewer: Wo gehen Sie denn so überall hin?

Karl: Raus, einfach da rüber. Da sind wir dann ein ganzer Haufen, oder wir gehen sonst irgendwo hin. Entweder wir spielen Fußball... also so viel Beschäftigung haben wir eigentlich nicht. Wir spielen Fußball oder sitzen da rum und unterhalten uns oder manchmal, wenn ich am Abend noch viel Zeit hab', dann geh ich halt ein bissel raus zum Spazierengehen oder so was, mit einem Freund von mir.

Es ist also zunächst alles schön. Karl findet das Leben draußen im Neubauviertel fast »ideal«. Erst allmählich und en passant kommt dann zur Sprache, daß die Jugendlichen eigentlich nicht viel Betätigungsmöglichkeiten haben. Diese Erfahrung bringt zum Ausdruck, daß bei der Planung und Bereitstellung der Infrastruktur Einwohner dieses Alters (also die etwa 14- bis 20jährigen) kaum oder gar nicht berücksichtigt wurden. Andererseits ist auch für die Mädchen und Jungen der »Zwang«, sich wohl zu fühlen, in einem »guten« Viertel zu wohnen und zu leben, so übermächtig, daß Benachteiligungen und

1 In der Neubausiedlung wurden die Jugendlichen mit »Sie« angesprochen, in den beiden anderen Regionen wurde das wohl angemessenere »Du« gewählt.

Vernachlässigtsein in den Erfahrungsberichten versteckt werden. Ein häufig vorkommendes Muster ist: Das Quartier ist schön, gut, ideal. Diese Einschätzung gibt die erste Erfahrungsschicht wieder, danach kommt – eher beiläufig – die Erfahrung der Langeweile, der Leere, daß »nichts los ist«, die dann häufig umschlägt in Resignation.

»Man muß rausgehen«

Neben der Hoffnung, daß ein Freizeitheim als »deus ex machina« viele Probleme des Quartiers lösen könnte – diese Hoffnung haben Jugendliche *und* Erwachsene –, findet sich auch die Ablehnung eines Freizeitheimes, die auf Erfahrungen in Heimen benachbarter Stadtbezirke basiert. Es sind meist »die anderen«, die in einer Freizeitstätte das Sagen haben, die eigenen Freunde werden – wahrscheinlich – nicht hineingehen und überhaupt: ein Freizeitheim »bringt's auch nicht«. Veränderungswünsche, Verbesserungsinteressen Jugendlicher sind an zwei Symbolen ablesbar: am »Freizeitheim« und am Stereotyp »es ist nichts geboten«. Adressat von Forderungen ist abstrakt »die Stadt«, ein wenig konkreter »der Bezirksausschuß« oder einfach »die« (dort oben). Konkret ist kein Adressat für Veränderungen und Verbesserungen vorstellbar. Und die Klage »es ist nichts los« versickert schnell und folgenlos. Zentrales Einschätzungskriterium ist für die Jugendlichen die Möglichkeit, »Freunde zu finden und zu haben«. Diesem Interesse kommt aber das Quartier überhaupt nicht entgegen, es bietet fast keine Gelegenheit für Jugendliche, Freundinnen und Freunde aufzutun.

Den Mangel an *Anregung* in der Neubausiedlung (und die Freizeitheimhoffnungen) macht das folgende Interviewbeispiel deutlich, in dem zwei Mädchen ihre Suche nach Spaß und Abwechslung, ihr Ausweichen in andere Quartiere, die Bewertungen ihrer Umwelt schildern:

Gabi: Ich mein', ein Freizeitheim könnten sie ruhig geben. Der Staat gibt soviel Geld aus. Da wundern sie sich, wenn die Jugend so richtig verkommen wird, aber was soll man machen? Die muß ja auf dumme Gedanken kommen. Hier drüben wäre so viel Platz, da würde auf das Stück Wiese ein Freizeitheim passen.

Ingrid: Wissen Sie, in Laim haben wir eins und in Pasing (angrenzende Stadtbezirke), aber das ist auch weit weg. Discothek muß es gar nicht sein – so ein Freizeitheim, wo man hingehen kann und so. Da gibt's ja welche, aber nichts haben wir da. Räume haben wir gehabt ... nichts! Da bauen sie nichts rein ... nichts wird gemacht! Da auf der Wiese ... nichts!

Interviewer: Und euch geht das ab, also so ein Freizeitheim?

Ingrid: Ja, schon ziemlich, find' ich. So was gehörte schon her.

Gabi: Weil wir wüßten: Mensch, treffen wir uns heute abend im Freizeitheim.

Ingrid: Wo willst dich sonst treffen, wenn's regnet ... wo treffen?!

Gabi: Jetzt, wo's regnet: Zu mir können sie nicht kommen, weil's einfach zu klein ist hier in der Wohnung. Und was soll man sonst machen; wenn man sich in die Gaststätte hockt, ist das auch nicht das Richtige, weil die Eltern motzen, und dann wär halt das Freizeitheim richtig.

I.: Und wenn Sie sich sonst mit Ihrer Klasse treffen?

Ingrid: Mei, wo gehen wir da hin? Da sind wir entweder auf dem Bolzplatz da, wissen Sie ... Tischtennisspielen da, oder wir fahren irgendwohin zum Baden.

I.: Wo geht ihr dann hin, wenn ihr mal zum Tanzen wollt?

Ingrid: Wo willst denn hingehen? Wenn in Laim mal eine Party ist oder so. Da ist ein »Forum« in Germering da dort, aber das bringt's auch nicht, das ist ja so überfüllt.

Gabi: Ich finde das auch. Da sagen sie immer »zum Tanzen gehen« usw. Aber in Discotheken, wenn, dann geht man sowieso bloß abends hin, und da kriegt man kein alkoholfreies Getränk, und da muß man mindestens was für sechs Mark nehmen. Und das finde ich so eine Schweinerei. Früher, im »Forum«, da hat man für drei Mark reinkönnen, und da hat man sich was bestellen können. Jetzt *muß* man für sechs Mark irgend etwas nehmen, und das finde ich ... Wenn man sagt: »Orangensaft«, dann kriegt man gleich so einen ganzen Liter, den man überhaupt nicht haben will. Und ich finde das echt nicht gut. Wenn man sagt: »Cola«, dann kriegt man nur ein Cola-Mix. Was dann billig ist, das ist Bier, und ich find' das ja auch nicht recht.

Ingrid: Und schauen Sie her, meine Eltern sagen auch, wenn ich nach Laim oder so wo hinfahren will, das ist zu weit. Und dann bis um neune bis wir dann wieder da sind, dann können wir zusammen heimgehen und so. Sagen Sie also, wenn ich da wo hingehen will, da darf ich dann auch nicht so lange dableiben, weil es ist ja ziemlich weit weg.

Gabi: Und wenn hier ein Freizeitheim wäre, dann wüßten die Eltern, daß wir da hin sind und daß wir in zehn – fünf Minuten wären's da drüben – Minuten zu Hause sind ...

I.: Und mal eine Tanzparty im Pfarrsaal?

Ingrid: Ach, das ist ja der letzte Scheiß! Letzten Samstag war ich dorten. So langweilig. Da haben sie einen Riesen-Raum, da haben sie Musik, da hallt alles. Zwei Mädchen tun »Bump« tanzen und die anderen sitzen alle am Tisch. Die andern sind draußen ... ah, da geht nichts zusammen!

I.: Woran liegt das?

Ingrid: Ja, ich weiß nicht. Da geht einfach nichts zusammen. Wir finden auch, daß es an der Organisation liegt. Das ist auch nichts Gescheites. Die Gruppe ist sowieso, also ... Nein also, ich find das überhaupt nicht gut da dorten. Niemand ist da dort von uns, das sind halt alle von der Dingsschule, da unten von der »Senftenauer«, alles mehr von der Ludlstraße. Das kommt alles da rauf.

I.: Ist es denn hier in der Blumenau abends ein bißchen unheimlich?

Ingrid: Nein, das nicht, das war es. Wo die ganzen Typen da waren mit ihren Maschinen. Da waren sie alle hinten bei der Wirtschaft. Aber jetzt nicht mehr. Also ich möchte in der Blumenau nicht um halb neun allein heimgehen, ehrlich gesagt, nicht.

I.: Ein »McDonald« wäre also eine interessante Sache für Sie?

Ingrid: Ja, das wäre Spitze!

Gabi: Wir müssen immer nach Laim fahren, wenn wir ins »McDonald« wollen.

Ingrid: Immer alles Laim. Bei uns ist ja nichts los! Freizeitheim, »McDonald«, alles in Laim!

I.: Wie kommt ihr da hin?

Gabi: Mit dem Bus, gleich da vorn einsteigen. Man kann auch mit dem Radl rüberfahren, oder tagsüber zu Fuß – das sind 20 Minuten.

Ingrid: Mei, wir fahren halt so ... mal so umeinander bummeln, schau'n, was es so gibt. Aber Eisessen, gell, eigentlich, wenn ich zum Eisessen fahr, dann eher zum »Beppo«, also auch in Laim. Wo ich auch gern hinfahr', das ist ins Einkaufszentrum, »Olympiaeinkaufszentrum«, da war jetzt ... Das ist echt schön, das Einkaufszentrum.

I.: Das ist aber ganz schön weit weg, nicht?

Ingrid: Ja, aber da fahre ich schon gern hin, also es ist echt ... und auch nicht so teuer.

I.: Und wie fahrt ihr denn da?

Gabi: Mei, da ist eine gute Verbindung von uns. Ja, da fahren wir erst nach Laim, und dann mit der S-Bahn bis Marienplatz und dann bis zum Olympiazentrum. Dort steigen wir um in den 36er.

Ingrid: Weißt du, wie ich da fahre? Da fahren wir immer ganz anders. Wir fahren mit dem 35er vor und dann steigen wir in den 42er ein, und der fährt total hin.

I.: Ja, so wie es die Gabi beschrieben hat, müßte man dreimal umsteigen.

Gabi: Ja, aber man ist verhältnismäßig schnell drüben. Also, ich hab' auch noch nicht gehört, daß mit dem 42er ...

Ingrid: Ja, ich habe es auch nicht gewußt.

Man sieht: Die Ansprüche und die Erwartungen an die Umwelt sind bescheiden. Stereotype der Erwachsenen werden übernommen, wenn die Mädchen meinen, daß »die Jugend verkommen muß«, falls keine Jugendarbeit (in einem Freizeitheim) stattfindet, oder daß Randgruppen die Siedlung »in Verruf bringen«. Trotzdem: Die gegenseitige Vergewisserung darüber, wie man vom Quartier dorthin gelangen kann, wo »Leben stattfindet«, zeigt zusammengefaßt, daß die Neubausiedlung eine Umwelt ist, die benachteiligt, die Langeweile erfahren läßt.

Aus: Müller, H. U.: Wo Jugendliche aufwachsen, München 1983, S. 22 ff.

Und auf dem Lande?
Das Beispiel Wölfersheim

Ein hessisches Dorf macht Schlagzeilen
»Wir sind keine Nazis«
So sauber, so anständig, so normal – und wieder sechs Prozent mehr Stimmen für die NPD/Von Andreas Molitor

Das Beunruhigende an der Person Eichmanns war doch gerade, daß er war wie viele und daß diese Vielen weder pervers noch sadistisch, sondern schrecklich und erschreckend normal waren und sind.

(Hannah Arendt: Eichmann in Jerusalem)

Wölfersheim

Wer mit der Bahn von Friedberg nach Wölfersheim fahren will, muß zeitig am Bahnsteig sein, denn der Zug ist pünktlich. Und man muß gut aufpassen, daß man auch im richtigen Wagen sitzt. Ab Beienheim fährt der vordere Zugteil nämlich weiter nach Nidda, und nur wer in einem der hinteren Waggons sitzt, kommt auch nach Wölfersheim. Rechts und links wechseln sich Wiesen, Äcker und kleine Dörfer ab. Ein älterer Mann ist über dem Lokalteil der *Wetterauer Zeitung* eingenickt, ein Mädchen löst Kreuzworträtsel. In Melbach macht der Zug noch einmal kurz Halt. Dann kommt Wölfersheim.

Wölfersheim, 8300 Einwohner, 40 Kilometer nordöstlich von Frankfurt im hessischen Wetteraukreis gelegen – das ist der Ort, wo die NPD bei den Kommunalwahlen am vorletzten Sonntag 17,5 Prozent der Stimmen holte und jetzt sechs von 31 Sitzen in der Gemeindevertretung hat. Die Rechtsextremen konnten sogar die CDU übertreffen, die von 31,5 auf 17,4 Prozent rutschte. Die seit eh und je regierende SPD verlor ihre absolute Mehrheit und kam auf magere 34,5 Prozent, die Grünen sind mit 4,9 Prozent draußen, eine Freie Wählergemeinschaft kam aus dem Stand auf 25,6 Prozent.

Mit seinen 17,5 Prozent für die NPD steht Wölfersheim, ein ansonsten unbedeutendes Nest, im Rampenlicht – wie schon vor vier Jahren, als die Rechtsaußen auf 11,4 Prozent kamen, und das zu einem Zeitpunkt, als die NPD schon totgesagt war.

Schon damals wurde gerätselt, wie es nur dazu kommen konnte, und jetzt rätselt man wieder. »Dummheit oder Protest«, vermutet Wölfersheims Bürgermeister Hugo Fröhlich (SPD). Andere sagen, daß es an den Landwirten liegt, die sauer sind auf die EG in Brüssel und sauer auf die CDU in Bonn. Doch so viele Bauern gibt es in Wölfersheim gar nicht mehr. Die meisten holen den Trecker nur noch nach Feierabend und am Wochenende aus dem Schuppen. Auch beim Landesamt für Verfassungsschutz in Wiesbaden, wo der Vorgang »NPD Wölfersheim« mittlerweile mehrere Aktenordner füllt, kann man sich den NPD-Erfolg nicht erklären. Der Wölfersheimer NPD-Vorsitzende Volker Sachs sei eben beliebt und verstehe es, seine Anhänger zu mobilisieren, vermutet Verfassungsschutz-Präsident Günther Scheicher.

Wenn es nach den Analysen der Wahlforscher ginge, dürfte in Wölfersheim eigentlich kaum jemand die NPD gewählt haben. Wölfersheim kennt keine Wohnungsnot, Wölfersheim hat keine Hochhaus-Gettos, keine sozialen

Brennpunkte, in Wölfersheim gibt es kaum Ausländer; nicht einmal drei Prozent der Bevölkerung. Die Arbeitslosigkeit im Wetteraukreis liegt bei 5,7 Prozent – davon können andere Regionen nur träumen.

Das aber wird sich ändern, wenn Ende 1991 die Braunkohlenbagger das letzte bißchen Kohle aus dem nahegelegenen Tagebau gekratzt haben. Dann wird auch das Braunkohlekraftwerk der Preußen-Elektra in Wölfersheim dichtmachen, und insgesamt 500 Beschäftigte werden ohne Job dastehen.

»Die Angst vor der Arbeitslosigkeit ist ein Grund, warum die Leute NPD wählen«, meint der DGB-Kreisvorsitzende Walter Hoffmann. Wenn der eigene Job nicht mehr sicher ist, habe die NPD mit ihrer Parole »Arbeitsplätze für uns Deutsche« leichte Beute.

Ein 14 Hektar großes Gewerbegebiet ist in den letzten Jahren erschlossen worden. Hugo Fröhlich hofft nun auf neue Arbeitsplätze in neuen Firmen. Bisher ist noch niemand gekommen, und in Zukunft wird der Bürgermeister es wahrscheinlich noch schwerer haben, Investoren nach Wölfersheim zu bekommen. 17,5 Prozent NPD sind nicht gerade die beste Reklame für einen Gewerbestandort.

Volker Sachs, 54 Jahre alt, Elektriker im Kraftwerk und NPD-Vorsitzender von Wölfersheim, redet oft und gerne von Demokratie, freut sich, daß die Schulkinder in Wölfersheim den NPD-Aufkleber »Ein Herz für Deutschland« auf dem Ranzen tragen und sagt nie »Wahlkampf«, sondern immer »Propaganda«. »Unserer Propaganda hatten die anderen nichts entgegenzusetzen.« Das NPD-Organ »Deutsche Stimme« in 2500 Wölfersheimer Briefkästen, deutschtümelnde Parolen an Hauswänden, Laternenpfählen, Bäumen und Jägerzäunen. Im »Gemeindespiegel« geht er mit der Formel »Auch Ausländer produzieren Müll und Autoabgase – Deshalb für Ausländerstopp stimmen!« auf Wählerfang. Er bezeichnet sich gerne als »nationalen Sozialdemokraten« – was immer das sein mag. Ausländerfeindlichkeit? Die liege ihm fern: »Wir fahren auch ins Ausland schon mal in Urlaub. Das ist zu unterstreichen.«

Sachs ist beliebt, sagen die Wölfersheimer, sagen selbst die Grünen: »Der hat uns sogar schon gegen den Bürgermeister in Schutz genommen.« Sachs ist ein Einheimischer, ein »Wölfersheimer Bub«, wie die Leute sagen, »einer von uns«. Bürgermeister Hugo Fröhlich ist ein Zugereister, respektiert, aber nicht beliebt. Viele freuen sich, wenn »der Volker« es wieder mal schafft, »dem Fröhlich« eins auszuwischen.

Daß Sachs und seine NPD-Mitstreiter in der Wölfersheimer Kommunalpolitik bisher nichts zu bieten hatten, stört die Wölfersheimer offenbar nicht. Versetzung eines Pfostens, Erhalt eines Zebrastreifens, Baby-Begrüßungsgeld, Restaurierung eines Ehrenmals, Begrüßungsgeld für heimkehrende Wehrpflichtige – damit sind die NPD-Anträge der letzten Jahre auch schon aufgezählt. Sachs' Erfolgsgeheimnis: »Sich sauber und anständig verhalten.« Und schließlich – so wird er nicht müde zu betonen – leeren »die hier befindlichen Ausländer« die Kassen der Kommunen. Das sei doch auch Kommunalpolitik.

Manchmal fällt die bieder-brave Fassade der Wölfersheimer NPD. »Wir kriegen dich schon, wenn die Zeit da ist«, haben NPD-Anhänger dem SPD-

Fraktionschef Gerhard Rux in einer Gemeinderatssitzung angedroht. Im Ort hat es mehrfach Schlägereien gegeben, aber niemand will etwas gesehen haben. »Die Leute haben Angst«, vermutet Bürgermeister Fröhlich. Die Grünen des Wetteraukreises haben Belege, daß Schläger des militanten Neonazis Michael Kühnen bei der Wölfersheimer NPD als Saalschutz eingesetzt waren, und bei Kühnens Versammlungen sind Wölfersheimer NPD-Leute gesehen worden. Das hindert die neu in die Wölfersheimer Gemeindevertretung gekommene Freie Wählergemeinschaft offenbar nicht, in Zukunft mit der NPD in einzelnen Punkten zusammenzuarbeiten.

Bürgermeister Hugo Fröhlich hat bei Interviews immer ein Diktiergerät mitlaufen. Daß die Presseleute sein Wölfersheim als »Dorf mit braunen Flecken« bundesweit in die Schlagzeilen gebracht haben – »falsch, naiv und mit viel Trara« –, hat ihn geärgert: »Wir sind nicht brauner als andere auch.« Womit er wahrscheinlich recht hat.

Fröhlich versteht nicht, wie man in Wölfersheim eine andere Partei als die seit eh und je regierende SPD wählen kann: Kaum Schulden, Mehrzweckhallen in jedem Ortsteil, Sportplätze und -hallen, genügend Kindergartenplätze. Und über 70 Vereine: Fußball, Schwimmen, Boxen, Karnevalsverein »Die Dorfspatzen«, Zwiebelzüchter, Kegelclub »Rakete 09«, Taubenzuchtverein »07425 Treff ein«. Rock-Konzerte und Discos gibt es nicht in Wölfersheim. So etwas möchte der Bürgermeister nicht – aus Angst vor Gehörschäden bei den Jugendlichen. Das Dorfkino »Ratslichtspiele« aus den fünfziger Jahren hat vor einiger Zeit dichtgemacht und gammelt vor sich hin. Die Grünen wollten dort ein Mitternachtskino einrichten, doch der SPD-Mann hegt die Vorstellung, Jugendliche aus dem Umland könnten am Wochenende mit viel Bier im Bauch und entsprechend wüst und lautstark in sein Wölfersheim einfallen, Unruhe in den nächtlich-braven Ort bringen und sich womöglich Pornofilme ansehen. Das schmeckt ihm ganz und gar nicht. Wo früher die Kinoplakate hingen, gibt es neben einem vergilbten Zettel mit den Terminen für Altpapier und Sperrmüll noch einen Kulturhinweis. Das »Chiemgauer Volkstheater« kommt mit dem Lustspiel »Der fidele Hansl« nach Wölfersheim. Es geht um verwirrende Situationen, um Moral, um Liebe und natürlich auch um Eifersucht, schreibt die *Wetterauer Zeitung*.

Geschehen ist wenig in Wölfersheim, seit die NPD vor vier Jahren mit 11,4 Prozent bereits zum zweitenmal hintereinander in die Gemeindevertretung eingezogen war. Info-Veranstaltungen über die Gefahren des Rechtsextremismus hatte der Bürgermeister angekündigt, aufklärende Filme wollte er vorführen lassen. Aus alledem ist nichts geworden, und auch von der Synopse aus Sachs- und *Stürmer*-Zitaten redet keiner mehr, Fröhlich selbst am allerwenigsten. Daß der allseits so beliebte NPD-Mann Sachs ein Nazi ist, wollte dem Bürgermeister kaum jemand abnehmen.

Über die Nazizeit hört man wenig in Wölfersheim. Eine SA-Ortsgruppe hat es gegeben, die am Vormittag des 10. November 1938 »weisungsgemäß in Zivilkleidung« ausrückte, um »in den jüdischen Wohnungen alles kurz und klein zu schlagen und die jüdischen Bürger halbtot zu prügeln« – so lautete der Befehl. Als die SA bei den jüdischen Häusern ankam, »war dort bereits ein großer Teil Wölfersheimer Bevölkerung zusammengelaufen, um bei den Ausschreitungen zugegen zu sein«. Das steht in den Akten. »Wenn man heute danach fragt, ist niemand aus Wölfersheim dabeigewesen«, sagt Hugo Fröhlich. »Und keiner hat etwas gesehen.«

Ein SPD-Mann aus Wölfersheim wurde mit einer Leiter um den Hals durch das Dorf gejagt und später tot aufgefunden. Wieder will niemand etwas gesehen haben. Nach dem Krieg wurden die Wölfersheimer in die Demokratie entlassen. Sie bauten ihre Häuser, legten Gärten an, pflanzten Hecken um ihre Gärten herum und schrieben auf ein Ehrenmal die Namen der Gefallenen und Vermißten. Zwei Juden aus Wölfersheim stehen da unter »vermißt«. Jeder weiß, daß sie in Auschwitz ermordet wurden.

Um 18 Uhr 18 fährt der letzte Zug von Wölfersheim zurück nach Friedberg. Draußen wird es langsam dunkel. In den schmucken Einfamilienhäuschen links und rechts von der Bahnlinie springen nach und nach die hellen Lichtvierecke an. Es hat wieder zu regnen begonnen, hinter den verblichenen Vorhängen des Abteils verschwimmen die drei Kraftwerksschlote langsam im Halbdunkel. Bis Melbach befördert die Bahn einen einzigen Fahrgast.

Irgendwann wird der Tagebau schließen, das Kraftwerk auch und die Bahnlinie sowieso. Vielleicht schaffen die Fußballer von der TSG Wölfersheim ja den Aufstieg. In ein paar Wochen, zur Europawahl, wird NPD-Mann Sachs die Wahlplakate wieder hervorholen und aufhängen, die gleichen Plakate, die er letzte Woche abgehängt hat. Er hängt immer die gleichen Plakate auf. Bürgermeister Fröhlich wird sich wieder darüber ärgern und sich vorsorglich schon mal ein paar Termine für die Leute vom Fernsehen und den großen Zeitungen freihalten, denn die werden bestimmt wieder kommen.

Daß sie nichts gegen Ausländer haben, werden die Wölfersheimer den Journalisten erzählen, aber daß sie sich schon ein wenig Sorgen machen, weil es doch so viele werden und daß der Mann im Kraftwerk arbeitet und demnächst entlassen wird und daß man da ja was tun muß. Und daß sie keine Nazis sind, werden sie sagen. Schreiben Sie um Gottes Willen nicht, daß wir Nazis sind. So wird es sein, wenn die Journalisten nach Wölfersheim kommen. Oder so ähnlich.

Aus: DIE ZEIT vom 24. 3. 1989.

2.4 Unsicherheitsgefühle, Unbehagen . . . Was ist bedroht?

Angst um den Arbeitsplatz: »Was soll ich denn den Freunden sagen bei der Entlassung?« Unbehagen über den Zuzug von Ausländern ins Wohngebiet: »Was werden wohl die Kollegen dazu sagen?« Der neue Schwiegersohn: »Was sagen wohl die Nachbarn dazu?«

Umsonst? Die Unsicherheit auf der Arbeitsstelle wird doch durch das soziale Netz »abgefedert«; der Zuzug der Ausländer ändert nichts an meinem schönen Haus; unsere Tochter wird schon wissen, weshalb sie diesen jungen Mann liebt.

Beruf, Wohnung, Geschlecht, Religion, Erziehung, Nation, Kleidung, Besitz und Freizeitverhalten werden herangezogen, um andere einer Billigung oder Mißbilligung, einer Achtung oder Mißachtung zu unterziehen.

Wunsch und Zwang, »etwas zu gelten« oder auch nur anerkannt zu werden, ist für die meisten Menschen unvermeidlich. Das Selbstbewußtsein, das Selbstwertgefühl ist also in vielerlei Hinsicht von den Urteilen anderer abhängig. Wie dies vornehmlich in unserer Gesellschaft geschieht, kann ein kleines Beispiel verdeutlichen. Oftmals, vielleicht ist es gar die Regel, gilt bei neuen Bekannt-

Subjektive Arbeitsmarktchancen nach Alter und Stellung im Beruf

Eine gleichwertige Stelle zu finden ist	Insg.	Alter in Jahren 18–24	25–39	40–64	Stellung im Beruf Beamte	einfache Angest.	höhere Angest.	Meister Vor-/ Facharbeiter	einfache Arbeiter
	%	%	%	%	%	%	%	%	%
1978									
einfach	40,0	42,9	48,8	31,3	32,4	36,2	49,2	52,6	33,7
schwierig	45,9	48,7	44,7	46,0	44,1	53,2	39,4	37,4	55,4
praktisch unmöglich	14,1	8,4	6,6	22,7	23,4	10,6	11,3	10,0	10,9
Basis (N)	921	149	362	411	119	245	134	187	125
1980									
einfach	41,8	55,2	55,0	26,5	29,7	40,3	42,8	48,6	39,1
schwierig	45,6	41,2	40,6	51,1	52,8	45,6	45,4	42,2	48,9
praktisch unmöglich	12,6	3,6	4,5	22,4	17,5	14,0	11,8	9,2	12,0
Basis (N)	1029	205	346	478	134	270	131	237	175
1984									
einfach	22,9	25,9	30,4	16,5	20,7	21,3	22,4	27,1	15,5
schwierig	55,4	67,3	59,2	48,4	46,2	56,6	55,4	55,2	60,6
praktisch unmöglich	21,8	6,8	10,3	35,1	33,1	22,1	22,2	17,7	23,9
Basis (N)	910	177	305	424	79	289	139	181	125

Datenbasis: Wohlfahrtssurvey 1978; Wohlfahrtssurvey 1980; Wohlfahrtssurvey 1984.
Aus: Zapf u.a.: Individualisierung und Sicherheit – Perspektiven und Orientierungen, Band 4. © 1987, Verlag C. H. Beck, München.

schaften nicht das Interesse der Person (»Wer bist du mit deinen Eigenschaften?«, sondern eher der Frage: »Was machst du?« Damit wird der Beruf zum wichtigsten Kennzeichen für den Status – und oft auch der Wertschätzung der Person. »Wo wohnst du?« folgt sicher bald. »Was machen deine Kinder?« »Welche Schule besuchen sie?« »Was macht der Mann deiner Tochter?« und, und, und).
Der soziale Status ist die Wertschätzung, die einem Menschen von seinen Mitmenschen innerhalb seiner Gesellschaft eingeräumt wird, also was die anderen Menschen von einem halten.

Im Gegensatz zum angeborenen Status, daß man als Frau, Mann, Schwarzer, Deutscher geboren wird, muß der erworbene Status (als Verkaufsleiter, als Vorarbeiter, als Besitzer eines Bungalows in einer besonderen Gegend usw.) ständig durch Leistung im Konkurrenzwettlauf mit anderen ausgebaut und gesichert werden. Aber: Je größer die Konkurrenz, desto unsicherer wird der Status; je schneller die technologische Entwicklung die alten Arbeitsplätze überflüssig macht, desto größer wird die Suche nach einem Arbeitsplatz, der »meinem Status« entspricht.

Eltern verlangen in der Regel, daß die Kinder den Status der Familie (gegenüber der Nachbarschaft, gegenüber der Verwandtschaft usw.) erhöhen, zumindest aber auf gleicher Höhe »absichern«.

Was passiert aber, wenn ...

Ein Beispiel für die Bedrohung des sozialen Status und politische Lenkbarkeit: »Voll auf Haß«

Problemskizze

Historisch wie aktuell ist eine der brisantesten wie unauffälligsten Stellen der Anfälligkeit gegenüber rechtsextremistischen Ideologien und Handlungsweisen die Bedrohung des sozialen Status, weil darüber ein Großteil der Anerkennung und des Selbstbewußtseins vermittelt ist. Dies gilt für Familien ebenso wie für einzelne Personen. Da die Statusgefährdungen sowohl von gesellschaftlichen Prozessen (z. B. Massenarbeitslosigkeit) wie auch durch persönliche Entscheidungen (z. B. Zwang zu einem statusmindernden Beruf oder Heirat der Tochter oder des Sohnes mit einem Ausländer/einer Ausländerin) entstehen können, ist in solchen Situationen vor allem *Ohnmacht*erfahrung bei den verschiedenen Betroffenen anzutreffen, die dann in bestimmten Situationen in Gewaltbereitschaft umschlagen kann, wenn keine anderen Lösungswege mehr in Sicht sind. Diese Gewaltbereitschaft kann dann auch politisch funktionalisiert werden.
Soziale Erfahrung ist *politisch* ausbeutbar.

Geeignet ist der *Tatort-Krimi* »Voll auf Haß«, um dies zu verdeutlichen.

Inhaltsskizze

Ein türkischer junger Mann und eine Deutsche haben beschlossen zu heiraten. Von der Familie des Mädchens werden solche Pläne als Bedrohung des Status angesehen. Über berufliche Kontakte zu einem Mitglied einer rechtsextremen Gruppierung »heuert« der Vater eine Skinhead-Gruppe an, die die Hochzeitsfeier überfällt und dabei den türkischen Bräutigam tötet.

Deutlich wird in diesem Krimi, wie hinter bürgerlicher Wohlanständigkeit unter bestimmten Bedingungen versteckte Vorurteile und Bedrohungsgefühle sich zu einer brisanten Mischung verdichten können. Andererseits wird deutlich, wie Skins – jenseits des martialischen Auftretens in Gruppen – als Einzelperson eine besonders schwierige Biographie wie soziale Position haben, die sie nur über Gewalt stabilisieren können. Dies macht auch sie funktionalisierbar.

Mögliche Bearbeitungsrichtungen:

a) Wie kann man biedermännische Bürgerlichkeit und versteckte Vorurteilsstrukturen erklären?
b) Wieso fällt bei Skins das Auftreten in Gruppen und als Einzelperson so weit auseinander?
c) Wie entstehen bei verschiedenen Personen Ohnmachtserfahrungen?
d) Wie verbinden sich rechtsextremistische Denk- und Handlungsweisen mit bürgerlichem Auftreten?

Erweitert und diskutiert diese Thesen:

Thesen	*Gegenthesen*
Das Verhalten des Mädchens war falsch, weil dies zu einer Vermischung des Blutes führt. Dies schwächt unser Volk.	Blutvermischung: So was gibt es gar nicht. Das ist Rassismus, um andere als minderwertig darzustellen.
Die Verhaltensweise des Vaters ist völlig unverständlich, weil es sich um eine reiche türkische Familie handelt.	Die Verhaltensweise des Vaters des Mädchens war völlig verständlich, denn der Mann bringt eine Kultur in die Familie, die völlig undeutsch ist.
Die Skins sind endlich mal Leute, die sich nicht alles bieten lassen.	Wenn die einzelnen Skins eine andere Perspektive hätten, dann würden sie auch anders handeln.
Man braucht solche Gruppen, die darauf achten, daß nicht zu viele Geschäfte und zuviel Kapital in fremde Hände fällt.	Das Leben in der Bundesrepublik wird bunter durch die vielen Restaurants und Geschäfte mit ausländischen Gerichten. Daß sie hier sind, ist ein Kompliment an Deutschland.

Wie ist meine selbständige Position dazu?

Statusverlust und Rechtsextremismus

Statistik über das Herkunftsmilieu verurteilter rechtsextremistischer Straftäter:

Beruf des Vaters	abs.	%
Unternehmer; freie Berufe, höhere Angestellte, Beamte	11	8,4
Mittlere und kleinere Selbständige	31	23,6
Angestellte, Beamte des gehobenen, mittleren Dienstes	23	17,6
Einfache Angestellte, Beamte; Facharbeiter	51	38,9
Angelernte, ungelernte Arbeiter	14	10,7
Sonstige	1	0,8

Aus: Kalinowsky u.a.: 1985. Zit. nach Heitmeyer [3]1989.

70 Prozent der verurteilten Straftäter konnten den beruflichen Status des Vaters nicht erreichen. Sie hatten also mit einem Statusverlust zu kämpfen. Dies traf insbesondere das mittelständische Milieu, dem eine besondere Bedeutung für die Rekrutierung zuzukommen scheint.

Statusbedrohung

»Solange es der latent autoritären, ansonsten aber als kerngesund geltenden ›Mitte‹ ökonomisch gutgeht, scheint die Welt noch in Ordnung. Erst wenn die Phasen wirtschaftlichen Wohlergehens abklingen, regt sich diese Mitte auch politisch. Wohin aber sollte sie sich wenden, wenn nicht nach rechts? Dort, wo die starke Hand des Staates mit allem aufzuräumen verspricht, was einem da nicht in den Kram paßt: verluderte Sitten, Pornos und Provos, Hausbesetzer und Türken. Für das, worunter man leidet oder doch zumindest zu leiden glaubt, für alles das, was man nicht mehr versteht und worauf man sich keinen Reim mehr zu machen in der Lage ist, sucht man nach greifbaren Sündenböcken und Prügelknaben. Da sich die Mentalität kleinbürgerlicher Mittelschichten in ihren sozialen Ordnungsvorstellungen schon aus Gründen kollektiver Selbstbestätigung stets nach ›oben‹ hin orientiert, müssen sie gerade in Krisenzeiten bestrebt sein, sich scharf nach ›unten‹ abzusichern. So entstehen jene innerstaatlichen Ausgrenzungen: ›Kommunisten über die Mauer, Ausländer raus!‹

Der Ausweg für die solchermaßen sich bedrängt Fühlenden liegt allemal in nationalistischen Optionen (Entscheidungen); man sucht Zuflucht bei einer starken Hand, um die Ordnung, so wie man sie sich vorstellt, wieder hergestellt zu sehen. Feinde zu haben, sie genau verorten zu können, wird dann zu einem Bedürfnis, wenn die ›gesunde Mitte‹ sich erschüttert wähnt. Sie ruft nach einem nationalen Scheuerteufel, der, wie gehabt, das Vaterland von aller Schmach befreien und das ›korrupte parlamentarische System‹ beseitigen soll. [...]

Entgegen den komplizierten Krisenlösungsangeboten der großen Parteien versprechen die Einstellungs- und Handlungsangebote der rechtsextremen Gruppen den Jugendlichen Klarheit und Direktheit. Die festgefügten Wertsysteme dieser Gruppen, die scheinbare Überzeugungskraft ihrer Interpretationsmodelle (Erklärungen), die Eindeutigkeit ihrer autoritären Verhaltensregeln und die Dominanz (Überbetonung) ihrer Führungspersönlichkeiten kann entsprechend disponierten (ansprechbaren) Jugendlichen als Fixpunkt im Meer der Orientierungslosigkeit ihres Alltags erscheinen.« [...]

Aus: K. Lenk: Ist diese Republik von Rechtsaußen in Gefahr? In: Vorwärts vom 17. 9. 1981.

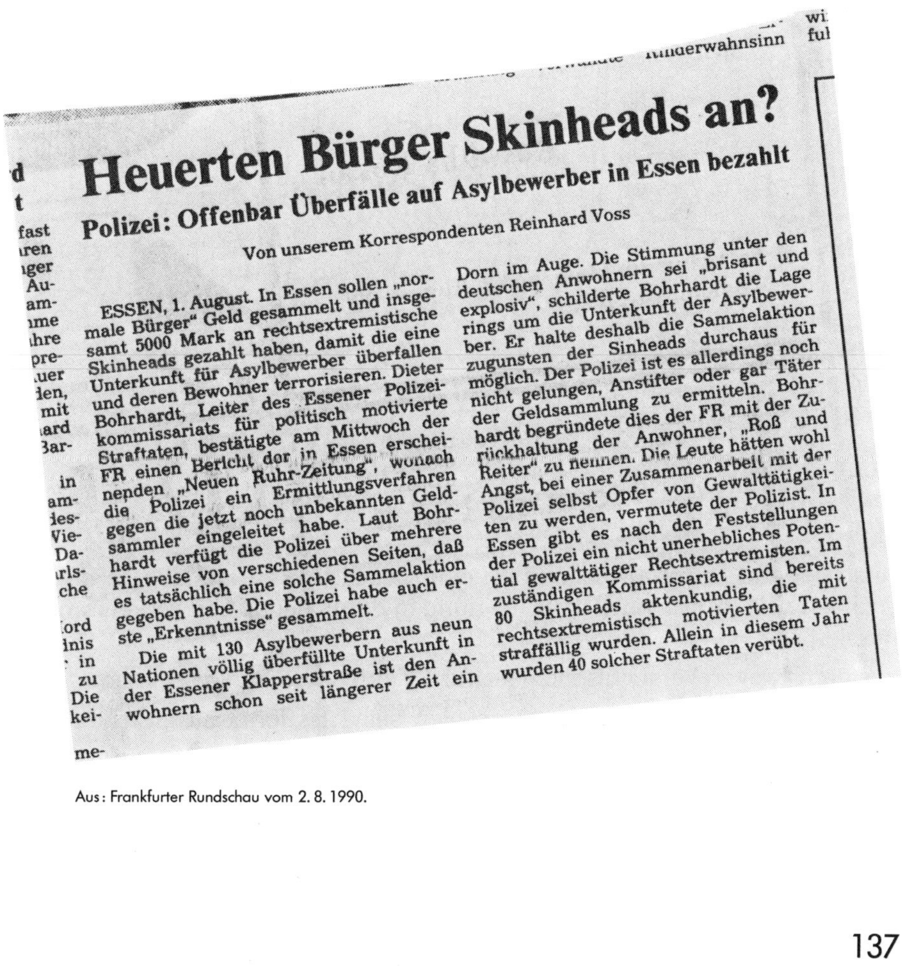

Heuerten Bürger Skinheads an?

Polizei: Offenbar Überfälle auf Asylbewerber in Essen bezahlt

Von unserem Korrespondenten Reinhard Voss

ESSEN, 1. August. In Essen sollen „normale Bürger" Geld gesammelt und insgesamt 5000 Mark an rechtsextremistische Skinheads gezahlt haben, damit die eine Unterkunft für Asylbewerber überfallen und deren Bewohner terrorisieren. Dieter Bohrhardt, Leiter des Essener Polizeikommissariats für politisch motivierte Straftaten, bestätigte am Mittwoch der FR einen Bericht der in Essen erscheinenden „Neuen Ruhr-Zeitung", wonach die Polizei ein Ermittlungsverfahren gegen die jetzt noch unbekannten Geldsammler eingeleitet habe. Laut Bohrhardt verfügt die Polizei über mehrere Hinweise von verschiedenen Seiten, daß es tatsächlich eine solche Sammelaktion gegeben habe. Die Polizei habe auch erste „Erkenntnisse" gesammelt.

Die mit 130 Asylbewerbern aus neun Nationen völlig überfüllte Unterkunft in der Essener Klapperstraße ist den Anwohnern schon seit längerer Zeit ein Dorn im Auge. Die Stimmung unter den deutschen Anwohnern sei „brisant und explosiv", schilderte Bohrhardt die Lage rings um die Unterkunft der Asylbewerber. Er halte deshalb die Sammelaktion zugunsten der Sinheads durchaus für möglich. Der Polizei ist es allerdings noch nicht gelungen, Anstifter oder gar Täter der Geldsammlung zu ermitteln. Bohrhardt begründete dies der FR mit der Zurückhaltung der Anwohner, „Roß und Reiter" zu nennen. Die Leute hätten wohl Angst, bei einer Zusammenarbeit mit der Polizei selbst Opfer von Gewalttätigkeiten zu werden, vermutete der Polizist. In Essen gibt es nach den Feststellungen der Polizei ein nicht unerhebliches Potential gewalttätiger Rechtsextremisten. Im zuständigen Kommissariat sind bereits 80 Skinheads aktenkundig, die mit rechtsextremistisch motivierten Taten straffällig wurden. Allein in diesem Jahr wurden 40 solcher Straftaten verübt.

Aus: Frankfurter Rundschau vom 2. 8. 1990.

2.5 Vorurteile – Sind sie »natürlich« oder gelernt?

Ausschnitt aus dem Interview mit Dirk:

»Du mußt echt spaßeshalber mal ins Krankenhaus gehen, also in die Entbindungsabteilung, da sieht man – also ick möchte wirklich nich' lügen – 40 Prozent Deutsche und 60 Prozent mindestens Ausländer. Also, die haben echt keine anderen Hobbies, wa, irgendwie kommt's mir echt so vor. Die machen Berlin dicht, die machen Berlin dichter denn je, und da iss überhaupt keen Ende in Sicht.«

Ein Experiment zu Vorurteilen

Man hat z. B. weißen erwachsenen Amerikanern, bei denen erhebliche Vorurteile gegenüber Schwarzen bestanden, jeweils für kurze Zeit die in der Abbildung wiedergegebene Zeichnung dargeboten.

Anschließend hatten diese Weißen eine Geschichte zu erfinden, in der sie erzählen sollten, was nach ihrer Meinung in dem öffentlichen Verkehrsmittel passiert war.

In einem zweiten Versuch sollten kleinere Kinder dieses Bild schildern.

Wie könnten die Ergebnisse ausgefallen sein? Es lohnt sich, dazu einige Vermutungen anzustellen.

Die Ergebnisse:

Nach der Einschätzung der erwachsenen Amerikaner zeigt das Bild eindeutig, daß der stehende weiße Mann ein Rasiermesser bei sich trägt. Sie erfanden einen Konflikt zwischen dem weißen und dem schwarzen Fahrgast, der vom Neger in ungerechtfertigter Weise begonnen wurde. Einige Weiße leugneten sogar bestimmte Einzelheiten des Bildes und fügten andere hinzu. So wurde beispielsweise erzählt, der Neger hätte das Rasiermesser getragen und Gesten der Bedrohung gemacht. Solche Behauptungen und Ausdeutungen des Bildes entsprechen zwar dem Stereotyp, das bei den vorurteilsbehafteten Amerikanern gegenüber Schwarzen bestand, widersprachen aber dem Bildinhalt eindeutig.

Eine Wiederholung des Versuches mit kleineren Kindern ergab ein anderes Ergebnis. Sie schilderten das Bild wahrheitsgemäß.

Diskutiert diese Ergebnisse im Hinblick auf die Überschrift zu diesem Experiment. Wie ist meine selbständige Position dazu?

Und wir ...?

Interaktionsspiel (»Ich weiß ja, daß es nicht stimmt, aber ...«)

Welcher Zusammenhang existiert zwischen Vorurteilen und Gewalt?

Setting: Die Jugendlichen sitzen im Halbkreis. Der Spielleiter gibt einen Satz an der Tafel vor. Vorne steht ein Stuhl. Jeder Jugendliche, der ein Vorurteil aussprechen will, kommt nach vorne und setzt sich auf den Stuhl. Der Spielleiter notiert das Gesagte auf einer Folie.

Verlauf: An der Tafel steht der Satz: Ich weiß ja, daß es nicht stimmt, aber alle Behinderten sind... (Als Ausgangspunkt für das Benennen von Vorurteilen kann natürlich auch eine andere Gruppe als die der Behinderten gewählt werden.) Der Spielleiter setzt sich als erster auf den »Vorurteilsstuhl«, um in die Situation einzuführen und den Jugendlichen eine Pause zum Nachdenken zu geben. Anschließend erhalten die Jugendlichen Gelegenheit, ihre Vorurteile zu sagen. Zeit: ca. 10–15 Minuten. Anschließend werden die genannten Vorurteile mit Hilfe der Notizen auf Folie nachgelesen.

Diskussion:

1. Warum wurde dieser Satz gewählt? Bekanntlich werden Vorurteile nicht gerne preisgegeben. Dieser Satz bietet die Möglichkeit, den eigenen Zweifel auszudrücken und damit das Unbehagen zu formulieren.

2. Welche Bedeutung haben Vorurteile für die Betroffenen? Anhand der von den Jugendlichen geäußerten Vorurteile können die Konsequenzen für die Betroffenen diskutiert werden. Vorurteile wirken sich gewaltförmig aus, wenn dadurch die Betroffenen in ihrer potentiellen Verwirklichung eingeschränkt werden (krasses Beispiel: Rassenvorurteile im Dritten Reich).

3. Welche Bedeutungen haben Vorurteile für uns? Stichpunkte, die angesprochen werden können: Aggressionsobjekte, Ablenkung von eigenen (bzw. innergesellschaftlichen) Problemen, Stärkung des Selbstwertgefühls, Stärkung des Gruppendenkens.

4. Ergebnissicherung: Formulieren Sie ein Arbeitsergebnis mit folgenden Sachverhalten: Vorurteile, Gewalt, Opfer, Täter.

Aus: Rödiger, H. J.: Unterrichtseinheit: Gewalt um uns – Gewalt in uns, a. a. O., S. 235f.

Kann man sich vor Vorurteilen schützen? Ja, man kann. Wohl jeder Mensch verfügt über ein gerüttelt Maß an natürlicher Neugier. Die kann er sich beim Kampf gegen seine eigenen Vorurteile zunutze machen. Sein erstes Ziel wird sein, Dingen und Menschen auf den Grund zu gehen. In der Auseinandersetzung mit dem Mitmenschen klären sich viele Vorurteile von selbst. Wer möglichst viele Informationen sammelt, vergleicht und auswertet, erhält am ehesten ein »gerechtes« Bild von seinem Gegenüber. Der Kampf gegen Vorurteile ist zugleich ein Kampf für Täter und Opfer. Wer heute noch Täter ist und seinen Nachbarn mit Vorurteilen attackiert, kann morgen schon – durch Krankheit, Unfall oder andere persönliche Umstände – das Opfer von Vorurteilen werden. Und wer möchte dann als Außenseiter ein Leben am Rande der Gesellschaft fristen?

Aus: Hohmann, J. S.: Dagegen sein ist immer leicht, Düsseldorf 1981.

Die Deutschen sind großmäulig, überheblich, hinterlistig und brutal.

Aussiedler ... Deutscher als wir ...

Statt Ausländer nun Aussiedler?

Spätaussiedler – 13mal vorverurteilt:

»Die sprechen doch gar kein Deutsch ...«

... Sprache ist noch kein Indiz für die Zugehörigkeit zu einer Nationalität. In vielen Ländern Osteuropas konnten die Deutschen die Muttersprache nur in der Familie sprechen und erhalten, nicht aber am Arbeitsplatz und in der Schule. Besonders die nach dem Krieg geborenen Kinder sind so der deutschen Sprache entfremdet worden.

»... sind doch gar keine richtigen Vertriebenen wie nach dem Krieg ...«

Eine legale Ausreise ist für Deutsche in Osteuropa erst möglich, seit die Bundesrepublik in den 70er Jahren Verträge im Rahmen der Entspannungspolitik abschloß. Und noch immer ist diese Ausreise mit bürokratischen Hürden verbunden. Einige Aussiedlerfamilien haben bis zu 20 Jahre auf die Genehmigung warten müssen.

»... sind Wirtschaftsflüchtlinge, die bloß konsumieren wollen ...«

In den osteuropäischen Ländern ist die Versorgung mit Konsumgütern bekanntlich schwierig. Konsumgüter können nur unter großen Entbehrungen und mit langen Wartezeiten angeschafft werden. Entsprechend groß ist der Nachholbedarf. Freilich haben westliche Besucher in Osteuropa und vom Westen ausgestrahlte Programme hohe Erwartungen geweckt.

»... wollen sich hier gar nicht integrieren. Sie bleiben immer unter sich.«

Wohin würden Sie ziehen, wenn Sie nach Polen auswandern wollten? Nach Breslau oder ins fast 400 Kilometer entfernte Danzig, wo schon Freunde oder Verwandte von Ihnen leben?

»... kosten den Steuerzahler doch nur Geld ...«

Richtig ist, daß viele Kommunen und Einrichtungen ohnehin – unabhängig von Aussiedlern – über Finanznot klagen. Die Situation am Ort ist allerdings unterschiedlich: Ob eine Integration und Grundversorgung von Aussiedlerfamilien (mit Wohnungen usw.) gelingt, hängt nicht allein von finanziellen Aufwendungen ab, sondern auch von den besonderen Belastungen der betreffenden Gemeinde (etwa in strukturschwachen Gebieten), vor allem aber von der prinzipiellen Aufnahmebereitschaft in der Bevölkerung.

»... drängen die Einheimischen aus dem Arbeitsmarkt, besonders im Handwerk, in der Gastronomie, im Bergbau ...«

In Gebieten mit hoher Arbeitslosigkeit ist die Angst vor einem Verdrängungswettbewerb der sozial Schwachen untereinander verständlicherweise besonders hoch. Daß es speziell in einigen Branchen zu einer Überflutung durch Aussiedler kommt, ist schlicht falsch.

»... machen die Tariflöhne kaputt, nehmen jeden Job an und arbeiten schwarz ...«

Man könnte es auch anders herum ausdrücken: Zweifellos werden viele Unternehmen die Notwendigkeit für Aussiedler, sich eine neue Existenz aufzubauen, nutzen und Aussiedlern ungesicherte Arbeitsverhältnisse anbieten. Diese Befürchtungen werden in den Gewerkschaften geäußert und sind zum Teil auch berechtigt. Daß viele Aussiedler zunächst bereit sind, solche Arbeitsverhältnisse zu akzeptieren, erklärt sich auch aus dem Umstand, daß »Nebenarbeiten« in den meisten osteuropäischen Ländern selbstverständlich waren, um die Familie durchzubringen.

»... ihre Kinder nehmen den einheimischen die Ausbildungsplätze weg, weil sie sich alles gefallen lassen ...«

Richtig ist, daß gerade Aussiedlerkindern die Integration besonders schwerfällt. Sie haben Schulfreunde und Ausbildungsgänge verlassen und müssen nun sehen, wie sie trotz Sprachschwierigkeiten zu einer Ausbildung kommen. Daß sie besonders angepaßt wären, ist ein Vorurteil; sie sind vielleicht vorsichtiger, Kritik zu äußern oder auszudrücken. Übrigens ist manche Gemeinde auch froh gewesen, daß sie ihren Kindergarten oder ihre Schule nicht schließen mußte, weil die Aussiedlerkinder dazukamen.

»... die Aussiedlerkinder verstärken das Sprachen-Babylon in den Schulklassen ...«

An Schulen, in denen unterschiedliches Lerntempo und unterschiedliche Muttersprachen mit Förderkursen aufgefangen werden können, wird die Beschäftigung mit anderen Kulturen zu einem positiven Lernziel. Die Anwesenheit von Aussiedler- oder Ausländerkindern in den Klassen ist oft nur eine Entschuldigung für das nicht bewältigte Unterrichtspensum.

»... nehmen deutschen Kindern die Kindergartenplätze weg ...«

In den meisten Großstädten, aber auch in einem Flächenstaat wie Niedersachsen, gibt es viel zu wenig Betreuungsplätze für Kinder berufstätiger Eltern. Aussiedler sind Bürger, die nach der Eingliederungszeit Steuern zahlen wie andere auch. Ihnen stehen also auch Kindergartenplätze zu. Aussiedlerkinder dürfen genausowenig wie andere Kinder allein gelassen oder in überfüllten Einrichtungen »abgegeben« werden.

»... sind undankbar. Statt sich über unsere abgelegten Kleider zu freuen, stellen sie Ansprüche, die sich nicht mal ein deutscher Rentner erfüllen kann ...«

Nach ihrer Anerkennung als Aussiedler haben Neubürger nach den Gesetzen Ansprüche auf Leistungen, vor allem auf solche Leistungen, die ihnen die Eingliederung in unserer Gesellschaft erleichtern sollen. Es entspricht nicht dem Rechtsverständnis – und auch nicht dem Miteinander von Bürgern –, sie wie Bittsteller mit milden Gaben zu bedenken. – Natürlich haben Neubürger, die von weit entfernten Herkunftsgebieten kommen, oft auch falsche Vorstellungen von den Lebensstandards hier. Die Regel ist aber eine ausgeprägte Bescheidenheit.

»... sind politisch unsichere Kantonisten. Sie können leicht für nationalistisches Gedankengut mißbraucht werden ...«

»... sind kulturell von gestern. Ihr landsmannschaftliches Denken und ihre Heimattümelei passen nicht in unsere moderne Leistungsgesellschaft ...«

Die Vorstellung, daß alle Aussiedler »besonders überzeugte Deutsche«, also nationalistisch seien, ist nicht richtig, ebensowenig wie die Vermutung, sie seien eine Art Heimatverein mit Trachten und Volkstanzwut. Sie hatten nur, als Deutsche in Osteuropa, eine Minderheitenerfahrung machen müssen und einen entsprechenden Zusammenhalt entwickelt, um überleben zu können.

Irene Jung

2.6 Konflikte im alltäglichen Umgang – Gibt's die?

Ausschnitt aus dem Interview mit Dirk:

Hast du persönlich mit Ausländern oder Aussiedlern zu tun?

Wat heißt persönlich, man hat also schon mal Konflikte mit ihnen, aber sonst eigentlich nich'.

Was für Konflikte, Schlägereien?

Na, Schlägereien eigentlich weniger, aber daß 'se immer meiner Freundin hinterherkucken, ihr immer an den Hintern fassen oder sonstwat. So kleine Zwischenfälle, die mich natürlich uffregen, wenn ick mit ihr alleine bin und ick mich nich' gegen fünf wehren kann ... Wenn da einer steht oder zwei, denn iss det noch in Ordnung, aber ick leg mich also nich' mit fünf an.

Und das passiert öfter?

Ja, das iss schon öfter passiert. Aber, ick meine, das iss ooch schon bei Deutschen passiert, aber eben weniger als, sagen wir mal, bei Türken.

Die sprachlichen Wendungen von Dirk zeigen, wo Dirk seine Probleme sieht. Trotzdem: Sind solche Konflikte wirklich vorhanden oder entstehen sie aufgrund von Vorurteilen in der Wahrnehmung der Deutschen?

Wo gibt es sie? Wie kann man am sinnvollsten damit umgehen? Welche Vorteile hat es, wenn man sie »unter den Teppich« kehrt, obwohl sie im Wohnquartier, auf der Straße, in der Disco oder am Arbeitsplatz verbreitet werden? Welche Nachteile hat ein Verschweigen?

Lassen sich unterschiedliche Lebensweisen, unterschiedliche Auffassungen etwa zur Rolle der Frau, unterschiedliche Sichtweisen von ... zusammenstellen, um herauszufinden, wo der »Sprengstoff« liegt, so daß man ihn »entschärfen« kann, bevor es »knallt«?

Ein Beispiel:
Ein Mädchen geht nicht mehr ins nahegelegene Jugendzentrum. Die Antwort auf die Frage nach der Ursache lautet: »Weil zu viele türkische Jungen dort sind.« »Also Ausländer raus?« lautet die Nachfrage. »Nein«, sagt sie, »die türkischen Jungen müßten ihre Schwestern mitbringen.«

Und wir ...?

Interaktionsspiel (Diadochenkampf)
Das Verhaltensmuster »Konkurrenz« und deren Anteile an Gewalt

Spiel: Welcher Stuhl paßt zu mir?

Ziel: Die Jugendlichen sollen untersuchen, welche Anteile von Konkurrenz in ihrem Verhalten vorhanden sind und inwieweit es Gewalt enthält.

Setting: Ein Teil des Raumes ist leergeräumt. Nur drei Stühle stehen dort. Durch einen Zettel wird jeweils ein Stuhl mit einer Eigenschaft belegt. Diese sind: nachgiebig, gefühlvoll, durchsetzungsfähig.

Spielanleitung: Die Jugendlichen bekommen folgende Anweisung: »Ihre Aufgabe ist, drei Minuten schweigend um die Stühle herumzugehen. Dabei machen Sie sich Gedanken, welche Eigenschaft am besten zu Ihnen paßt. Wenn nach Ihrem Gefühl die drei Minuten um sind, setzen Sie sich auf einen der Stühle. Es wird vom Spielleiter kein Hinweis auf die abgelaufenen drei Minuten gegeben. Sollte der Stuhl besetzt sein, so haben Sie die Möglichkeit, den »Besitzer« durch Argumente oder sanfte körperliche Anstöße von dem Stuhl zu befördern. Es bleibt Ihrem Geschick überlassen, ob Ihnen das gelingt. Der Spielleiter wird das Ende des Spiels ausrufen.«

Beobachtung: Drei Jugendliche und der Spielleiter bekommen einen Beobachtungsbogen. Während die Jugendlichen jeweils ihre Wahrnehmungen dessen notieren, was auf einem Stuhl geschieht, beobachtet der Spielleiter den Gesamtprozeß. Kriterien für den Beobachtungsbogen:

(1) Wer kämpft um den Stuhl?

(2) Mit welchen Mitteln wird gekämpft? (sprachlich, gestisch, körperlich)

(3) Wer hält sich heraus?

(4) Wer behauptet wie seinen Platz?

(5) Welche Reaktionen zeigten der »Siegreiche« und der »Besiegte«? Den übrigen Teilnehmern ist der Beobachtungsbogen nicht bekannt. *Zeit:* voraussichtlich 15 Minuten.

Aus: Rödiger, H. J.: Unterrichtseinheit: Gewalt um uns – Gewalt in uns, a.a.O., S. 233.

Auswertung:

Welche Anteile von Konkurrenz waren im Spiel, und was hat sie mit Gewalt zu tun?

Fremdeinschätzung: Die Beobachter geben Auskunft über ihre Sichtweisen des Verhaltens.

Selbsteinschätzung: Die Beteiligten äußern ihre Eindrücke.
- **Sind die Verhaltensweisen im täglichen Leben wiederzufinden?**
- **Sind die Verhaltensweisen auch Teil einer Strategie?**
- **Wo und wann werden eventuell solche Strategien propagiert?**
- **Was haben Konkurrenzstrategien mit Gewalt zu tun?**

2.7 Was kauft man sich da ein: Die sogenannten »Republikaner«

Ausschnitt aus dem Interview mit Dirk:

Ick hab von denen so 'n Wahlprogramm jelesen, und da waren eben einige Sachen drin, die mich angesprochen haben. Also nich' jetzt auf die Polizei bezogen, daß die mehr Waffen kriegen und härter durchgreifen sollen, det janich mal; aber daß se probieren wollen, det wenigstens mal 'n bißchen in 'n Griff zu kriegen, mit den Ausländern. Ick weiß nich', wieviel noch hier reinkommen wollen, ick weiß nich', wieviel wir hier noch brauchen, ehrlich. Berlin iss doch voll, oder etwa nich'?

DEUTSCHLAND ZUERST!

FRANZ SCHÖNHUBER, Bundesvorsitzender

Wer sind die Republikaner?

Die Republikaner sind eine Gemeinschaft deutscher Patrioten, eine freiheitliche und nationale Partei mit hoher sozialer und ökologischer Verpflichtung.

Warum braucht Deutschland die Republikaner?

Unser Land ist in Gefahr, die Grundlagen seiner Existenz zu verlieren. Wir erleben eine zunehmende Auflösung geistig-sittlicher Werte, einen schwindenden Gemeinsinn der Bürger, einen hemmungslosen Opportunismus und die wachsende Unfähigkeit von Politikern, das Gemeinwohl zu wahren und die notwendigen Maßnahmen zu treffen. Der Wille, aktiv die Wiedervereinigung Deutschlands anzustreben, wird immer geringer. Eine geistig-moralische Erneuerung ist notwendig.

Und sie haben auch Programme. Ein aufmerksames Lesen ist nie verkehrt – wie beim Kleingedruckten auf Versicherungsverträgen.
Euere eigene Analyse könnt ihr mit einer nach dem Programmtext folgenden Problemliste vergleichen.

Programm der REPUBLIKANER 1987

I. Zur Lage der geteilten Nation und des deutschen Volkes

Die im internationalen Vergleich volkswirtschaftlich und sozial günstige Lage der Deutschen der Bundesrepublik täuscht darüber hinweg, daß in ganz Deutschland die geistige und politische Kultur zunehmend verwahrlost, die Sitten mißachtet werden und der Wille schwindet, die nationale Einheit wiederherzustellen. Durch eine gegenläufige Umerziehung der Deutschen in den Teilstaaten wächst die Entfremdung. Sie wird durch die gegenwärtige Bonner Deutschlandpolitik noch gefördert. Das SED-Regime wird umworben, in der trügerischen Hoffnung, die Spaltung erträglicher zu machen. Friedensvertrag und Wiedervereinigung werden nicht unabweisbar gefordert.

Die christlich-liberale Regierung hat entgegen den erklärten Zielsetzungen der Oppositionszeit weder Ansätze zur »geistig-moralischen Wende« erkennen lassen, noch wirksame Ordnungsaufgaben zum Schutze der Bürger in Angriff genommen. In der Außenpolitik folgt sie der sozial-liberalen Linie mit dem Ergebnis wachsender Orientierungslosigkeit, Emotionalisierung und Ideologisierung der Bürger.

Das sich am schlimmsten, weil langfristig auf alle Lebensbereiche auswirkende Versagen liegt auf dem Gebiet von Erziehung und Bildung der jungen Menschen. Sie sind in eine Sinnkrise mit einem immer größer werdenden Verlust an ethischen Werten gestürzt worden.

Auch die von der Union geführte Regierung fixiert die deutsche Vergangenheit weiterhin auf zwölf Jahre nationalsozialistischer Herrschaft. Sie tut nichts, um mit der Entkriminalisierung deutscher Kultur, Geschichte und ihrer Menschen zu beginnen. Die Kriegspropaganda der Siegermächte ist in unsere Geschichtsbücher eingegangen, und ihre Übertreibungen und Fälschungen müssen von der Jugend weitgehend geglaubt werden, da eine objektive Geschichtsschreibung immer noch nicht in vollem Umfang ermöglicht wird.

Ausgehend von der Überzeugung, daß das zunehmend jede geschichtliche, kulturelle und moralische Orientierung verlierende Denken und Handeln nun dringend einer Umkehr bedarf und die Zeit dafür reif geworden ist, werden die Deutschen aller Volksschichten zur

nationalen Selbstbesinnung und geistig-moralischen Erneuerung

aufgerufen. Diese Wende muß vor allem über eine Versachlichung von

Erziehung, Bildung und Information

erreicht werden. Das folgende Programm weist dazu den Weg

II. Grundsätze

Allgemeine Grundsätze

Die Republikaner als eine deutsche Partei setzen sich für das Lebensrecht und die Menschenrechte aller Deutschen im Sinne des Grundgesetzes ein, und zwar

1. *für eine rechtsstaatliche Ordnung*, in der Rechte und Pflichten des einzelnen und die von Familie, Volk und Staat geachtet und gewahrt werden,
2. für den *inneren und äußeren Frieden* durch Abschluß eines Friedensver-

trages, der von der völkerrechtlichen Grundlage des Deutschen Reiches in allen seinen Teilen ausgeht,
3. für die *staatliche und nationale Einheit Deutschlands* durch Wiedervereinigung aufgrund des – auch für das deutsche Volk geltenden – freien Selbstbestimmungsrechts,
4. für die *Erhaltung des Bestandes und der Gesundheit des deutschen Volkes und seines ökologischen Lebensraumes* als vorrangiges Ziel der Innenpolitik,
5. für ein *Erziehungs-, Bildungs- und Ausbildungswesen*, das in deutscher, christlicher und abendländischer Kultur und Geschichte wurzelt und konfessionsunabhängig die überkommenen ethischen Werte pflegt, um zukünftige Aufgaben verantwortlich zu gestalten,
6. für ein *Wirtschafts- und Steuersystem*, das die Bildung von Privateigentum jedes Bürgers fördert und schützt, den Wettbewerb sichert und die Leistungswilligen aller Lebens- und Arbeitsbereiche unterstützt und
7. für eine *Sozialordnung*, die dem einzelnen alle Chancen zu seiner Entwicklung gewährt, in der Eigenverantwortung und Selbsthilfe erstes Gebot sind und in dem für den Bedürftigen die Unterstützung durch die Gemeinschaft gesichert ist.

1. Schaffung einer rechtsstaatlichen Ordnung, in der Rechte und Pflichten des einzelnen und die von Familie, Volk und Staat geachtet und gewahrt werden

Wir werden *Recht und Ordnung* als unabdingbare Grundlage für Leben und Gedeihen des einzelnen Menschen, seiner Familie, des gesamten Volkes und seines Staates in einer Weise durchsetzen, in der individuelle Rechte und gemeinschaftsbezogene Pflichten wieder in Einklang stehen. Dazu gehört,
– daß das Handeln des einzelnen auch von den sozialen Tugenden, der Selbstdisziplin und Toleranz sowie des Pflichtgefühls und der Mitverantwortung für das Ganze bestimmt wird,
– daß der Freiheit des einzelnen Grenzen durch den Freiheitsraum für den Nächsten und für die Lebens-, Leistungs- und Wertungsgemeinschaft aller gesetzt sind, ohne daß dadurch die Vielfalt individueller Fähigkeiten, Ideen und Meinungen eingeschränkt wird,
– daß Staatsräson und Gemeinwohl Vorrang vor Parteiräson und Gruppeninteressen haben und
– daß der Staat in Treuepflicht gegenüber dem Grundgesetz allen loyalen Bürgern die Grundlagen für persönliche Freiheit, öffentliche Sicherheit und allgemeinen Wohlstand schafft und bewahrt.

Wir werden durch Maßnahmen zur *geistig-moralischen Erneuerung* die Voraussetzungen für Recht und Ordnung schaffen, indem wir sorgen
– für eine möglichst klare und einfache Gesetzgebung auf dem gewachsenen Boden gemeinsamer Wertvorstellungen und Rechtsgrundsätze deutscher und europäischer Kultur,
– für eine staatspolitische Erziehung, die den einzelnen in Freiheit dienen läßt, ihm auch Opfer und Dienstleistungen abfordert, wie allen Jugendlichen den Wehrdienst und

- für die Schaffung staatlicher Institutionen, deren Beamte, Richter, Polizisten und Soldaten nach ihrer fachlichen Qualifikation, Gesetzestreue, Loyalität zum Staat und ihrer Dienstbereitschaft für den Bürger ausgewählt, ausgebildet und zu parteipolitisch neutraler Dienstausübung verpflichtet werden.

2. *Abschluß eines Friedensvertrages mit den Siegermächten als den Verantwortlichen für Deutschland als ganzem*

Wir werden die *Aufnahme von Friedensverhandlungen* gemäß den Beschlüssen der Siegermächte von 1944 (London) und 1945 (Berlin) und ausgehend von der völkerrechtlichen Grundlage des fortbestehenden Deutschen Reiches in allen seinen Teilen fordern, denn ohne einen Friedensvertrag ist ein dauerhafter äußerer und innerer Frieden in Deutschland, in Europa und auch in der Welt nicht möglich.

Die Zurückweisung der absurden These von der »Kollektivschuld« des deutschen Volkes über Generationen und die Forderung nach Offenlegung aller Archivunterlagen zur Klärung der »Alleinschuld«-These wird die deutsche Verhandlungsposition bestimmen.

Ein wiedervereinigter und durch einen Friedensvertrag völkerrechtlich und menschenrechtlich erneuerter deutscher Nationalstaat wird in Fortführung seiner eigenen Kultur und Geschichte in fruchtbarem Austausch mit seinen Nachbarländern

- gleichberechtigtes Mitglied eines Europas der freien Völker sowie der Vereinten Nationen unter Fortfall der diskriminierenden »Feindstaaten« – Artikel (53 und 107) sein und
- wehrhafter Partner der Nordatlantischen Verteidigungsgemeinschaft,

solange dieses mit den Interessen des deutschen Volkes vereinbar ist.

Solange keine *Sicherheitsgarantien durch Rüstungskontrolle* und *Verzicht auf Gewaltandrohung und -anwendung* gegeben sind, bleiben starke Kräfte von Bundeswehr, Bundesgrenzschutz und Polizei als die legalen Organe zur Ausübung des Gewaltmonopols eines souveränen deutschen Staates unverzichtbar. Zur Erfüllung seiner Pflicht zum Schutz von Sicherheit und Ordnung für alle Bürger hat er klare Rechtsgrundlagen zu schaffen und die Einhaltung der Gesetze zu erwirken.

3. *Staatliche Wiedervereinigung des deutschen Volkes*

Wir werden die *friedliche Wiedervereinigung des deutschen Volkes* zu *staatlicher und nationaler Einheit* aufgrund des freien Selbstbestimmungsrechts der Völker und aller bisherigen internationalen Bekundungen, Vereinbarungen und Verträge ohne weiteren Aufschub in Angriff nehmen.

Die illegale, unnatürliche und gewaltsame Zerstückelung des deutschen Volkes und seines Landes im Herzen Europas ist eine Gefahr für den Frieden in der Welt und eine Entwürdigung der Menschen.

Die Bundesregierung hat daher als frei wählbare und handlungsfähige deutsche Regierung in pflichtgemäßer Erfüllung der Aufforderung des

Grundgesetzes die Initiative für die Wiedervereinigung zu ergreifen und unabweisbar zu betreiben. Das ist möglich durch die Anwendung und Nutzung

- der UNO-Charta,
- aller Erklärungen, Vereinbarungen und Verantwortlichkeiten der Siegermächte und ihrer vertraglichen Abmachungen mit der Bundesrepublik Deutschland und
- der Schlußakte von Helsinki, die von allen europäischen Staaten, Kanada und den USA unterzeichnet wurde.

In der Schlußakte von 1975 heißt es:
»Die Teilnehmerstaaten werden die Gleichberechtigung der Völker und ihr Selbstbestimmungsrecht achten... Kraft des Prinzipes der Gleichberechtigung und des Selbstbestimmungsrechts der Völker haben die Völker jederzeit das Recht, in voller Freiheit, wann und wie sie es wünschen, ihren inneren und äußeren Status ohne äußere Einmischung zu bestimmen und ihre politische, wirtschaftliche, soziale und kulturelle Entwicklung nach eigenen Wünschen zu verfolgen.«
Die Deutschlandpolitik auch dieser Bundesregierung und aller Bonner Parteien hat die deutsche Teilung zementiert, weil sie sich darauf beschränkt, diese nur erträglicher zu machen, ohne sie zweifelsfrei in Frage zu stellen. Das SED-Regime, welches 1972 in Verletzung der im Grundgesetz festgelegten Verantwortung, die staatliche Einheit zu wahren, als zweiter deutscher Staat praktisch anerkannt wurde, wird seitdem umworben und damit gegen den Willen der Mehrheit der Bevölkerung aufgewertet und stabilisiert.
Wir werden daher für die Deutschen, welche ohne Freizügigkeit hinter Stacheldraht und Mauer leben, von den Siegermächten die Erfüllung der Menschenrechte gemäß UNO-Charta und KSZE-Schlußakte einfordern und zugleich dem unwürdigen Menschenhandel ein Ende setzen, einem Geschäft, das allen humanen Grundsätzen einer zivilisierten Gesellschaft Hohn spricht.
Es gilt, die Wiedervereinigungsfähigkeit des deutschen Volkes in allen seinen Lebensbereichen zu erhalten und zu fördern.

4. Erhaltung des Bestandes des deutschen Volkes, seiner Gesundheit und seines ökologischen Lebensraumes als vorrangiges Ziel der Innenpolitik

Wir werden die Erhaltung und Förderung des Bestandes und der Gesundheit des deutschen Volkes als eine gemeinsame und über Einzelinteressen stehende Aufgabe aller betreiben. Diesem Zweck wird unter anderem auch der Umweltschutz dienen, der jeden in Verantwortung stellt und zur Rechenschaft zieht.
Das bestehende und von uns bejahte System der *sozialen Sicherung im Gesundheitswesen und seiner Selbstverwaltung* muß zur Erfüllung seiner Aufgaben reformiert werden; denn nur eine Gesellschaft, deren Bürger sich für ihre eigene Gesundheit verantwortlich fühlen und entsprechend leben, ist finanziell in der Lage, die Schutzfunktion der Krankenversicherung zu leisten, nämlich Risiken zu tragen, die der einzelne für sich und seine Familie zu tragen nicht in der Lage ist. Auch in der Erkenntnis der Grenzen des Sozialstaates werden wir eine Überprüfung des Leistungskataloges einleiten.

Die *Pflege und Übung* der von als als Einheit verstandenen körperlichen, seelischen und geistigen Kräfte von Jugend an werden wir als notwendige Voraussetzung für ein verantwortungsbewußtes Gesundheitsverständnis herausstellen.

Für uns ist Grundlage der Leistung im Gesundheitswesen die Wertschätzung und Achtung des menschlichen Lebens. Das gilt auch für das ungeborene Leben. Unser Weg aus der gegenwärtigen Situation um den § 218 ist bestimmt
- durch die Achtung des menschlichen Lebens auch vor der Geburt,
- durch eine ethische, soziale und wirtschaftliche Stabilisierung der Familie mit der Mutter als Mittelpunkt und
- durch die Herstellung und Bewahrung der gesellschaftlichen und versicherungsrechtlich gesicherten Stellung der Frau und der Mutter.

Dies bedeutet, daß die Abtreibung nur in zwei Fällen erlaubt sein soll, und zwar wenn Leben und Gesundheit der Mutter oder des Kindes gefährdet sind oder eine Vergewaltigung erwiesen ist.

Die gleiche Wertschätzung des menschlichen Lebens verpflichtet uns, das Leben der Behinderten und Pflegebedürftigen zu sichern.

Einen *umfassenden Umweltschutz* für Mensch, Gemeinschaft und Landschaft werden wir vor allem als eine wichtige Zielsetzung der Gesundheitspolitik behandeln. Diese Aufgabe wird gemeistert werden, indem wissenschaftliche und technische Erkenntnisse in ethisch zu fundierender Verantwortlichkeit genutzt werden. Die Bürger müssen daher sachlich unterrichtet und zur Mitwirkung angehalten werden.

Der auf die Zukunft ausgerichtete Umweltschutz
- wird in stetiger und sachverständiger Arbeit und in Abstimmung mit Forschung, Technik, Wirtschaft und Landwirtschaft und mit der gesamten Volkswirtschaft verwirklicht werden,
- wird Folgen der Vergangenheit aufarbeiten und
- wird auf internationale Zusammenarbeit angelegt werden.

5. Entwicklung eines Erziehungs-, Bildungs- und Ausbildungswesens, das in deutscher, christlicher und abendländischer Kultur und Geschichte wurzelt, das konfessionsunabhängig verantwortungsbewußtes Denken und Handeln lehrt und die ethischen Werte pflegt, da nur so Fortschritt und Technik in der Zukunft gemeistert werden können

Wir werden das Erziehungs-, Bildungs- und Ausbildungswesen zu einem zentralen Anliegen staatlicher und privater Bemühungen machen, ausgerichtet auf eine zukunftsfreudige Jugend. Auf der Grundlage deutscher Sprache, Kultur und Geschichte sollen durch *Erziehung und Bildung* Wissen, Können, verantwortungsbewußtes Denken und kritisches Unterscheidungsvermögen erworben werden.

Ein solches Bildungswesen wird
- die deutsche Sprache in Wort und Schrift lehren und pflegen, da die Muttersprache die grundlegende Bildungsvoraussetzung ist,
- Wissen und Verständnis der ganzen geschichtlichen Vergangenheit der

Deutschen aus der jeweiligen Epoche heraus vermitteln und dabei die Eigenheiten, Leistungen und Fehlleistungen herausstellen,
- zu individueller Initiative ermutigen und zu Gemeinsinn führen, um den Anforderungen der Zeit gewachsen zu sein und die Zukunft gestalten zu können,
- Achtung und Verstehen ökologisch-ökonomischer Zusammenhänge fördern,
- die Erkenntnis und das Verständnis der demokratischen Ordnung vermitteln und zu ihrer Befolgung, zur Achtung der nationalen Symbole und zur Einsatzbereitschaft erziehen,
- den Gedanken an die Einheit der Nation und den Willen zur Wiedervereinigung des deutschen Volkes wachhalten und
- zu Tugend und rechtschaffenem Denken und Handeln erziehen.

Dieses Erziehungs- und Bildungsprogramm soll durchgeführt werden
- durch Zusammenwirken mit den Eltern, die für die Erziehung und die Unterrichtung in religiösen, weltanschaulichen und lebenskundlichen Fragen vorrangig zuständig sind,
- durch Wiederherstellung traditioneller, bewährter Strukturen und pädagogischer Grundsätze,
- durch Schaffung von Freiraum für die Forschung auch an Hochschulen,
- durch Förderung eines jeden gemäß seiner individuellen Anlagen unter Beachtung der Chancengleichheit,
- durch staatliche Bereitstellung der erforderlichen Aus- und Weiterbildungseinrichtungen, deren Standard und Leistungsnachweis im gesamten Staat gültig sind und anerkannt werden,
- durch Zulassung und Förderung auch privater Einrichtungen im Interesse von Wahlmöglichkeiten und Wettbewerb und
- durch Freiheit der Wahl der Schulart und Hochschule sowie des Standortes nach einer schulartgemäßen Eingangsprüfung.

Wir wollen
- ein gegliedertes Schulwesen, das ein grundlegendes Allgemeinwissen vermittelt und auch auf eine individuelle Begabtenförderung angelegt ist,
- eine Hochschulbildung, welche das studium generale als Pflichtfach vorsicht,
- schulspezifische und unterschiedliche Bildungsinhalte und Zielsetzungen,
- die Pflege des Sonderschulwesens für Gruppen, die besonderer Fürsorge und Förderung bedürfen und
- eine Lehrer- und Hochschullehrerbildung, die auch zur Loyalität zu unserem Staate und seinen Gesetzen in Wort, Schrift und Handeln erzieht.

6. Förderung eines Wirtschaft- und Steuersystems, das im Rahmen einer freien und sozialverpflichteten Marktwirtschaft auf die Bildung von Privatinitiative und -eigentum ausgerichtet ist und das den Wettbewerb der Leistungswilligen aller Arbeits- und Lebensbereiche zum Wohle der Gemeinschaft begünstigt

Wir messen einer in *freiheitlicher Ordnung* und mit *geringen staatlichen Eingriffen* funktionierenden Volkswirtschaft erstrangige Bedeutung für die

Stabilität unserer Demokratie und für das Ergehen aller seiner Bürger bei. Durch Förderung der Bildung von Privateigentum und dessen Schutz soll der persönliche Freiheitsraum, der seine Grenzen im Gemeinwohl hat, möglichst groß gehalten werden. Diesem Ziel wird auch eine Steuerpolitik dienen, welche das Besteuerungssystem vereinfacht, einseitige Begünstigungen beseitigt und die Steuerlast für alle senkt, um damit auch Anreize für mehr Leistung zu schaffen.

Wirtschaftliche Stabilität und Fortentwicklung wollen wir erreichen

- durch Schaffung eines Gemeinsinnes, der seine Dynamik vom Wettbewerb mit offenem Marktzugang und seine Dauerhaftigkeit aus Partnerschaftsgesinnung gewinnt,
- durch Erhaltung von Geldwert und Wirtschaftskraft,
- durch Investitionsanreize für Betriebsstätten und
- durch Errichtung und Pflege bester Bildungs-, Ausbildungs- und Forschungseinrichtungen.

Der Staat wird sich unter sparsamer Verwendung dirigistischer Maßnahmen darauf beschränken, marktgerechte Rahmenbedingungen zu schaffen und zu sichern,

- welche das Ausufern von Einzel- und Gruppeninteressen verhindern,
- welche finanzielle Hilfen (Subventionen) nur mit zeitlicher degressiver Begrenzung und zu Überbrückungs- und Anpassungszwecken erlauben,
- welche Neuverschuldungen zu politisch motivierten Konjunkturbelebungen ausschließen,
- welche mit Rücksicht auf kommende Generationen mittel- und langfristige Planungsziele für die technisch, wirtschaftlich und ökologisch vertretbare Nutzung von Bodenschätzen und Energiequellen zeigen und ihre Einhaltung unter Kontrolle nehmen,
- welche dem Umweltschutz dienende Maßnahmen festlegen, diese kontrollieren und Verstöße streng bestrafen und
- welche staatliche Wirtschaftsunternehmen auf eine minimale Zahl beschränken und weitestgehend die Privatisierung von Produktions- und Dienstleistungsbetrieben herbeiführen.

Jedem einzelnen und seinen Unternehmungen wird von uns die Gelegenheit geboten werden, seine Fähigkeiten zu entfalten, zu fördern und in Eigenverantwortung seinen Lebensweg zu gestalten. Der durch eine gerechte Steuerpolitik und durch eine die Besonderheiten kleinerer und mittlerer Betriebe berücksichtigende Kartell- und Sozialgesetzgebung zu fördernde Mittelstand bietet hierfür die besten Voraussetzungen.

7. *Reform zu einer Sozialordnung, die dem einzelnen alle Chancen zu seiner Entwicklung bietet, in der Eigenverantwortung und Selbsthilfe erstes Gebot sind und in der den Bedürftigen die Unterstützung der Gemeinschaft gesichert ist*

Wir werden die Reform zu einer Sozialordnung einleiten, in welcher an Stelle überholter Klassenkampfpraktiken alle Arbeitenden, Arbeitssuchenden und Ruheständler *in sozialem Frieden* in durch eigene Leistung erworbenem Wohlstand sich entwickeln und ohne Existenzangst leben können. Wirklich

Bedürftige werden vor Not bewahrt, ohne daß sich der Staat als Versorgungseinrichtung versteht.

Zur Schaffung einer solchen Sozialordnung werden wir für eine *Änderung des Bewußtseins* Sorge tragen, damit das Gefühl der Zusammengehörigkeit und Leistungsgemeinschaft aller Arbeitenden hergestellt und die Arbeit neben ihren materiellen Zwecken auch als eine Form der Selbstbestätigung und Persönlichkeitsbildung erlebt wird. Sozialer Anspruch soll wieder in Wechselbeziehung zur eigenen Leistung stehen.

Der moderne Staat, der als hochtechnisierter Industriestaat auf Initiative und Einsatz des einzelnen am wenigsten verzichten kann, soll durch eine freie aber sozial verpflichtete Wirtschaft und im Wettbewerb ohne Bildung wirtschaftlicher Machtblöcke geschaffen werden,

- durch Berücksichtigung der besonderen Verhältnisse von Mittelstands- und Landwirtschaftsbetrieben,
- durch Gleichstellung der Mutter und Hausfrau mit der erwerbstätigen Frau auch im Bereich der Altersversorgung entsprechend ihrer Belastung,
- durch Zusammenarbeit mit den Gewerkschaften, welche in parteipolitischer Neutralität ihre Tätigkeit auf das Wohl der Arbeitenden und das Gedeihen ihrer Arbeitsstätten beschränken und den Preis der Arbeit im Sinne des gesamten volkswirtschaftlichen Vorteils behandeln,
- durch wirklichkeitsbezogene Sicherung des gefährdeten Generationsvertrages in der Rentenversicherung unter Erhaltung einer leistungesbezogenen, individuellen Altersversorgung,
- durch Begünstigung der Schaffung von Wohneigentum durch jedermann, besonders aber durch Familien mit Kindern und
- durch Verhinderung des Mißbrauchs sozialer Leistungen und durch Verweigerung asozialer Ansprüche auf Kosten der Leistungswilligen und zukünftiger Generationen.

III. Schwerpunkte

8. Unsere jungen Menschen

»Ich klage nicht, daß es unserer Jugend an Idealität mangele. Ich klage an: die Männer, vor allem die Staatsmänner klage ich an, welche der Jugend die Ideale nicht bieten, an denen allein der überall vorhandene Idealismus der Jugend zur Idealität zu werden vermag.« (Paul de Lagarde)

Für die Erziehung und Bildung des jungen Menschen liegen Wertmaßstab, Leistung und Verantwortung bei den erwachsenen Menschen. An ihnen liegt es;

- Mut und Kraft zur Autorität zu haben, in der sich Vorbild und Verantwortung verbinden,
- das eigene Menschenbild vorzustellen, das sich in seiner Unvollkommenheit und seinen Schwächen »ewig strebend bemüht« und
- von der Notwendigkeit einer moral-, religiös- und wertbezogenen Motivation für den einzelnen sowie seiner Stellung und Aufgabe in der Gemeinschaft zu überzeugen.

Von der Notwendigkeit und Pflicht gegenüber unseren jungen Menschen, den Zukunftsträgern unseres Volkes, überzeugt werden wir daher in diesem Sinne auf Erziehung und Bildung in der Familie, in den Medien, Kirchen und öffentlichen Einrichtungen einwirken, damit sich unsere jungen Menschen, die von sich aus immer auf Zukunft angelegt sind, in der Wirklichkeit bewähren wollen und können.

9. Frau und Familie

Frau und Mann sind im Falle gleicher Bedingungen und Anforderungen trotz ihrer Wesensunterschiede von gleichwertiger Tüchtigkeit im Leben und Beruf. Es ist jedoch insbesondere der Frau gegeben, durch Wärme und Hingabe ein Klima der Geborgenheit zu schaffen, in welchem Familie und Kinder gedeihen können. Hier liegt die besondere und von keinem »Hausmann« oder Kollektiv erfüllbare Berufung der Frau.

Diejenige Frau, welche sich gleichzeitig in Ehe, Familie und Beruf zu bewähren sucht, leidet oft an dieser Mehrfachbelastung und Selbstüberforderung. Sie fühlt sich ebenso unerfüllt – was oft zu psychischen Schäden führt – wie diejenige Frau, welche im Beruf alleinige Befriedigung sucht.

Wir streben daher an, daß auch der Frau die unbeschränkte Möglichkeit zu einer qualifizierten Berufsausbildung gegeben wird, um größere Selbständigkeit und mehr Selbstgefühl zu gewinnen, daß sie aber ebenso ihre naturgegebene Fähigkeit als Mutter und Mittelpunkt der Familie voll zur Wirkung bringen kann. Das läßt sich durch die Gleichstellung und gleiche Wertung von Haus- und Erziehungsarbeit mit Berufsarbeit durch folgenden Ansatz erreichen:

- In der Schule muß Jungen und Mädchen von Anfang an und entgegen jetziger pädagogischer Praxis die Wirklichkeit einer harmonischen Familiengemeinschaft klargemacht werden. Prägend dafür ist die Familie des Kindes, das sich am Vorbild ausrichtet.
- Jedes schulentlassene Mädchen leistet ein praktisches Jahr. Es kann ein Dienst im Rahmen der vielfältigen sozialen Aufgaben sein, aber auch im Bereich von Gesundheit, Hauswirtschaft, Landwirtschaft/Forsten usw. In jedem Fall sind Kurse eingeschlossen, welche Aufgaben als Frau, Mutter und Hausfrau betreffen.
- Es folgt die Berufsausbildung, welche der Frau vor und auch nach ihrer Tätigkeit in der Familie Selbständigkeit geben kann.
- Nach ihrem Einsatz für Familie und Kind wird, falls gewünscht, die Möglichkeit zum Wiedereinstieg in das Berufsleben ebenso angestrebt wie die gleichwertige Anerkennung ihrer Leistung für Familie und Kinder bei der Altersversorgung.

Durch eine solche gleichberechtigte Einordnung der Frau lassen sich Ehe und Familie als kreative und unersetzbare Lebens- und Erziehungsgemeinschaft erhalten, das sich gegenseitig ergänzende Wesen von Frau und Mann zum Nutzen und zur Reifung beider erfüllen und das Partnerschaftsverhältnis fördern. Die im Schoße der Familie umsorgten Kinder bleiben wesentlicher Teil der Sinnerfüllung des Lebens für die Eltern und ihre Gemeinschaft.

10. Ausländer- und Asylgesetzgebung

Die Einwanderungswelle der letzten Jahre hat erwiesen, daß die Gewährung von Asyl konkreter Eingrenzung bedarf, um Mißbrauch und Schaden deutscher Bürger, ihrer Sicherheit und ihres Gemeinwesens zu verhindern. Wir werden daher bei der Asylgesetzgebung und der Ausländerpolitik nach folgenden Grundsätzen vorgehen:

- Die Bundesrepublik Deutschland als eines der am dichtesten besiedelten Länder Europas ist kein Einwanderungsland. Es muß das Land der Deutschen bleiben.
- Ausländer sind Gäste. Dieses schließt, wie in der Schweiz, unbefristete Arbeitsverträge und Konzessionsvergaben, Daueraufenthalt, Familienzusammenführung und Sozialleistungsansprüche aus.
- Wahlrecht und Parteimitgliedschaft für Ausländer sind abzulehnen.
- Ausländer, welche gegen die Gesetze verstoßen, werden nach zeitlich befristetem Rechtsverfahren ohne Verzug ausgewiesen.
  Ausländer können Staatsbürgerschaftsrechte erwerben; es besteht aber kein Recht darauf.
- Asylbewerber können Asyl erhalten, wenn sie politisch Verfolgte sind. Die Grenzen der Aufnahmefähigkeit müssen festgelegt und eingehalten werden. Der Mißbrauch des Asylbegehrens führt zu sofortiger Ausweisung.
- Lernende und studierende Ausländer kehren nach Beendigung ihrer Ausbildung in ihre Heimatländer ebenso zurück wie nach geltendem Recht arbeitslose Ausländer.

11. Landwirtschaft

Die krisensichere Versorgung unserer Bevölkerung mit unschädlichen landwirtschaftlichen Erzeugnissen unter gleichzeitiger Erhaltung der Boden- und Wasserqualität sowie des Artenreichtums von Flora und Fauna hat absoluten Vorrang. Diese Forderung wird von den Betrieben erfüllt, die am ehesten dem Grundsatz der »bäuerlichen Landwirtschaft« entsprechen.

Die bisherige EG-Agrarwirtschaft hat die bäuerliche Produktionsweise und ihre Strukturen im höchsten Grade gefährdet. Sie begünstigt einseitig Spezialisierung und Konzentration der Produktion und zerstört dadurch ökologische und soziale Strukturen, die für die Zukunft unseres Volkes unverzichtbar sind.

Verschuldung, Arbeitsüberlastung und Benachteiligung des bäuerlichen Betriebes durch eine ungerechte einzelbetriebliche Förderung, durch Preispolitik und die industrielle Produktion von Agrarerzeugnissen durch nicht-landwirtschaftliche Unternehmensformen sind unerträglich geworden.

Die Landwirtschaftspolitik bedarf daher einer Umkehr, notfalls unter Austritt aus der EG. Die Neuordnung, bei der die bäuerliche Arbeit der Familie auf dem Hof besondere Berücksichtigung verdient, muß beachten

- die regionale und nationale Verschiedenheit topographischer, klimatischer und struktureller Art,
- die soziale Förderung der bäuerlichen Arbeit gegenwärtig und auf lange Sicht,

— die Verantwortung für die nachfolgenden Generationen und ihre Existenzgrundlage,
— die Rücksichtnahme auf eine gesunde Umwelt, welche auf einer intakten Natur und ihrem Kreislauf beruht. Es muß flächendeckend und ökologisch verträglich gewirtschaftet werden, Monokulturen und artfremde Tierhaltung sind auszuschließen. Ein wirksamer Struktur- und Biotopschutz ist zu sichern.

Als neue Agrarpolitik wird daher von uns angestrebt:
— Ausgewogenheit im bäuerlichen Betrieb zwischen landwirtschaftlicher Produktion und wirtschaftlichen Interessen im Sinne einer sozial-ökologischen Marktwirtschaft.
— Rückgewinnung nationalen Spielraums, um den strukturellen Erfordernissen eines jeden Landes und seiner unterschiedlichen Regionen gerecht zu werden.
— Abbau der Überproduktion.
— Verstärkter Außenhandelsschutz.
— Rückführung der Produktion auf ein flächendeckendes und naturerträgliches Maß, das auch Angebot und Nachfrage entspricht.
— Stärkere Flächenbindung der Tierhaltung und Verhinderung agrarindustrieller Produktion.
— Verminderung überzogener Produktionsformen der Massentierhaltung.
— Hormone einschließendes Verbot medikamentöser Tierhaltung.

12. Beschäftigungspolitik

Arbeit und Lohn sind eine notwendige Voraussetzung für zufriedene und gesunde Lebensführung. Das trifft ganz besonders auf junge Menschen zu, welchen Berufs- und Erfolgschancen zur Schaffung einer wirtschaftlichen Grundlage auch für Ehe und Familiengründung eröffnet werden müssen. Ohne Familien mit Kindern und Heim ist ohnehin der Bestand und das Gedeihen des deutschen Volkes gefährdet.

Unsere Beschäftigungspolitik ist nicht auf staatliche Lenkung, sondern darauf ausgerichtet, günstige privatwirtschaftliche Bedingungen für einen möglichst hohen und dauerhaften Beschäftigungsstand zu schaffen.

Mit der Zielsetzung, Jugendlichen den Start in die Arbeitswelt zu sichern und allgemein den Arbeitslosenanteil auf ein unvermeidliches Maß zurückzuführen, werden wir unter Bedingungen sozial-ökologischer Marktwirtschaft, in Abhängigkeit von binnen- und weltwirtschaftlichen Entwicklungen und unter Berücksichtigung der Überalterung und Schrumpfung unseres Volkes
— die Schaffung von Aus- und Fortbildungsstätten und von Lehrstellen für Jugendliche fördern,
— auf der Mobilität von Arbeitssuchenden und ihre Bereitschaft zum Wechsel der Beschäftigungsart bestehen, wobei wir nur in besonderen Härtefällen eine Unzumutbarkeit des Arbeitspostens zulassen und ein Recht auf Beschäftigung bzw. Unterstützung mit der Pflicht zur Arbeit verbinden,
— die Lebensarbeitszeit nicht begrenzen und die Altersrentenversicherung nach einer Mindestbeitragszeit darauf ausrichten und
— Schwarzarbeit unterbinden.

Eine solche stützende Beschäftigungspolitik erfordert,

- daß die Arbeitsämter unter Anlegung strenger Maßstäbe und unterstützt durch die Arbeitsgerichtsbarkeit vorgehen und zugleich bundesweit koordinieren und vermitteln,
- daß die allgemeine Beschäftigungslage durch größte Ausnutzung der Möglichkeiten von Binnen- und Weltmarkt verbessert wird, indem auch durch private und staatlich geförderte Initiativen alle Innovationschancen für Produktion und Handel ermittelt und vermittelt werden und
- daß die Vergabe von Lohnarbeit ins Ausland erschwert wird.

Wir werden das Schlüsselproblem von Beschäftigung und Arbeitslosigkeit, nämlich das von Kapital, Arbeit, Lohn, Lohnnebenkosten und Preisen im gesamtwirtschaftlichen Interesse deutlich machen.

13. Medienpolitik

Wir setzen uns ein für die Einhaltung der im Grundgesetz geforderten Freiheit der Meinungsäußerung und Pressefreiheit, sofern ihre Ausübung nicht die Würde des Menschen und unseres Volkes sowie die Rechte anderer verletzt oder gegen die Werte des demokratischen Rechtsstaates und gegen das Sittengesetz verstößt.

Die Medien, zu welchen die Presse, die Rundfunk- und Fernsehanstalten und die Zeitschriften- und Buchverlage gezählt werden, haben einen Informations-, Bildungs- und Unterhaltungsauftrag. Er verlangt von ihnen Gemeinsinn, Selbstverantwortung und Wahrheitsstreben. Von den Medien fordern wir für die alltägliche und politische Praxis:

- Die öffentlich-rechtlichen Anstalten haben parteipolitisch neutral, staatsfern und ohne ideologische oder verzerrende Darstellung der Tatsachen zu berichten. Unterhaltungssendungen, welche einer toleranten und freimütigen Lebensauffassung entsprechen sollen, dürfen nicht nivellierende, verrohende und verdummende Zeitströmungen einer alles hinnehmenden Wohlstands- und Massengesellschaft fördern, indem sie Darstellungen von Gewalt, Brutalität, Kriminalität, Sexualismus, Materialismus und Klassenkampf bevorzugen und ohne ethischen Wertbezug darbieten.
- Die erwünschte Vielfalt und Unabhängigkeit der Zeitungs-, Zeitschriften- und Buchverlage muß durch eine verantwortungsbewußte Selbstkontrolle abgesichert werden, welche unwahre und manipulierte Berichterstattung sowie maßlose Sensationslust zum Zwecke des Profits oder der Untergrabung der freiheitlichen Rechtsordnung verhindert.
- Zeitgeschichtliche und historische Darstellungen in den Massenmedien müssen sich an den Fakten orientieren und nicht an nachträglichen Interpretationen aus heutiger Sicht. Die Forschungen von Historikern dürfen weder durch Medien noch durch den Staat reglementiert werden.

Falls die Selbstkontrolle der Medien mit ihrer in der Öffentlichkeit und Politik inzwischen gewonnenen unbegrenzten Machtstellung weiterhin versagt, werden wir für die Schaffung partei- und gruppenunabhängiger Kontrollorgane zum Schutze des von Einschüchterung und Verschmutzung der geistigen Umwelt bedrohten Freiheitsraumes des Bürgers sorgen.

14. Energiepolitik

Gesundheits- und umweltfreundlichen Technologien und Energieträgern müssen in Forschung und Entwicklung der Vorzug gegeben werden. Dazu ist notwendig:

- Schwerpunkte in der Technologieforschung zu verlagern,
- Einsparungsstrategien zu entwickeln und
- die gesetzlichen Voraussetzungen zu vervollständigen.

Zielsetzung ist vor allem, zur Kernenergie so schnell wie nur irgend möglich alternative Energieversorgungssysteme — vielleicht auf der Grundlage der Solar-Wasserstoff-Technologie — zu entwickeln und einzusetzen. Gesundheits- und Umweltverträglichkeit müssen dabei Vorrang vor der Wirtschaftlichkeit haben.

15. Katastrophen- und Zivilschutz

Unser Ziel, die Gesundheit und den Bestand unseres Volkes zu erhalten, erfordert auch einen wirksamen Katastrophen- und Zivilschutz. Beides ist Sache des einzelnen Bürgers und des Gemeinwesens. Zivilschutz ist nur im Zusammenwirken von Bürger und Staat zu verwirklichen.

Selbstschutz als Vorsorge und Eigenhilfe des Bürgers ist wesentlicher Teil des Zivilschutzes. Wir werden daher organisatorische und finanzielle Maßnahmen treffen, um für die Selbstschutzausbildung eine breite Wirkung — vor allem auch bei den jüngeren Jahrgängen — zu erreichen. Der Bau von Schutzräumen, verbunden mit Vorschriften für die Ausstattung und Bevorratung, ist gesetzlich zu regeln und die Durchführung zu kontrollieren.

Das Warn- und Alarmsystem muß die Fähigkeit erhalten, ständig reaktionsfähig und zugleich Dauerbelastung gewachsen sein, um die Bevölkerung im Katastrophen- und Verteidigungsfall rechtzeitig zu warnen und laufend zu unterrichten.

Den Katastrophenschutz für den Katastrophen- und Verteidigungsfall werden wir so ausbauen, daß er nach Stärke, Organisation, Ausbildung und Ausstattung diese Aufgabe erfüllt. Dazu gehören

- eine rasche Einsatzbereitschaft,
- das Zusammenwirken seiner Einheiten und Einrichtungen,
- die Fähigkeit seiner Führungskräfte, für Großschadensstellen und bei Katastrophen ihre Einheiten zum Einsatz zu bringen.

Diese Leistungsfähigkeit ist nur durch eine regelmäßige Aus- und Fortbildung an einer Führungsschule mit Leitungs- und Lehrpersonal zu erreichen, das praktische Führungserfahrung besitzt.

Der Sanitätsdienst wird im Katastrophen- und Verteidigungsfall eine der wichtigsten Rollen haben. Wir werden uns daher dafür einsetzen, daß dafür notwendige Maßnahmen getroffen werden, nämlich

- die gesetzliche Regelung zur Verpflichtung der Ärzteschaft,
- die Bedarfsplanung der Krankenbetten, wobei die Reaktivierung der gegenwärtig zum Abbau vorgesehenen Kapazität der Krankenbetten und medizinischen Einrichtungen vorgesehen ist,

– die Fähigkeit und Bereitstellung zur Behandlung von Strahlenverletzten und -schäden zu verstärken und
– die dislozierte Vorratshaltung erforderlicher Medikamente und medizinischer Einrichtungen.

Um den Katastrophen- und Zivilschutz leistungsfähig zu machen, werden wir dafür sorgen, daß die Länder, Landkreise, kreisfreien Städte und Gemeinden die Gesetze und Vorschriften im Auftrage des Bundes – wie bei der Ausführung eigener Gesetze und Vorschriften – erfüllen und zentraler Kontrolle unterliegen.

Wir werden einen ausreichenden und zentral geführten Zivilschutz auch deshalb einrichten, weil er ein ganz wesentlicher Bestandteil einer der Abschreckung und Kriegsverhinderung dienenden militärischen Verteidigungsbereitschaft ist.

16. Entwicklungspolitik

Eine für die Völker der »Entwicklungsländer« nützliche Entwicklungspolitik der Industrieländer setzt voraus, daß sich das Geberland Klarheit über Entwicklungsziel und -weg jedes Empfängerlandes sowie über die Zweckmäßigkeit und die Erfolgsmöglichkeiten der einzelnen Maßnahmen verschafft. Allgemeines Ziel muß die Schaffung von Grundlagen im Entwicklungsland für die Vorbereitung auf Selbständigkeit und Partnerschaftsfähigkeit im Zusammenwirken der Völker und auf den Märkten der Weltwirtschaft sein.

Die Ausrichtung auf dieses für jedes aufstrebende Volk lebenswichtige Ziel darf weder durch ideologische und sachfremde Erwägungen im Geberland noch durch maßlose Forderungen des Entwicklungslandes zur Stabilisierung des eigenen Regimes gefährdet werden. »Zentrales Entwicklungsproblem« muß für alle Beteiligten das Bemühen sein, »den ökologisch-technischen Wachstums- und mentalitätsmäßigen Anpassungsprozeß im Gleichgewicht vonstatten gehen zu lassen« (Prof. Ortlieb), und zwar unter Berücksichtigung der Bevölkerungsentwicklung.

Im Unterschied zu der Politik der ehemaligen Kolonialmächte gibt es für die deutsche Entwicklungspolitik nur außen- und volkswirtschaftliche Maßstäbe, nämlich die des gegenseitigen Vorteils und weltwirtschaftlichen Zusammenwirkens. Hungerhilfe und andere humanitäre Maßnahmen sind keine »Entwicklungshilfe«, sie haben nur Überbrückungscharakter und sind kurzfristig anzulegen.

Vorrangige Aufgabe deutscher Entwicklungspolitik ist die Förderung der Eigenernährung und die Schaffung der den nächsten Entwicklungszielen dienenden Erziehungs- und Ausbildungsstätten, welche zunächst praktische Kenntnisse zu vermitteln haben. Es folgt die Gewinnung, Nutzung und Pflege der natürlichen Rohstoffe zusammen mit der notwendigen Infrastruktur (Wasser- und Verkehrswesen) und der Energiequellen und -träger. Wenn damit eine tragfähige Grundlage geschaffen worden ist, können auch mittel- und langfristig rentable Kredite für industrielle Projekte zur Verfügung gestellt werden, wobei bereits vorhandene Handwerks- und kleine Industriebetriebe sowie joint ventures mit Mittelbetrieben Vorrang haben, um wirtschaftlich denkende und handelnde Menschen heranzuziehen.

Für alle Entwicklungsstufen muß sich in den Empfängerländern der Wille zur Selbsthilfe und zur Eigenverantwortung auf breiter Front durchsetzen, wozu auch Kontrolle des Bevölkerungswachstums gehört. Entscheidend ist die Weckung des Bewußtseins, daß Entwicklung ein langfristiger Prozeß ist, der nur langsam und in kleinen Schritten gelingen kann.

Deutsche Entwicklungsarbeit hat ohne politisch-ideologischen Missionseifer in gegenseitigem verständnisvollen Zusammenwirken mit den Regierungen und Menschen des Empfängerlandes zu erfolgen. Voraussetzung für die anzustrebende Partnerschaft ist auch, daß der Empfänger »nicht in die gebende Hand beißt« und daß er die volkswirtschaftlichen Eigeninteressen, die politische Ordnung und die Gesellschaftsstruktur Deutschlands respektiert.

Das sogenannte »Nord-Süd-Gefälle« ist kein Problem von »reich und arm« und schon gar kein moralisches, das sich durch Umverteilung und Wohlstandsausgleich einebnen läßt. Es ist die natürliche Folge des Unterschieds von Entwicklungsstand und Willens- und Bewußtseinshaltung. Dieser läßt sich im Laufe der Zeit und bei beiderseitigem Bemühen durch die Förderung und Entwicklung der in den Menschen angelegten Fähigkeiten überwinden.

17. Terrorismusbekämpfung

Die Anwendung von Gewalt zur Erhaltung und Durchsetzung von Recht und Ordnung zum Schutz aller Staatsbürger und zur Bewahrung des inneren und äußeren Friedens ist ausschließlich Auftrag des Staates und seiner Organe. Gesetzgeber, Regierung und ihre Exekutivbehörden (Sicherheitsorgane, Staatsanwaltschaften und Gerichte) haben den zweifelsfreien Willen zu beweisen, diesen Auftrag zu erfüllen.

Terroristen führen den »bewaffneten Krieg« gegen unseren Staat unter Einsatz »revolutionärer Subjekte« außerhalb des legalen Umfeldes. Ihre Ziele sind die Schwächung der inneren und äußeren Sicherheit und der Verteidigungsfähigkeit unseres Rechtsstaates und der Sturz der Republik. Ihre Mittel sind
– Tötung der »Repräsentanten der Repression«,
– Geiselnahme und
– Sprengstoff- und Brandanschläge

zum Zwecke der Einschüchterung, Verängstigung und allgemeinen Verunsicherung (Terrorisierung) der Menschen und der Zerstörung der bestehenden Ordnung.

Für uns ist Terrorismus mit seinen Gewalttaten kaltblütiger Mord bzw. Beihilfe zum Mord. Er ist zu bekämpfen
– durch eine strenge Gesetzgebung,
– durch eine unnachsichtige Strafverfolgung des Einzeltäters und der Helfer,
– durch Vermummungsverbot,
– durch Einzelhaft und absolute Kontaktsperre der Häftlinge nach außen,
– durch Verbot von Publikationen, welche dem Terrorismus Vorschub leisten und ihn unterstützen.
– durch internationale Zusammenarbeit zur Vernichtung der Terrororgani-

sationen und zur Zerschneidung ihrer internationalen Verbindungen und
- durch schärfere diplomatische Maßnahmen gegenüber Ländern, die Terroristen Zuflucht geben und sie unterstützen.

Der Kronzeuge verdient keine Rechtsverschonung.

Terroristische Handlungen werden auch durch den allgemeinen Mangel an Rechtssicherheit und Gemeinsinn gefördert. Es muß daher das Vertrauen in die Exekutive und ihre Organe wiederhergestellt werden.

Verantwortlich: Harald Neubauer, Generalsekretär der Republikaner, 8000 München 40, Sandstraße 41, Telefon 089/5233066.

Stichworte zur Analyse des Parteiprogrammes von 1987 der sogenannten »Republikaner«

Gegen Umerziehung der Deutschen: (S. 146)

Durch eine gegenläufige Umerziehung der Deutschen in den Teilstaaten wächst die Entfremdung.

*Um*erziehung: Von wo nach wo? Gegen eine demokratische Erziehung nach einer undemokratischen Erziehung im Nationalsozialismus?

Gegen das Grundgesetz: (S. 146)

Die Republikaner als eine deutsche Partei setzen sich für das Lebensrecht und die Menschenrechte aller Deutschen im Sinne des Grundgesetzes ein, und zwar ...

Die Menschenrechte gelten nicht für die Würde des Deutschen, sondern des Menschen.

Sicherheit und Wohlstand für alle loyalen Bürger: (S. 147)

... daß der Staat in Treuepflicht gegenüber dem Grundgesetz allen loyalen Bürgern die Grundlagen für persönliche Freiheit, öffentliche Sicherheit und allgemeinen Wohlstand schafft und bewahrt.

Wer bestimmt, wer ein loyaler Bürger ist?

»Entkriminalisierung« der deutschen Geschichte: (S. 148)

Die Zurückweisung der absurden These von der »Kollektivschuld« des deutschen Volkes über Generationen und die Forderung nach Offenlegung aller Archivunterlagen zur Klärung der »Alleinschuld«-These wird die deutsche Verhandlungsposition bestimmen.

Die anderen sind auch schuldig, also ...

Volksgemeinschaft ohne Interessengruppen: (S. 153)

Zur Schaffung einer solchen Sozialordnung werden wir für eine *Änderung des Bewußtseins* Sorge tragen, damit das Gefühl der Zusammengehörigkeit und Leistungsgemeinschaft aller Arbeitenden hergestellt ...

Einschränkung der Gewerkschaften:

(S. 153)

... durch Zusammenarbeit mit den Gewerkschaften, welche in parteipolitischer Neutralität ihre Tätigkeit auf das Wohl der Arbeitenden und das Gedeihen ihrer Arbeitsstätten beschränken und den Preis der Arbeit im Sinne des gesamten volkswirtschaftlichen Vorteils behandeln.

Die Rolle der Frau ist doch klar ...:

(S. 154)

Frau und Mann sind im Falle gleicher Bedingungen und Anforderungen trotz ihrer Wesensunterschiede von gleichwertiger Tüchtigkeit im Leben und Beruf. Es ist jedoch insbesondere der Frau gegeben, durch Wärme und Hingabe ein Klima der Geborgenheit zu schaffen, in welchem Familie und Kinder gedeihen können. Hier liegt die besondere und von keinem »Hausmann« oder Kollektiv erfüllbare Berufung der Frau.

Diejenige Frau, welche sich gleichzeitig in Ehe, Familie und Beruf zu bewähren sucht, leidet oft an dieser Mehrfachbelastung und Selbstüberforderung. Sie fühlt sich ebenso unerfüllt – was oft zu psychischen Schäden führt – wie diejenige Frau, welche im Beruf alleinige Befriedigung sucht.

Wir streben daher an, daß auch der Frau die unbeschränkte Möglichkeit zu einer qualifizierten Berufsausbildung gegeben wird, um größere Selbständigkeit und mehr Selbstgefühl zu gewinnen, daß sie aber ebenso ihre naturgegebene Fähigkeit als Mutter und Mittelpunkt der Familie voll zur Wirkung bringen kann. Das läßt sich durch die Gleichstellung und gleiche Wertung von Haus- und Erziehungsarbeit mit Berufsarbeit durch folgenden Ansatz erreichen:

- In der Schule muß Jungen und Mädchen von Anfang an und entgegen jetziger pädagogischer Praxis die Wirklichkeit einer harmonischen Familiengemeinschaft klargemacht werden. Prägend dafür ist die Familie des Kindes, das sich am Vorbild ausrichtet.
- Jedes schulentlassene Mädchen leistet ein praktisches Jahr. Es kann ein Dienst im Rahmen der vielfältigen sozialen Aufgaben sein aber auch im Bereich von Gesundheit, Hauswirtschaft, Landwirtschaft/Forsten usw. In jedem Fall sind Kurse eingeschlossen, welche Aufgaben als Frau, Mutter und Hausfrau betreffen.
- Es folgt die Berufsausbildung, welche der Frau vor und auch nach ihrer Tätigkeit in der Familie Selbständigkeit geben kann.

Ausländer sind Gäste, entsprechend werden sie behandelt – oder:

(S. 155)

- Ausländer sind Gäste. Dieses schließt, wie in der Schweiz, unbefristete Arbeitsverträge und Konzessionsvergaben, Daueraufenthalt, Familienzusammenführung und Sozialleistungsansprüche aus.
- Wahlrecht und Parteimitgliedschaft für Ausländer sind abzulehnen.

Anhänger der »Republikaner« während der traditionellen Montagsdemonstration am 15. 1. 1990 in Leipzig.
Foto: Dietmar Gust

Arbeitspflicht ist angesagt. Und wer nicht spurt...: (S. 156/157)

- auf der Mobilität von Arbeitssuchenden und ihre Bereitschaft zum Wechsel der Beschäftigungsart bestehen, wobei wir nur in besonderen Härtefällen eine Unzumutbarkeit des Arbeitspostens zulassen und ein Recht auf Beschäftigung bzw. Unterstützung mit der Pflicht zur Arbeit verbinden,
- daß die Arbeitsämter unter Anlegung strenger Maßstäbe und unterstützt durch die Arbeitsgerichtsbarkeit vorgehen und zugleich bundesweit koordinieren und vermitteln...

Nur nicht über die Geschichte nachdenken...: (S. 157)

- Zeitgeschichtliche und historische Darstellungen in den Massenmedien müssen sich an den Fakten orientieren und nicht an nachträglichen Interpretationen aus heutiger Sicht. Die Forschungen von Historikern dürfen weder durch Medien noch durch den Staat reglementiert werden.

Die Presse muß durch Volkswille kontrolliert werden: (S. 157)

Falls die Selbstkontrolle der Medien mit ihrer in der Öffentlichkeit und Politik inzwischen gewonnenen unbegrenzten Machtstellung weiterhin versagt, werden wir für die Schaffung partei- und gruppenunabhängiger Kontrollorgane zum Schutze des von Einschüchterung und Verschmutzung der geistigen Umwelt bedrohten Freiheitsraumes des Bürgers sorgen.

Und auch Rassismus ist vertreten: (S. 160)

Das sogenannte »Nord-Süd-Gefälle« ist kein Problem von »reich und arm« und schon gar kein moralisches, das sich durch Umverteilung und Wohlstandsausgleich einebnen läßt. Es ist die natürliche Folge des Unterschieds von Entwicklungsstand und Willens- und Bewußtseinshaltung. Dieser läßt sich im Laufe der Zeit bei beiderseitigem Bemühen durch die Förderung und Entwicklung der in den Menschen angelegten Fähigkeiten überwinden.

Seit Januar 1990 haben die sogenannten »Republikaner« ein neues Programm. Es ist extra für den Verfassungsschutz geschrieben, damit die Partei nicht verboten werden kann. Entsprechend hat man einige Punkte im Programm geändert – aber in den Bierzelten beibehalten.

Wie wichtig sind Programme – wie wichtig ist das politische Verhalten?

Wer sind die Wähler und Anhänger der sogenannten »Republikaner«?

Sozio-demographische Merkmale der REP-Anhänger

Vorbemerkung: Die Saldenbetrachtung von Infratest stimmt zwar für die Gesamtheit der REP-Anhängerschaft, verdeckt aber Besonderheiten, wie sie speziell bei einer regionalen Differenzierung deutlich würden. Die Datenbasis reicht für eine solche regionale Differenzierung nicht aus.

3.1 Geschlecht

Die Republikaner sind eine Männerpartei. 65% der Republikaner-Anhänger sind Männer, nur 35% Frauen. Dieses Verhältnis findet sich auch kontinuierlich in den verschiedenen Altersgruppierungen wieder. Der Männer-Anteil steigt auf 73% bei REP-Anhängern mit Sympathie für SPD oder CDU/CSU.

Dabei ist in Rechnung zu stellen, daß das weiteste Potential der Republikaner bei Männern 15%, bei Frauen aber nur 9% beträgt. Die Unterschiede sind indessen nicht so sehr im »harten Kern« der REP-Wähler begründet, der bei Männern 4%, bei Frauen 3% umfaßt, sondern liegen im »weichen« Rand der »Vielleicht«-Wähler und Sympathisanten der REP, deren Anteil bei den Männern 11% und bei den Frauen 7% beträgt.

3.2 Alter

Im Vergleich zur Gesamtheit der Wahlbevölkerung findet sich bei den Republikaner-Anhängern eine ausgeglichene Altersverteilung, wie sie sonst nur noch bei der SPD zu finden ist.

Während die REP-Anhänger mit Abwanderungstendenzen zur SPD eine gleichmäßige Altersverteilung aufweisen, zeigen die REP-Wähler mit Abwanderungstendenzen zur CDU/CSU einen geringen Anteil bei den 18- bis 24jährigen sowie einen ausgeprägten Anteil bei den 45- bis 59jährigen.

3.3 Bildung

51% der Republikaner-Anhänger verfügen über einen Volksschul- oder Hauptschulabschluß mit Lehre (Gesamtbevölkerung 38%). Diesem Schwerpunkt steht ein geringer Anteil von nur 8% Republikaner-Anhänger mit Abitur bzw. Studium gegenüber. Dagegen weist die SPD einen hohen Anteil von Wählern mit Hauptschulabschluß auf, jedoch gleichzeitig einen Anteil von 16% Wählern mit Abitur bzw. Studium (Gesamtbevölkerung: 20%).

Im Überschneidungsbereich zwischen SPD und Republikanern zeigt sich diese Dominanz der formal niedrigen Bildung noch ausgeprägter. Alle drei Analysegruppen, die Infratest gebildet hat – a) Bundestagswahl 1987 SPD, heute Republikaner; b) heute Republikaner mit Abwanderungstendenzen zur SPD; c) heute SPD-Anhänger mit zumindest Sympathien für die Republikaner) –, haben einen Anteil von mindestens 75% Befragter mit einem Hauptschulabschluß ohne bzw. mit Lehre.

Im Segment Anhänger mit Volks-/Hauptschulabschluß und Lehre finden wir auch den größten Anteil solcher, die die Republikaner »auf jeden Fall« wählen wollen (5%).

3.4 Beruf der Befragten

Die Republikaner-Anhänger haben ein Schwergewicht bei einfachen (und angelernten) Arbeitern, Facharbeitern und andererseits bei den Selbständigen. Gehören 28% der Gesamtbevölkerung zur Gruppe einfacher Arbeiter und Facharbeiter, so ihr Anteil bei den Republikaner-Anhängern 46%.

Bei einem hohen Anteil von 11% Selbständigen unter den Republikaner-Anhängern ist zu beachten, daß hierunter auch die in diesem Segment quantitativ starke Gruppe der Landwirte fällt.

Im Überschneidungsbereich SPD – REP dominiert eindeutig die Gruppe der einfachen Arbeiter und Facharbeiter. Auffällig sind außerdem 9% Beamte aus dem nichthöheren Dienst, die 1987 noch SPD gewählt haben, heute jedoch Republikaner-Anhänger sind. Einfache Arbeiter und Facharbeiter spielen im Überschneidungsbereich der CDU/CSU – REP nicht die gleiche Rolle wie im Überschneidungsbereich SPD – REP. Vergleichsweise bedeutend ist der Anteil der Selbständigen in der Zone zwischen Republikanern und CDU/CSU.

Das weiteste Unterstützungspotential der Republikaner hat seine stärksten Ausprägungen von jeweils 18% bei den einfachen Arbeitern und Facharbeitern sowie in der Gruppe der Selbständigen (14%). Aus diesen drei Gruppen rekrutiert sich auch der harte Kern der Republikaner-Anhänger. »Auf jeden Fall Republikaner wählen« würden 6% der einfachen Arbeiter, 5% der Facharbeiter sowie 4% der Selbständigen.

3.5 Gewerkschaftszugehörigkeit

17% der Wahlbevölkerung, jedoch 22% der Republikaner-Anhänger sind Mitglied einer Gewerkschaft. Dieser Unterschied fällt aber bei dem Wählerpotential nicht ins Gewicht: Bei Gewerkschaftsmitgliedern wie Nicht-Mitgliedern erreichen die REP 6%.

Auffallend ist, daß bei REP-Anhängern, die nach eigener Aussage bei der letzten Bundestagswahl SPD gewählt haben, der Anteil der Gewerkschaftsmitglieder mit 32% überdurchschnittlich hoch ist.

3.6 Konfession

Während nach wie vor das Grundmuster besteht, daß die SPD ihren Schwerpunkt bei den Protestanten, die CDU/CSU bei den Katholiken und die Grünen bei den Konfessionslosen haben, entspricht die konfessionelle Verteilung der Republikaner-Anhänger den Verhältnissen in der Gesamtbevölkerung. Hinter dieser Saldobetrachtung verbergen sich allerdings deutliche regionale Unterschiede.

3.7 Haushalts-Nettoeinkommen

Das Haushalts-Nettoeinkommen der Republikaner weist keine gravierenden Abweichungen von der Verteilung innerhalb der Gesamtbevölkerung auf. Am unteren Ende haben 8% der Republikaner-Anhänger ein Haushalts-

Nettoeinkommen um 1500,00 DM im Vergleich zu 10% innerhalb der Gesamtbevölkerung. Einen deutlichen Schwerpunkt in dieser Gruppe haben die Wähler der Grünen mit 14%. Am anderen Ende der Skala verfügen immerhin 20% der Republikaner-Anhänger über ein Haushalts-Nettoeinkommen von 4500,00 DM und mehr (Gesamtbevölkerung 21%).

3.8 Wohn- bzw. Hauseigentum

54% der REP-Anhänger wohnen im eigenen Heim (Gesamtbevölkerung 51%).

3.9 Regionale Betrachtung

Die regionale Betrachtung dokumentiert das schon bei der Europawahl zutage getretene Nord-Süd-Gefälle. Besonders deutlich tritt dies im weitesten Potential der Republikaner zutage. Hier erreichen sie in Bayern 22%, in Baden-Württemberg 12% sowie in Hessen und Niedersachsen jeweils noch 9%.

Hierbei handelt es sich jedoch nur um eine grobe regionale Struktur. Eine kleinräumigere Betrachtung, die dem äußerst disparaten Wahlverhalten in geographisch nahe beieinanderliegenden Bereichen Rechnung tragen könnte, ist mit dem vorliegenden Datensatz nicht möglich.

Aus: Weder verharmlosen noch dämonisieren, a.a.O., S. 43ff.

3. Roger: Ein Skinhead wird von seinen »Freunden« erschlagen

Dieter Bongartz hat Material zum Tod Roger Bornemanns gesammelt:

Materialien zu einem Toten

Ein Skinhead wird von seinen Freunden erschlagen. Die Täter, ihr Opfer sind Mitglieder in einer rechten Terrororganisation. Sie sind jung, 17, 18 Jahre alt.

Kameradschaftsreden

Er hat die Eigenart, seine Reden manchmal schriftlich vorzubereiten. Er sagt (ohne zu wissen, wessen Schicksal er da eigentlich beschreibt): »Liebe Kameraden und Kameradinnen, ich spreche hier das Thema Verbrechen am deutschen Volke an. Nach dem öffentlichen Niedergang des Dritten Reiches wurden viele Deutsche verschleppt! – in Länder, die mit dem Dritten Reich verfeindet waren bis auf das Blut. Das waren Länder wie z.B. Rußland, ČSSR, Polen und in dem neuen Deutschland! Zum größten Teil wurden Frauen, Kinder, ältere Deutsche brutal vergewaltätigt, erschossen, erhängt, erschlagen, ertränkt, durch brutale Mißhandlungen zu Tode gequält!!! Da es in diesem Terrorsystem (gemeint ist die BRD, D.B.) keine Schulung über die Verbrechen gibt, ist es unsere Aufgabe, die Verbrechen unter die Bevölkerung zu bringen. (Das hat er tatsächlich so geschrieben: die Verbrechen unter die Bevölkerung bringen!) Es muß gemacht werden ... Alles für Deutschland.«

Gesprochen auf einer Sitzung der Kameradschaft »Niels Krückeberg« von dem 16jährigen Roger Bornemann

Hannover, 2./3. Februar 1987

Sieben Stunden lang ist Roger Bornemann tagsüber schon mit seinem besten Freund, mit Tom Kuss zusammen, hat mit ihm gefrühstückt, zu Mittag gegessen (jeweils in den elterlichen Wohnungen), dann verbringt er noch einmal sieben Stunden mit Tom. Sie gehen gegen fünf Uhr nachmittags los, zum Treff am Aegidientorplatz »Aegi«. Dort stehen schon Schneider und Schwieger und Staffi, und ganz zufällig kommt kurz Siggi Müller vorbei, ein stadtbekannter Hannoveraner Nazi. »Staffi«, sagt Roger zu seinem Kumpel, »laß meine Schwester in Frieden.« – Das ist ein Thema, das Staffi nicht mag. Er hat vor einigen Wochen eine Liebelei mit der 15jährigen Alexandra probiert, ist aber nicht weit gekommen. Er ist dem Mädchen, wie sie später sagt, »ein zu harter Schläger«, der auch nicht aufhört, wenn ein anderer wehrlos am Boden liegt. Staffi rückt bei der Zurechtweisung Rogers seine runde Nickelbrille zurecht. Er fackelt nicht lang. Roger Bornemann bekommt – schon vor dem ersten Bier – von seinem »EK I«-Kameraden einen Schlag auf das Auge – die Antwort auf die Beschwerde, denn Staffi hört es nicht gern, daß man ihn in Verdacht hat, obszön am Telefon zu stöhnen.

Nach dem kurzen Händel – Rogers Auge schwillt schon zu, er steckte den Schlag ohne Gegenwehr ein – geht die Gruppe zum nächsten großen Hannoveraner Treffpunkt, zum Kröpcke, trinkt dort, wo die Skins sind, ein Bier. Um neuen Alkohol zu besorgen, fahren sie anschließend zur Davenstädter Straße, da wohnt Tom Kuss bei seiner Mutter. Kuss holt aus der Wohnung Wodka, Whiskey, Cola und Plastikbecher. Mit der Straßenbahn geht es zum Hauptbahnhof, von dort zu Fuß in die Lister Meile. Roger Bornemann läuft in die Wohnung seines Vaters, vorbei am Schwarzen Brett mit den Demobuttons, keinen Blick auf das Plakat »Viva Che« verschwendend, holt Gin und Zuckerkuchen, antwortet mit einer letzten Lüge auf die Frage des Vaters nach seinem geschwollenen, verfärbten Auge (»Das waren Punks«) und stürzt nach unten, den anderen in die Arme. Die stehen in einem Toreingang gegenüber, es ist kalt, harter Februarfrost, und weder der hochprozentige Alkohol vertreibt die Kälte noch eine Anpflaumerei Alexandra Bornemanns, der Schwester Rogers, die zufällig nach Haus kommt. Es ist 19.45 Uhr. »Na, du alte Schlampe«, sagt Kuss. Alexandra fragt Roger, woher die Verletzung an seinem Auge stammt. Der Bruder macht, daß er wegkommt, geht mit den andren in die nahegelegene U-Bahn-Station Sedanstraße. Zwei entgegenkommende Jugendliche werden von der Gruppe aufgefordert, mit Heil Hitler zu grüßen. Einer tut's, der andre nicht – es gibt Prügel für beide. Und weiter, weiter ziehen sie, die fünf Skins (alle – außer Schneider – aus der »Kameradschaft EK I«), jetzt zu der Wohnung von Kuss' Vater, in die Flüggestraße 19, das ist nur

5 Minuten von Rogers Zuhause entfernt. Der alte Kuss ist nicht da, Tom hat keinen Schlüssel, an der Tür klebt ein Kripoaufkleber: »Keine Gelegenheit für Diebe. Wir sind von der Polizei beraten.« Sie brechen die Wohnungstüre nicht auf, bleiben im zugigen Hausflur, in dem zwei Zettel der nazistischen »Freiheitlichen Deutschen Arbeiterpartei« kleben (»Für die Familie – für Deutschland«; »Ausländer raus – wählt FAP«). Das Haus ist heruntergekommen, die Tür zum Hof hat keine Scheibe mehr, ist mit Pappe vernagelt, an einer Wand werden neue Stromleitungen in die Mauer verlegt, der Beton ist aufgeschlagen, die Kabel sind grau, die Klingeln defekt, auf den Schildchen stehen Namen wie Adigünzel und Rankowicz. Und Kuss. Die Trinkhalle nebenan hat noch geöffnet. Roger Bornemann nimmt ein paar Pillen gegen heftigen Kopfschmerz. Hat Staffi so zugelangt? Ob es nun nur die Tabletten sind oder ihr Zusammenwirken mit dem Alkohol, Roger torkelt und stößt eine Wodkaflasche (die auf dem Boden steht) um. Kuss, der Freund, zischt wütend: »Na warte!« Er zieht den schwankenden Bornemann in den hinteren Teil des Flurs, zum Hof hin, schlägt ein paarmal hart und gekonnt auf Rogers Nieren. Mit stechenden Augen fixiert er den liegenden Roger und geht alleine zurück zu den andren. Kuss ist der Boß. Roger kommt etwas später wieder dazu.

»Kuss, der Freund, zischt wütend: ›Na, warte!‹ Er zieht den schwankenden Bornemann in den hinteren Teil des Flurs, zum Hof hin, schlägt ein paarmal hart und gekonnt auf Rogers Nieren.«

Dann trinken sie weiter, Bornemann hält sich die schmerzende Seite und sammelt die Scherben der zerbrochenen Wodkaflasche auf. Er will nicht mehr mit, in die Eilenriede, den Stadtwald von Hannover, er kann nicht mehr mit, er wird gestützt – von Schneider und Kuss, der ihm verspricht, daß er ihn nun nicht mehr prügelt. Auf dem Spielplatz in der Eilenriede gibt Kuss seinem Freund eine Zigarette. »Es ist deine letzte«, sagt er zu Roger, der sie gehorsam raucht. Dann stößt Kuss ihn zu Boden, alle treten nach dem 17jährigen Jungen, lassen ihn schließlich liegen, er rührt sich nicht mehr. Sie gehen beiseite und verfolgen ihn, als er versucht zu fliehen. Roger stürzt über einen kleinen Zaun am Rande des Spielplatzes. »Hört auf«, wimmert er, »ich verpfeife euch nicht.« Doch sie hören nicht auf. Schon zwei Nächte zuvor hat Kuss die Tat auf seine Art angekündigt – bei Marco Schneider, der einen ganzen Kopf größer und eine Nummer breiter als Kuss und als der schmächtige Bornemann ist. »Bornemann ist ein Verräter«, hat er in der Skin-Disko »Duck« zu Schneider gesagt. Da war es gerade 24 Stunden her, daß Roger B. umfassend der Polizei von Straftaten neonazistischer Skins und FAPler berichtet hatte. Jetzt wirft Schwieger einen metallenen Papierkorb auf Bornemanns Beine, Kuss und Schneider ziehen das Opfer aus einem Gebüsch, schlagen erneut auf B. ein, dabei springt Kuss zweimal mit voller Wucht auf den Kopf des Gestürzten. Kuss hat wie alle Beteiligten Fliegerstiefel – »Doc Martens« – an. Dann schleppen sie Roger Bornemann zu einem Holzzaun, und Kuss und Schneider besprühen den Schwerverletzten mit CS-Gas, entfernen sich. (Sie

»Freunde«: mannhaft vermummt. Foto: Martin Langer

Mitglieder und Sympathisanten der rechtsextremen »Nationalistischen Front« (NF) kurz vor einer vorübergehenden Festnahme, Bielefeld, 10. 7. 1987. Foto: Dietmar Gust sagen: »Davon geht er innerlich kaputt.«) Nach einiger Zeit stöhnt Roger, da reicht einer (Schneider oder Schwieger) Kuss eine Zaunlatte vom Spielplatz. »Das Schwein lebt ja immer noch«, sagt Kuss. Und: »Jetzt müssen wir ihn richtig plattmachen, sonst verpfeift er uns.« Über zehnmal schlägt Kuss die Holzlatte auf Roger Bornemanns Schädel, dabei schreit er: »Hörst du mich? Hörst du mich?« Dann ist es vorbei, und zuerst verschwinden Staffi, Schneider und Schwieger, schließlich auch der entfesselte Kuss. Auf dem Rückweg zum Bahnhof pissen sich Schneider und Kuss gegenseitig ans Bein. Beim Bier, im Intergrill, überlegen sie, was passieren könnte, wenn Roger Bornemann noch lebte. Sie gehen nach Haus. Ihr Freund, ihr Opfer, ist tot.

Geschehen am 2./3. Februar 1987 (nach den Aussagen von Peter Stafilarakis, Hans Jürgen Schwieger und Marco Schneider vor der 4. Großen Strafkammer Hannover).

»Glaube! Gehorche! Kämpfe! Sei furchtlos! Sei treu!... Sei erbarmungslos!« (Aus: Die zehn Gebote eines Nationalen Aktivisten – entnommen der FAP-Akte von R. Bornemann.)

Erste Gründe – Letzte Welt

Keine 24 Stunden nach der Tat sind die vier Skins verhaftet und geständig. Sie sagen aus, Roger B. erst aus Ärger über die umgestoßene Schnapsflasche geschlagen, dann ihn aus Angst vor einer möglichen Anzeige getötet zu haben.

Die Welt des Toten war identisch mit der seiner Mörder, so scheint es beim ersten Hinsehen. Sie sind alle Skins, notorisch in Geldnot, ausländerfeindlich, gewalttätig, neonazistisch organisiert (mit Ausnahme Schneiders); sie üben den kleinen Terror, der mit der Zeit immer größer wird – Roger ist schon an einem Einbruch in ein Waffengeschäft beteiligt. Sie hoffen, eines Tages den großen Schlag – von dem sie gewiß keine klare Vorstellung haben – führen zu können. Sie sind verstrickt in ein Netz aus Lügen (nicht nur gegenüber den Eltern), Intrigen (vor allem untereinander), Feindschaften (die zu haßerfüllten Abspaltungen führen). Das Klima zwischen ihnen ist explosiv. Ihre politische Grundanschauung legitimiert jede Tat, ihre Wut, ihr Haß wird hinter dem Schutzschild einer Ideologie ungehemmt ausgelebt. Sogar untereinander beklauen, bekriegen, vergewaltigen sie sich. Ständig wird von Aktionen (die nichts als Gewalt sind) geredet, mit Gewalt gedroht, Gewalt ausgeübt, von eindeutig Stärkeren gegen die Schwächeren, von einer Überzahl gegen einzelne, überfallartig und aus dem Hinterhalt.

Roger B., ein Junge aus einem ausgesprochen linken Elternhaus, lebt mitten in dieser dreckigen Mischung, hier ist seine Heimat, sie dominiert sein Leben. In kürzester Zeit ist er da hineingerutscht.

Wenn der Vater tagsüber weg ist, auf Arbeit, benutzt Roger dessen Fotokopierer, der im Wohnzimmer steht, um Blätter der FAP zu vervielfältigen. Einmal kommt Gerd Bornemann überraschend herein, gerade als Roger mit Alex das Horst-Wessel-Lied abtippt. Alex wird aus der Wohnung geworfen. Ob Roger ihn am nächsten Tag wieder hineinläßt in die Bornemannsche Wohnung, weiß der Vater natürlich nicht. Er muß arbeiten, in Seelze, dort ist er bei der Stadtverwaltung angestellter Betriebswirt und Personalratsvorsitzender, gewählt auf der von ihm initiierten, erfolgreichen Gewerkschaftsliste der ÖTV. Gerd Bornemann, Rogers Vater, ist alleinerziehend, ein engagierter Mann, der seine Kinder zur Eigenverantwortung erziehen möchte. Er will ihr Vertrauen und ihre Meinung. Aber wenn der Vater donnerstags abends die Wohnung an der Lister Meile, im Stadtkern Hannovers gelegen, verläßt, um die Ortsvereinssitzung der SPD zu besuchen, dann beginnt die Konspiration. Eine Handvoll Skins, ein Dutzend, wenn sie vollzählig sind (was selten geschieht), betritt so unauffällig, wie das in ihrer martialischen Parademontur möglich ist, den Hausflur, steigt stiekum die Kellertreppe hinunter, setzt sich auf Kisten und Bretter, umgeben von Schmutz und Kellergeruch. Hier ist der Ort ihrer Revolution. Es springen sogar Ratten herum, denn die Haustür ist seit längerer Zeit defekt. So steht das Haus offen.

Die braunen Schmuddelkinder zünden Kerzen an. Sie »malen« mit ihnen rußige Hakenkreuze an die Decke, Roger und andere halten Reden. Die meisten Mitglieder der Gruppe finden die Quatscherei aber öde. Sie kommen oft gar nicht zur Sitzung.

Roger spricht ihnen ins Stammbuch (wiederum schriftlich vorbereitet): »Liebe Kameraden. 1. Ich möchte hier mal ein Thema ansprechen! Und zwar das Erscheinen. Als wir uns das erste Mal getroffen haben, war alles super, aber danach war alles vorbei. Bis auf die Aktion, die wir gemacht haben, waren nur eins bis drei Kameraden da ... 2. Ich habe gehört, daß der Weg zum Keller für einige Kameraden zu weit ist. Dazu kann ich nur sagen: Wir haben Glück, den Keller zu besitzen. 3. Daß am Kameradschaftsabend jetzt eine Uniform getragen wird, ist Pflicht für jeden. Ob militärisch oder Skin-mäßig ist egal.«

Roger ist 150 Prozent.

Zwei Briefe

»Heil dir«, schreibt Roger Bornemann aus einem vierwöchigen Jugendarrest (wegen Beteiligung an einem »normalen« Raubüberfall) an den Gauleiter Niedersachsen der FAP, an Volker Heidel.

»Heil Dir Kamerad Volker. Du hast vollkommen recht, daß ich mal an Rudolf Heß denken soll, aber er sitzt für eine gute Sache und ich für einen Haufen Scheiße. Für die Sache, für die wir alle kämpfen, wenn ich deswegen sitzen würde, dann wäre das ja in Ordnung ... Hier ist es immer schlimmer geworden, jetzt ist sogar ein Punk hier, aber er hat Respekt, die alte Judensau ... N.S. Nun denke ich an Rudolf Heß. Gruß an alle Kameraden. 8.8.«

(8.8. steht für ein zweifaches H, für Heil Hitler.)

An seinen Vater und seine Schwester Alexandra schreibt Bornemann andere Briefe, er läßt seine 5jährige Halbschwester Sarah (die er sehr mag) besonders grüßen, aber er erinnert auch den Vater an den (versprochenen) Kauf von neuen Fliegerstiefeln.

»5. 7. 86. Vater und Schwester, seid gegrüßt. Ich bin in Bremervörde gut

angekommen. Ich bin wie alle in eine Einzelzelle gekommen, was aber nicht schlimm ist. Geweckt wird man um 6.30 Uhr, dann ist Frühsport, um 7.00 Uhr ist Frühstück... Um 11.30 Uhr gibt es dann Mittag (würg). Dann ist Pause. Dann um 1.00 Uhr geht es wieder an die Arbeit, bis 15.30 Uhr... In der Freizeit können wir lesen und am Wochenende zu dritt Spiele spielen. Rauchen darf man nur auf der Zelle. Samstags kommt ein Arzt, der einen von Kopf bis Fuß untersucht. (Die alte Sau geht einem an die Eier.) So geht das jeden Tag... Denkt daran, wenn ich wieder raus komme und Ihr weg seid, dann laßt mir Geld da. ...Also Kinders, kackt nicht ins Bett. Euer Roger Bornemann. PS: Wenn Ihr keine roten Docs (Fliegerstiefel, D.B.) bekommt, dann nehmt schwarze. (14 Loch auf jeder Seite.) Denkt daran.«

Die Stiefel hat Roger bekommen. »Süße, schnuckelige rote, mit 10 Loch...«

Ein Portemonnaie

In Rogers Portemonnaie: ein Goebbels-Foto, der Lügner in Agitatorenhaltung, 1930. Ein Telefonbüchlein: »Oi – Oi Böse Onkels« hat Roger darauf gemalt. Eine Vorladung, Roger als Zeuge: Ein Farbiger wurde zusammengetreten. Eine weitere Vorladung: Roger diesmal als Täter? Ein Schreiben der Schule: Roger fehlt unentschuldigt. Ein unbenutzter Krankenschein. Ein Foto des Vaters, in Farbe. Außen auf dem Portemonnaie: ein FAP-Aufkleber. Wenn man den Spuckzettel ablöst, sieht man ein anderes Zeichen, das unter ihm klebt: die gelbe Hand. »Mach meinen Kumpel nicht an!« Zwei Schichten sind übereinandergepappt. Was unter ihnen verborgen sein könnte, verrät die Geldbörse nicht.

Die Anführer von Roger Bornemann waren meist ältere Jungen und Männer. Sie hießen zuletzt Müller, Heidel und Futter. All diese Figuren sind Kriminelle. Bernd Futter z.B., der 30jährige Chef der Kameradschaft EK I, kann eine Karriere aufweisen, die mit der Tötung eines Menschen beginnt. Er war und er ist der Leiter der Gruppe, in die Roger Bornemann nach seiner Zeit in der FAP geriet. Zu dem wesentlich älteren F. hat Roger B. ein besonders intensives Verhältnis. Der Führer der EK I sitzt derzeit viereinhalb Jahre ein wegen einer Körperverletzung (er prügelte seine Freundin) und diverser Einbrüche (teilweise war Roger Bornemann beteiligt). Ein Verfahren wegen mehrerer Brandstiftungen steht aus. Dieser Futter brachte sich aus der Haft heraus in dem Mordprozeß gegen Tom Kuss und andere ins Spiel: Er sei im Besitz von heißen Beweisen. Der Mord an Roger sei bestellt, eine Aktion der FAP. Sein Material wollte Bernd Futter aber nur dem Staatsanwalt des Verfahrens, Ekkehard Glufke, persönlich überreichen, in der JVA Hannover. Das geschah dann auch. Ein Deal, den Futter bei der Gelegenheit dem Staatsanwalt vorschlug, ging offenbar nicht in Futters Sinn aus. Dennoch wurde er als Zeuge für den 19. 10. 1987 geladen – ein windiger Zeuge, das wußten alle, denn was er vor Wochenfrist dem Staatsanwalt als »Beweise« offerierte, erwies sich schon bei flüchtigem Hinsehen als Fälschung. (Dennoch machten die Hannoveraner Zeitungen groß mit der Geschichte auf.)

Bevor F. aussagen soll, ist vom Gericht entschieden worden, daß er keinen Rechtsanwalt als Beistand bei seiner Zeugenvernehmung in Anspruch nehmen darf. Nun tritt er ein, und jedermann, der hinschauen kann, bemerkt die Nervosität auf der Anklagebank. Insbesondere Kuss und Staffilerakis (»Staffi«) sind gespannt, ja ängstlich. F. war ihr Chef. Er hat sie wie Werkzeuge benutzt, er ist immer noch der Bestimmer. Er kann sie mit seiner Aussage schwer belasten: Nach seinen Vorabberichten soll Roger einem bestellten, einem Fememord zum Opfer gefallen sein. Die Angst der Angeklagten vor ihrem Anführer muß aber nicht lange dauern, denn das erste, was Futter bei seinem Eintritt in den Gerichtssaal unternimmt, ist ein langer Blick zu Kuss, ein beruhigender Blick, der besagt: ist gut, keine Angst, mein Junge. Kuss lehnt sich auch prompt zurück, entspannt sich im Augenblick, erleichtert wie nach einer schweren Arbeit.

Sogleich beginnt der zweite Teil von Futters Auftritt, und daran haben alle Angeklagten ihre helle Freude. F. setzt sich nur halb auf den Stuhl, sprungbereit, nach vorn gebeugt. Er hat sich, der frischen Herbstluft zum Trotz, ein kurzärmliges Hemd angezogen, so kann man seine Arme anschauen, die voller Tätowierungen sind. Der Vorsitzende Richter Kausch fragt F., was er beruflich vor seiner Haft getan hat. »Garnix«, sagt F. stolz. Und: »Solang' wie kein Anwalt dabei ist, verweigere ich.« Dann springt er auf, will zügig aus dem Saal. Kausch hält ihn zurück. »Sie müssen noch warten, Herr Futter.« Futter bleibt an der Brüstung stehen, hinter der die Angeklagten sitzen. »Setzen Sie sich, Herr Futter.« Er setzt sich (wieder nur halb): »Jetze sag ich nix aus.« Der Richter droht ihm mit Beugehaft. »Is mir doch egal«, sagt F., »ich bin sowieso im Knast.« Er steht wieder auf, mit dem Rücken zur Balustrade, die Arme nach unten hängend, leicht vom gespannten Körper weggebogen, die Hände an der Hüfte zur Faust geballt, den Kopf leicht in den Nacken gezogen (Futter hat einen krummen und breiten Rücken), sein ganzes Gehabe soll militärisch wirken — es ist in der Tat aggressiv. Futter läßt sich bewegen, noch einmal Platz auf dem Zeugenstuhl zu nehmen. Der Staatsanwalt Glufke wird heftig. »Sie wollen hier wohl mit uns spielen.« Ein anderer Richter, Thies, schlägt versöhnlichere Töne an. (»Wir brauchen ja den Zeugen.«) Futter will erneut gehen, nun verstellen ihm Justizbeamte den Weg. Die Sitzung wird unterbrochen. Das Gericht berät, ob Futter durch Haft gebeugt werden soll — ein schlechter Witz.

Während der knapp halbstündigen Pause unterhält sich der gewohnheitsmäßige Angstmacher erst mit den Justizbeamten, die liebedienerisch neben ihm stehen, als wären sie ganz erleichtert, daß sie vor diesem Kerl keine Furcht haben müssen. Dann schleicht der »Bild«-Redakteur aus Hannover heran und schreibt mit, was F. — der sich ohne Anwalt verweigert — erst den Beamten, nachher und immer offener dem »Bild«-Mann erzählt: eine neue Räuberpistole.

Ungeniert und ungehindert gibt er ein Interview, keiner greift ein, die Angeklagten hinter der Balustrade lachen und scherzen, sie boxen sich und sind vergnügt. Futter wird morgen wieder mit großem Behagen die Lokalteile der Hannoveraner Zeitungen lesen.

»Die 11. Strafkammer hat an zwei Tagen in der Hauptverhandlung gegen

Futter u. a. (auch EK I-Prozeß genannt) mehrfach öffentlich erklärt, sie interessiere sich nicht für die politischen Hintergründe. Ganz ›unpolitisch‹ hat sie nur die Vermögensdelikte und eine Körperverletzung an einer Freundin abgehandelt und die politisch motivierten Brandstiftungen abgetrennt und auf den St.-Nimmerleins-Tag verschoben, wenn nicht auf den Einstellungstag, wie allgemein angenommen wird.« (Rechtsanwalt Plähn, einer der Verteidiger im EK I-Prozeß, in einer Presseerklärung zum »sanften Umgang der Strafverfolgungsbehörden Hannovers mit Neonazis«.)

Vernehmung eines Beschuldigten

»Mir ist klar ... geworden, daß ich nur dann einigermaßen heil aus der Sache rauskommen kann, wenn ich tatsächlich alle Angaben mache ... Ich will die Sache jetzt hier allein ›durchziehen‹.«

Nach dieser Einleitung gesteht Roger Bornemann die Beteiligung an diversen Einbrüchen, u. a. in einem Waffengeschäft, aber auch bei Exkameraden von der FAP, bei Müller und Kiehm (von dem es heißt, er habe Roger vergewaltigt). Futter war der Chef der Unternehmungen.

Roger berichtet bei der Polizei: »Bernd Futter hatte ein Stück Draht mit, mit dem er die Wohnungstür ›aufschließen‹ wollte ..., er kam aber nicht rein ... Bernd Futter riß an der Tür und schaffte es tatsächlich so, die Wohnung zu öffnen ... zeigte mir einen Ledermantel, der an der Flurgarderobe hing. Er sagte, daß ich ihn anziehen sollte. Das tat ich dann auch. Alle vier verließen wir das Haus ... und fuhren sofort weiter zur Wohnung Müllers ... Das Öffnen der Tür ging diesmal noch einfacher, Futter drückte die Tür praktisch mit der Hand ein ... (Sie stehlen Videokassetten, -kamera und -abspielgerät, D. B.). Futter (drückte) uns Sachen in die Hand, die wir dann ins Auto brachten ... Ich hatte den Mantel im Auto ausgezogen, und es war irgendwie klar, daß Spielbrink diesen bekam. Schließlich hatte Bernd Futter schon einen und Spielbrink war unser zweiter Mann.« — »Futter hatte mir irgendwann mal zwei Sprühdosen mit schwarzem Lack gegeben ... Mit Tom Kuss kam ich auf die Idee zu sprühen, weil das Bock macht ... Wir gingen dann los zur IGS Linden, die da gleich in der Nähe ist. Da stand eine Parole wie ›Nazis raus‹. Das paßte ganz gut, wir sprühten dazu ... ›aus dem Knast‹. Dann noch ein paar Hakenkreuze und so. Wir sprühten dann noch in der Nähe von Kuss seiner Wohnung ... ›Ausländer raus‹ und ›Skinheads für Deutschland‹. Tom wußte dann noch, wo Türken wohnen. Das war in der Nähe seines Wohnhauses. Wir sprühten ›Ausländer raus‹.« —

»Wir mußten einfach wieder mal was tun. Da mußte wieder mal was von uns in die Zeitung, um so die Roten einzuschüchtern. Da war auf einmal die Rede von ›Fackeln‹. Das schien uns genau das Richtige zu sein.«

»Ich habe nach wie vor tagtäglich Kontakt zu Tom Kuss. Von diesem habe ich erfahren, daß ich angeblich mit Brandstiftung zu tun haben soll. Das stimmt nicht ... Von den Brandstiftungen, von denen ich weiß, kann ich nur sagen, daß die aus der FAP-Gruppe, zu der ich ja auch gehörte, hervorgegangen sind... Wir haben uns in der FAP, in der ›Parteizentrale Sallstraße 28‹, täglich getroffen. Das war immer so eine Gruppe von 8 bis 10 Leuten. Nachdem es ja viel Randale von unserer Zentrale gegeben hatte, mit Ruhestörung, lauter Musik und anderen Sachen, war es ja jetzt die Zeit ruhig gewesen. Wir mußten einfach mal wieder was tun. Da mußte mal wieder was von uns in die Zeitung, um so die Roten einzuschüchtern. Da war auf einmal die Rede von ›Fackeln‹. Das schien uns genau das Richtige zu sein. Natürlich wußte auch jeder, wie man ›Neues‹ mischt... Ich mußte dann meine vierjährige Schwester bei uns zu Hause betreuen und kam deshalb erst am Abend, gegen 21.30... Uhr in die Wohnung Müllers zurück. Schon beim Betreten des Treppenhauses fiel mir Benzingeruch auf... in der Wohnung waren Müller, Kiehm, Kuss, ich glaube Rokahr, Lühmann und dann ich. Die... saßen da und tranken Bier. Die waren angeheitert. Betrunken waren die aber auf keinen Fall...

Ich stellte praktisch der gesamten Gruppe, keiner Einzelperson, die Frage, ob sie zündeln wollten, um ›Alarm‹ zu machen. Die Antwort, die ich erhielt, war allgemeines Gegröle, aus dem hervorging, daß tatsächlich was laufen sollte. Mir fiel auf, daß Hansen und Futter nicht da waren. Auf meine Frage hin, wo die seien, sagte man, daß die unterwegs sind. Mir war klar, daß die irgendwo Feuer legen wollten. Auf meine Frage, wo das sein sollte, wurde mir geantwortet: Kornstraße (ein unabhängiges Jugendzentrum, D. B.). Kornstraße ist das höchste, was es gibt, Das ist die Zentrale der Roten. Da ran zu kommen, ist äußerst schwierig, fast unmöglich... Sie stellen teilweise sogar Wachen. Das wäre für uns das höchste gewesen, wenn es bei denen ›gefackelt‹ hätte. Auch für mich wäre es das größte... Wir hörten dann (im Polizeifunk): ›ein Löschzug in die Kornstraße‹... Als wir das hörten, war das wie ein Sieg über die ›Roten‹. Das wurde natürlich gefeiert. Es ging natürlich auch ziemlich laut her. Wir tranken Bier...«

(Vernehmung eines Beschuldigten wegen einer Straftat, letzte Aussage Roger Bornemanns am 29. 1. 1987, vier Tage vor seinem Tod.)

Anfänge

Der Vater: »Roger kam das erste Mal abends nicht nach Hause, das war auf dem Sommerschützenfest im Juno, Julei 1983. Ich habe dann noch vor 22 Uhr bei der Polizei angerufen. Wie alt ist der? fragten sie. Vierzehn. Na dann warten Sie mal 'ne Stunde. Dann wurde ich kurz vor Mitternacht angerufen, daß man ihn mit Lars Meier bei einer normalen Kontrolle aufgegriffen hätte. Bei einer normalen Kontrolle fiel der auf! Mein Sohn sah damals aus wie ein 11jähriger. Bis dahin gab es mit ihm überhaupt keine Probleme, nichts, was in irgendeiner Weise gravierend gewesen wäre. Dieser Hänger, dieser Bruch in seiner Entwicklung kam durch Lars Meier und dessen Bekannte zustande.«

Der Lehrer: »Roger gehörte zu einer Gruppe von drei, vier Schülern, die vom Verhalten her auffälliger waren. Er war nicht der Kasper, da fehlte ihm irgendwie das Können dazu. Er saß auf der Bank, unter der Bank. Ich hatte bei ihm immer das Gefühl, daß er ein Mitläufer und Blender war, daß er seine Leute vorschickte. Er war so schmächtig und hatte diesen Silberblick. Und wenn man ihn so sah (wobei der Blick auch gefährlich wirken konnte), dann hat er immer versucht, zu kompensieren. Er war relativ unauffällig, bis auf das Schwänzen und die Brüche. Deswegen habe ich aber nicht nachgegraben. Ich bin ja kein Polizist. Die Schüler sind ja oft sehr viel froher gewesen, daß wir nicht alles wußten.«

IGS Linden

1980–1983. Roger ist 11, 12, 13 Jahre alt. Marlene heißt seine Freundin. Sie findet wie alle Mädchen den kleinen Roger »total niedlich«, Marlene ist ein bißchen dick und unbeweglich, eine Außenseiterin in der 5. Klasse an der Gesamtschule Linden. Roger und sie spielen sehr oft zusammen, Rollschuhfahren, Abenteuerspiele. Marlene besucht Roger in Harenberg, in der Wohnung im alten Schulhaus, die Gerd Bornemann mit seinen Kindern und seiner Freundin bewohnt. Wenn der Vater abends von der Arbeit nach Hause kommt, fliegen Roger und Alexandra in dessen Arme, küssen ihn. Marlene wundert sich sehr: So etwas tut ein Junge doch nicht!

Irgendwann, im Spätsommer 1982, bekommt Roger eine kleine Schwester, Sarah. Zu der Mutter des Mädchens (der Freundin des Vaters) hat Roger ein kühles, später ein schlechtes Verhältnis. Marlene erzählt er, daß er seine richtige Mutter gar nicht leiden kann, sie ist weg, seit er sechs Jahre alt ist, und er hat sie auch nie besucht oder sehen wollen.

Manchmal wundert sich Marlene über ihren Freund, mit dem sie nachmittags so schön spielen kann: In der Klasse, in der sie nur schwer Anerkennung findet, distanziert er sich nämlich von ihr.

1983 kommt Lars in die Klasse. Er muß das 7./8. Schuljahr wiederholen. Lars, Roger und ein dritter Junge finden sich, auf einem Spielplatz im Limmer, da warten schon morgens andere, Jugendliche aus dem Kinderheim gegenüber. Sie sind auch nachts unterwegs, die Schule interessiert sie nicht sonderlich. Marlene gerät rasch aus Rogers Blickfeld, ja, er ist plötzlich mit einem Typen aus Harenberg zusammen, vor dem Marlene und er vor noch nicht allzu langer Zeit gewaltigen Respekt hatten. Jetzt quält Roger gemeinsam mit dem Harenberger Marlene, sie biegen ihre Arme um eine Litfaßsäule, peitschen mit langen Stöcken nach ihr, als sie fliehen will.

Marlene versteht das nicht. Der niedliche Roger und diese Brutalität, wie kommt das zusammen? Er bedroht sie noch einmal, steht vor ihr und hält ihr einen behandschuhten Zeigefinger grad unter die Nase. Marlene prügelt sich mit ihm. Eigentlich ist sie stärker als er, Roger aber ist entschlossener. Ihr Kampf endet unentschieden. Roger beginnt in dieser Zeit mit Lars das Stehlen. Werkzeuge, Radios aus Lauben, Fahrräder von der Straße – im Grunde genommen klauen sie so ziemlich alles, was man verkaufen kann. (Eines der erbeuteten BMX-Räder läßt sich Roger von seinem Vater bezahlen. Er hat es angeblich für 80,00 Mark von Lars erstanden.) Die Jungen werden oft erwischt. Roger wird aktenkundig. Manchmal muß ihn der Vater suchen, dann ist er über Nacht verschwunden.

In der Nähe von Rogers Wohnung, in Limmer, gibt es ein herrliches Spielgelände. Da ist eine Schleuse, da sind zwei Laubenkolonien, Sportplätze, ein

Bahndamm, an dem schon mal Güterzüge halten, da gibt es den Limmer Brunnen, ein kleines Buchenwäldchen mit Bänken. Die Buchen sind alt, 100, 150 Jahre, Roger und andere ziehen sich in den Schutz dieser Bäume zurück. Hier ist ihre Welt, sie sind eine Bande, eine Gruppe, die neben Lars Meier und dessen Kreis für Roger B. wichtig werden: Stefan ist dabei, Jens und Sven, bei allen ist zu Hause ziemliche Unordnung.

Oft sitzen sie an der Brücke, die über die Eisenbahnschienen führt, und kritzeln Sprüche mit ihren Lackstiften auf das Geländer. Sie fühlen sich wie New Yorker Streetskids, Kassettenrecorder im Arm, die Musik kreischt. Auch sie klauen – alles was Geld bringt: BMX-Räder vor allem. Das Geld geben sie aus für Zigaretten, Alkohol, den größten Teil legen sie in Süßigkeiten an. Jens nennt sich Cool Crazy Jens (CCJ), Stefan heißt Cool Christoph Columbus und Sven ist der »Good Soldier«. Roger fängt an, mit Heil Hitler zu grüßen und Hakenkreuze zu malen.

Dann ist da noch Rogers Freundin A. Irgendwann will Roger nicht mehr mit ihr zusammen sein. Aber das Mädchen hängt an dem niedlichen Jungen. Sie streiten sich wie Alte, und mehrfach verprügelt Roger sie. Er kniet auf ihr und schlägt voll zu. Stefan und Sven begucken das unwürdige Schauspiel, sie trauen sich nicht zu sagen: »Mach Schluß, Roger.« (Sie haben Angst, daß Roger sie zusammen mit dem schlagkräftigen Lars Meier angreifen könnte.) Erst als Roger blindlings auf A. eindrischt, greifen Stefan und Sven ein – und wundern sich, wie leicht sie den kleinen Roger wegheben können. A. bleibt weinend auf dem Sofa liegen, Roger hängt im Sessel und zündet sich eine Zigarette an. »Was wollt ihr denn«, sagt er zu seinen Freunden, »die alte Schlampe soll erst einmal lernen, wer der Herr im Haus ist.«

Kurze Zeit später ist neuer Streit zwischen A. und Roger, sie schluckt eine Überdosis Hustenblocker und bekommt Kopfschmerzen bei diesem Suizidversuch, dann legt sie sich auf die Eisenbahnschienen. Roger ist ratlos. »A. will sich umbringen«, sagt er zu einer Freundin, »ich weiß nicht, was ich tun soll.« Sie tragen das Mädchen zu dritt weg, setzen sich auf die Eisenbahnbrücke, und Stefan stellt seinen Kassettenrecorder ausnahmsweise leise, weil langsame Stücke kommen.

Dann ist die Liebe zwischen Roger und A. endgültig aus, und Lars übernimmt die Braut – was zum Streit zwischen Lars und Roger führt. Roger geht Lars aus dem Weg. Er behält aber seine Nazisprüche bei, grüßt weiter mit Heil Hitler. Sven, Stefan und Jens finden das ganz lustig, sie akzeptieren Roger so, wie er ist. Wenn Roger mit dem »Judenkram« anfängt, dann schalten sie aber ab, hören nicht zu. Sie wollen davon nichts wissen, er ist ihnen auf dem Gebiet überlegen und will hier – wie auch in anderen Bereichen – die Führung übernehmen. Als sie in dieser Zeit einmal einen alten Mann mit ihren BMX-Rädern umkreisen (im Buchenwäldchen) und ihn zu Fall bringen (er blutet sogar), schreit Roger voller Begeisterung: »Wir haben wieder 'nen Juden geschafft.«

Es wird Zeit, daß etwas geschieht.

(Nach Gesprächen mit Marlene* und Stefan W.)

* Der Name des Mädchens wurde verändert.

Ortstermin

Der Spielplatz, wo Roger Lars Meier und andere traf, ist umgestaltet. Die Hütten in der Nähe des Limmer Endpunktes der Straßenbahn sind beseitigt. Lars Meier hat sich in der U-Haft erhängt, im Februar dieses Jahres.

In der Kolonie »Schleusengrund« müssen Radfahrer absteigen, im Tulpen- und Rosenweg.

Die Lauben, in die Roger und Lars einbrachen, sind ebenfalls abgerissen, die Lackstiftsprüche auf der Brücke kann ich noch lesen. »Daniela B. ist eine alte Hure, Nutte und was es noch für Spastinamen gibt.« In der Art haben alle formuliert. Nur Roger nicht. Er hat schon hier »Deutschland den Deutschen« notiert und Hakenkreuze gemalt. Unten, am Bahndamm, zwischen die pubertären Sprüche (die von der Angst erzählen) hat Roger in Druckbuchstaben gekritzelt: »Deutschland – mein Vaterland«.

Seine Bank, die Bank der Gruppe (am Limmer Brunnen) ist übermalt. Was damals hier aufgeschrieben wurde – es ist weg. Ein neuer Roger aber hat seine Literatur schon begonnen. »Lieber schwul als mit Isa gehen«, »Jew get out«. Und so weiter. Genauso wie Roger hat auch dieser Junge seinen Namenszug nicht unter die Nazisprüche gesetzt.

Schulwechsel

»Ich habe gedacht: Der Typ hat zwei Gesichter. Einerseits war er so nett, andererseits so brutal. Er drohte in einem fort. Na ja, und dann die kriminellen Geschichten ...« (Marlene) »Es war praktisch so: der eine Roger, der immer Mist baute, und der andere, der sah, daß das zu nichts führte.« (Hajo L., Stammgruppenlehrer)

Ende 1983 weiß Gerd Bornemann nicht mehr weiter: Rogers Eskapaden reißen nicht ab, der Junge verschwindet tagelang, bricht nachts aus der Wohnung aus, schläft irgendwo, nicht selten in der Wohnung der alkoholkranken Mutter seines Freundes Lars Meier. Roger wird zusammen mit Lars bei Diebstählen ertappt, er schwänzt die Schule. In kürzester Zeit kassiert er eine Latte von Strafen: einen Wochenendarrest, 15 soziale Dienste, noch einmal eine ganze Woche Arrest (zusammen mit seinem Mittäter Lars Meier). Der Vater versucht es immer wieder, mit Roger ins Gespräch zu kommen, obwohl auch er in dieser Zeit stark belastet ist: An seinem Arbeitsplatz, der Verwaltung der Stadt Seelze, sollen 23 Frauen entlassen werden. Der alte Personalrat kollaboriert mit dem Stadtdirektor gegen die Interessen der Betroffenen, und Gerd Bornemann organisiert die Gegenwehr, schreibt mit einigen Kollegen bewußt provozierende Flugblätter. (Sie haben Erfolg, die Kündigungen kommen nicht durch.) »Diese Arbeit hat mich so geschlaucht«, sagt Gerd Bornemann, »daß ich erschöpfter war, als das in üblichen beruflichen Beanspruchungen sonst der Fall ist.«

Die Probleme mit Roger scheinen ihn inzwischen ohne fremde Hilfe unlösbar. Gerd Bornemann beantragt eine »freiwillige externe Erziehungsmaßnahme« für seinen Sohn. Er sagt: »Mir läuft hier was aus der Hand.« Und: »Das sind Einflüsse, die stärker sind als mein mäßigender Einfluß.« Im Januar, Februar 1984 soll Roger deswegen weg von zu Hause, in ein Heim, jedoch zum

Jahreswechsel gibt es einen großen Ratschlag bei den Bornemanns. Und Roger verspricht Besserung. Er will sich von Lars Meier und dem Einfluß der Gruppe um diesen Jungen lösen. Die Familie beschließt umzuziehen, in die Innenstadt von Hannover, damit auch eine räumliche Trennung von Lars und den anderen stattfindet, Roger soll darüber hinaus die Schule wechseln, von der IGS Linden auf die IGS Roderbruch gehen. Bis dieser Wechsel vollzogen ist, soll er vorsichtshalber zu Hause bleiben (das ist dann von Weihnachten bis Ostern). Alle sind optimistisch, daß der Plan, die Vorsätze gelingen. »Man kann sich das nicht vorstellen«, sagt Gerd Bornemann, »wie wir alle unter dieser Situation gelitten haben. Dabei habe ich immer versucht, Antennen zu haben, um zu merken, wenn was Besonderes vorlag.«

»Was unsere gefühlsmäßige Beziehung anbetrifft, da hat sich nie etwas geändert, bis zum 2. Februar 1987. Er war eine lange Zeit für seine Schwestern und mich die wichtigste Person. Wenn ich zu Hause war, lag er oft auf dem Sofa nebenan, mit dem Kopf direkt an meinem Sessel und wollte stundenlang gestreichelt werden. Oder er hockte vor mir auf dem Teppich, wenn wir Fernsehen guckten ... Die Beziehung, die ich zu meinem Sohn und meinen Töchtern hatte und habe, die ist nicht zu vergleichen mit irgendwelchen Standardsituationen in anderen Familien. Sie war besonders intensiv ... Roger war ein sehr gespaltener Mensch, fürchterlich extrem. Wenn Blödsinn gemacht wurde, dann war er dabei. Da gleicht er in gewisser Hinsicht seinem Vater. 50 Tadel in einem Jahr« – Gerd Bornemann lächelt – »das war mein Rekord. Und Roger war auch so ein richtiger Springinsfeld. Immer zu Dönekens aufgelegt – wobei ich sagen muß, daß er bis zu seinem 14. Lebensjahr keine Fensterscheibe zerstört hat.«

Mit sieben Jahren aber springt Roger wörtlich ins Feld, da sucht das halbe Dorf, in dem die Bornemanns wohnen, eine Gruppe von fünf, sechs verschwundenen Kindern, darunter auch Alexandra und Roger B. Die Polizei ist benachrichtigt, und dann werden die Kleinen gefunden, auf einem Acker, Hand in Hand, von einem hochgebündelten Strohhaufen kommend, wo sie gespielt haben. Das ist die Zeit, in der Alexandra einmal dem Vater verspricht: »Papa, ich bin jetzt fünf Jahre alt, ich hör' auf zu rauchen.« (Sie hat wohl immer für einen 15jährigen Jungen die »Reval« ohne Filter kaufen müssen.)

Problematisch aber, sagt Gerd Bornemann, ist damals im Grunde nichts. Er hat nach der Scheidung von seiner Frau (im Jahr 1975) das Sorgerecht für seine Kinder bekommen, übergangsweise engagiert er eine Tagesmutter, später wohnt eine Freundin in seinem Haushalt. Die Kinder sehen nach dem Sommer 1975 ihre Mutter nie mehr, sie beantragt auch niemals eine Besuchserlaubnis. (Mehrfach und energisch wehrt sich Gerd Bornemann in unseren Gesprächen dagegen, daß Rogers Probleme mit dem »Klischee von der fehlenden Mutter« erklärt werden könnten.) Gerd Bornemann macht über den zweiten Bildungsweg seinen Betriebswirt (1975–77), Roger geht auf die Grundschule, regelmäßig, er ist klein und schmächtig (deswegen wurde er erst mit sieben Jahren eingeschult), ein ganz guter Schüler. Einen Bruch gibt es, als seine Grundschulklasse zum 4. Schuljahr aufgelöst und auf andere Klassen verteilt wird. (Sein Vater – als Elternratsvorsitzender – und andere Eltern versuchen vergeblich, diese ungute Teilung und Trennung zu verhindern.) Roger kommt in dem letzten Jahr mit der neuen Lehrerin überhaupt nicht zurecht, seine Leistungen lassen deutlich nach.

Das wird auch auf der neuen Schule, der IGS Linden, nicht viel besser. Roger kaspert herum, in manchen Fächern hat er sehr wenig Interesse. Aber immer noch gibt es nichts, was nicht im Griff zu behalten wäre, bis eben ab dem Sommer 1983 ein neues Kapitel beginnt.

(Nach Gesprächen mit Gerd Bornemann.)

Das Zeichen

»Der Mensch wird mit einem besonderen Zeichen geboren, dieses Zeichen kann man weder auslöschen noch abwaschen noch verändern. Die äußerlichen Wechselfälle, die dem Menschen widerfahren, sind bloße Zufälligkeiten, etwas das vergeht, das dieses Zeichen nur für eine Weile verdeckt ... Der Mensch verändert sich nicht, das *Zeichen* ist untilgbar. Es ändert sich nur das Ornament um das Zeichen herum, jenes vom Wind Angewehte und wieder Weggewehte, das den Menschen sein Leben lang begleitet und die Zeitgenossen verwirrt.« J. Trifonow, Die Zeit der Ungeduld

Neues Beginnen

Der Anfang ist schlecht. Die Gesamtschule Roderbruch möchte den Schüler Bornemann nicht aufnehmen. Wir können auch nichts anderes tun als die Kollegen in Linden, so lautet die Ablehnung. Gerd Bornemann (»Das Aufnahmeschreiben habe ich mit Roger gemeinsam gemacht, so etwas haben wir immer gemeinsam gemacht. Ich habe dann auch mit meinem Sohn Widerspruch eingelegt.«) geht gegen die Ablehnung vor, die Bezirksregierung gibt Roger grünes Licht. Endlich, nach Ostern ist es soweit: Roger kommt an die neue Schule, es ist allerdings eine, die ebenso riesig und unwirtlich und – wegen der hohen Schülerzahlen – ebenso anonym ist wie seine bisherige. Erstaunlicherweise klappt es aber ganz gut in der neuen Klasse, alle Beteiligten geben sich Mühe, Roger findet gleich Anschluß und Freunde. Er geht regelmäßig in die Schule, bemüht sich zu lernen, auch wenn die Lücken vor allem in Mathematik und Englisch beträchtlich sind. Im Deutschunterricht lesen sie »Rolltreppe abwärts«, Roger erzählt in der Klasse von seinen Delikten. Der Junge ist unauffällig, denkt der Klassenlehrer über ihn, unauffällig und ganz normal. Daß er sich an denen orientiert, die in ihrer Entwicklung relativ weit sind, an denen, die fragen: »Wo steht das Klavier? Wir tragen die Noten!«, verwundert den Pädagogen nicht: der spindeldürre, jung aussehende Roger ist ja in Wirklichkeit einer der ältesten in der Stammgruppe (er ging wegen seiner Versäumnisse eine Klasse zurück).

Es dauerte aber nicht lange, und die Unregelmäßigkeiten fangen doch wieder an. Schon nach den großen Ferien, also in der zweiten Jahreshälfte 1984, ist es soweit. Roger schwänzt, da steht auch noch ein Prozeß aus, und wenige Tage zuvor reißt Roger aus, wird dabei erneut straffällig. Eins kommt zum anderen, im November kassiert er den ersten Verweis an der neuen Schule. Roger hat sich inzwischen Markus angeschlossen, Markus ist Skin, und Roger paßt sich dem Bild des neuen Freundes an. In der Pause rennen sie ins Einkaufszentrum gegenüber und kaufen sich Bier. Sie suchen und finden die Auseinandersetzung mit anderen Schülern, mit Lehrern. Sie isolieren sich.

Der Lehrer: »Er wirkte immer so, so unterernährt, und wenn es hart auf hart kam, wenn seine Signale nicht mehr funktionierten, dann hörte er sehr rasch

»Ich dachte: Er ist bei den Skins ... Aber es paßte nicht: Skins, das war für mich etwas tierisch Gefährliches. Und dann er?!«

auf. Wenn er auftrat, wirkte das wie eine Satire: ein kleines Männchen mit ganz dünnen Beinen, engen Jeans und viel zu großen Schuhen.« (In der Tat sind die Docs, die Roger trägt, Second hand und zwei Nummern zu groß gekauft.)

Sandra K.: »Wir hatten fast ständig das Thema Faschismus in Gesellschaftslehre, mir kommt es so vor, als hätt' es drei Jahre gedauert. Jedenfalls – irgendwann fingen Markus und Roger im Unterricht an zu lachen (wir haben uns Fotos aus KZs angeguckt,) die fanden das tierisch lustig. Dann haben sie Bilder gemalt und ›Hajo abschießen‹ darunter geschrieben. Was man halt so macht, wenn man den Lehrer nicht ab kann. Dem Sportlehrer hat Roger, der mit Springerstiefeln in die Halle kam, gesagt, ›Hallo, du altes Itakerschwein.‹ Der Lehrer hat ihn am Kragen gepackt und in die Ecke gedrückt: ›Wenn du nicht mein Schüler wärst ...‹ Zwischen denen herrschte dann ständig Krieg. Dann störte Roger den Unterricht (wenn er da war) und ließ so richtig derbe Sprüche los: ›Abschießen‹, ›Bomben reinwerfen‹ usw. Zu Irmtraud (einer Lehrerin) sagte er: ›Fahr mal nach Haus, dein Kind ist tot.‹ Er hatte oft solche Phantasien: Türken zu erschießen, mit dem MG usw.

Das ging aber alles ganz langsam, da war nichts Plötzliches. Ich habe immer gedacht, er will in der Gruppe sein und tut das, um anerkannt zu werden. Ich habe nie gedacht, daß er das innerlich wirklich ist. Er war so unheimlich schüchtern, gerade, wenn man mit ihm allein war. Und vor der Klasse dann, da sagte er der Kunstlehrerin: ›Ich peitsch' dich, ich knüppel' dich.‹ Als die Lehrerin trotzdem sein Bild gut fand, wurde er richtig verlegen. ›Oh‹, sagte er, ›voll Picasso und dafür 'ne Zwei!‹ Dann hatte sie keine Probleme mehr mit ihm ... Ich konnte mir eigentlich nie vorstellen, daß er sich ständig prügelte – obwohl er es tat. Ich wußte auch, daß er immer etwas dabei hatte, CS-Gas usw. Ich dachte: Er ist bei den Skins ... Aber es paßte nicht: Skins, das war für mich etwas tierisch Gefährliches. Und dann er?! ... Es ging auch nicht gradewegs mit ihm bergab. Hajo hat mal vor der Klasse gesagt, daß Roger keine Aussichten mehr auf unserer Schule hatte. Da war Roger sehr tief getroffen. Und hat sich – hier 'ne Woche, da 'ne Woche – bemüht und kam auch etwas heran. Nur: niemals so richtig. Und wenn wieder dieses Thema kam, Antifaschismus, dann war's wieder aus. Ich habe das nicht verstanden. Ich saß neben ihm, und plötzlich kamen nur noch so Sätze: gegen Ausländer, auch gegen eine behinderte Lehrerin. Und: ›Hajo in die Gaskammer.‹ Immer ziemlich makaber ...

Ich weiß nicht, woran das gelegen hat. Ob ihm zu Hause die Anerkennung fehlte? Oder sonst was? Er war unscheinbar und konnte auch die großen Sprüche nicht. (Hätte das aber gern!) Er war an sich schüchtern und ist so geblieben. Er gehörte nicht zu den Wortführern. Ich meine auch, daß er nicht sehr viele Freunde, richtige Freunde hatte. Auch Markus war nicht sein Freund. Sie hatten oft Streit. Das war so ein Genossenverhältnis, er war Skin, Markus auch. Trotzdem hat einer den andren verarscht. Richtig zusammen hielten sie nicht.«

Ein Aufnäher

Der Lehrer: »Eines Tages tauchten Markus und Roger mit einem Aufnäher auf: ›Ich bin stolz darauf, ein Deutscher zu sein.‹ Das war an unserer Schule schon eine Provokation, und irgend jemand von der Schulleitung gab denen Schulverbot. Die anderen Schüler fanden das als Reaktion überzogen. Ich habe versucht zu vermitteln, was die Aussage auf dem Aufnäher eigentlich heißt. Da wurde aber von einem Teil der Schüler dagegen gehalten: Man könne dem Markus nicht sagen, was er anziehen solle. Das sei eine Einschränkung persönlicher Freiheit usw. Sie fanden den Spruch belanglos. Irgendwann war es nicht mehr gütlich zu regeln. Nicht wenige Schüler regten sich über uns Lehrer wahnsinnig auf, das ging dann sogar vors Verwaltungsgericht, die Mutter von Markus klagte, Gott sei Dank ohne Erfolg... Die Schüler, die eher auf unserer Seite standen, haben in der Folgezeit Markus und Roger beobachtet und gesehen, daß sich in den Pausen eine ganze Gruppe traf, militärisch grüßte, teilweise mit Hitlergruß. Das waren so sechs, sieben, acht, vielleicht neun Schüler. Die trafen sich in einem Seitenteil außerhalb der Schule. Parallel dazu häuften sich in der Schule Anzeichen von Gewalt gegenüber Mitschülern, Schlägereien ganz merkwürdiger Art. Da wurde Schülern verboten, bestimmte Teile der Schule zu betreten. Warum? Ich weiß es nicht. Das schien sinnlos und chaotisch, ein sinnloses Ausleben von Stärke. (Es gibt ja überhaupt viele Schüler, die es schick finden, Gewalt auszuüben und Stärke zu demonstrieren.) Auch hier war das kein Ausdruck irgendwelcher ideologischer oder politischer Kämpfe, sondern eher Bandenwesen...

Ich glaube nicht, daß Roger bei uns an der Schule zu den Nazis gekommen ist. Wir als Schule sind ja gar nicht so offen mit dem Problem Neofaschismus konfrontiert worden, das war viel subtiler. Wenn es so eine organisierte Gruppe gegeben hätte, dann wäre es einfach gewesen. Zwar wurde später noch einmal eine Schulungsmappe der FAP gefunden (und der Polizei übergeben), aber es gab keine Hinweise, wem die gehören konnte. Roger stritt auch immer ab, bei den Neonazis organisiert, ein Neonazi zu sein. Ich glaube auch, daß in dieser Hinsicht die ›Roten Wölfe‹, die Fan-Organisation von Hannover 96, viel wichtiger für ihn waren.... Aber ich fühlte mich durch ihn bedroht, mein Auto stellte ich vorsichtshalber in die Garage. Und einmal, auf einer Schulfeier, tauchte Roger auf und hatte so eine Art Wehrmachtsuniform an. Er hatte auch Schüler dabei, die nicht von unserer Schule waren, und wir bekamen fürchterliche Angst – ein Fahrrad wurde kaputtgetreten. Wir sind regelrecht Streife um die Schule gelaufen... Als Roger dann weg war, tauchte eine natürliche Beruhigung auf. Er spielte den Agent provocateur, er war ja ein heller Kopf, heller und klarblickender als mancher andere.«

Gerd Bornemann: »Mein Sohn hat mir gegenüber immer gesagt: Ich bin kein Fascho-Skin. Erst als mit bestimmten Platten u. a. deutlich war, daß es doch in diese Richtung ging, hatte ich Veranlassung einzugreifen. Die Beziehungen zu den Nazis hat er an der IGS Roderbruch entwickelt. Seine gesamte Gruppe, die Kameradschaft ›Niels Krückeberg‹, kam doch von dieser Schule!«

Sandra: »Er schmierte alles voll Hakenkreuze, überall standen Naziprüche. Das mußte er saubermachen, aber erst am Ende des Schuljahres – weil der Hausmeister den Tisch so dreckig nicht zurückgenommen hätte... Hinterher hat sich eigentlich keiner mehr so richtig drum gekümmert. Die Lehrer haben ihn gelassen, weil sie wußten, daß sie nichts mehr ausrichten konnten. Manchmal, wenn Roger morgens zu spät kam, hat er geguckt, von seinem Platz, den Lehrer hat er angeguckt, und dann grüßte er mit ›Heil Hitler‹!«

Vorfälle

»Am 25. 11. 1985 wollte ich den Raum der 9/4 aufsuchen, um dort pünktlich meinen Unterricht zu beginnen. Im vorgelagerten Flur standen recht viele Schüler, um zwei Schülern zuzusehen, die sich prügelten. Ich bahnte mir einen Weg durch die Schüler und ging in den Klassenraum, in der Hoffnung, die Situation löse sich nach kurzer Zeit.«

»Der Gang war frei, und der Schüler ging direkt auf mich zu. Ich sollte mich veranlaßt sehen, ihm den Weg freizumachen. Auf meine Frage, was ihm einfiele, mich auf eine derartig harte Weise anzurempeln, dreht er sich nicht einmal um...«

Leitlinien

»Erst wenn an den Schulen einmal größere Schülergruppen entstanden sein werden, kann ein provokativerer und offenerer Kurs eingeschlagen werden...« (Aus den FAP-Richtlinien für die politische Arbeit an der Schule, Gau Niedersachsen.)

Bericht für die Eignen

»Die von uns ausgesuchte Schule ist eine von jenen, in denen Rauchen erlaubt und Alkohol geduldet wird. Die Mahlzeiten werden während des Unterrichts eingenommen, an dem man nach Belieben teilnimmt oder ihm fernbleibt... Die Lehrer werden dort geduzt, und sie selbst bedienen sich ihren Schülern gegenüber kumpelhafter Umgangsformen. Einer von ihnen heißt Mosché. Er unterrichtet Geschichte und informiert die ihm anvertrauten Jugendlichen über jüdische Probleme. Eine weibliche Lehrkraft sitzt kraftlos im Rollstuhl... Da sie nur unverständlich spricht und infolge ihrer Behinderung überhaupt nicht schreiben kann, rekrutiert sie sich Schüler, die beides für sie übernehmen... Das Niveau dieser Schule senkt den Leistungsdruck in einer Weise, daß nicht nur ausländische Schüler aus Asien und Afrika, sondern auch die in den Klassenverband integrierten geistig und körperlich behinderten Mitschüler mühelos das gesteckte Lernziel erreichen... Wir sprechen von der

IGS Roderbruch... Heute, nach drei Monaten, arbeiten bereits 11 Schüler allein von dieser Schule mit uns zusammen für Deutschland... Sie erleiden bereits mit 16 Jahren Haß, Verachtung und Verfolgung!«

(Aus: Der Bismarck-Deutsche, Heft 2/86.)

Ortstermin

Die Lehrer können es nicht glauben, sie halten meine Informationen für falsch. Ich lese ihnen einen Zettel vor, eine Rede Rogers auf einem FAP-Abend. Da hat er einen Wachdienst eingeteilt, alle acht Anwesenden sind Schüler der IGS Roderbruch. »Hat er sich das nicht nur ausgedacht?« fragt mich ein Kollege.

Ich zeige ihnen den Artikel aus dem Faschistenblatt »Der Bismarck-Deutsche«. Sie schütteln den Kopf, das war ihnen alles nicht bekannt. (Später stellt sich heraus, daß dieser Artikel der Schulleitung schon vor längerer Zeit anonym zugesandt wurde, diese aber – um unnötige Unruhe zu vermeiden – das Kollegium nicht informierte.) »Ein klassischer Fall von Verdrängung«, sagt schließlich selbstkritisch Rogers ehemaliger Klassenlehrer.

Dann machen wir einen Rundgang. Die Schule ist von den gleichen Architekten geplant wie die meisten Gesamtschulen. Sie ist zu groß und zu dunkel, und der grasgrüne Teppichboden ist voller Flecken. Im hinteren Teil der Schule (Oberstufenbereich) steht regelrecht der Dreck (Plastikbecher etc.). Es ist deprimierend. Die Wände sind an vielen Stellen vollgeschmiert. Auch Nazisprüche finde ich hier. Das ist kein Gebäude zum menschenwürdigen Leben und Lernen.

Das Milieu

Äußerlich sind die Angeklagten verändert, wenn sie sich auf ihre Stühle setzen, hinter der Balustrade im Gerichtssaal beim Landgericht Hannover. Die Skinmontur und den Skinschnitt haben sie in der Freiheit gelassen. Sie benehmen sich auch wie ganz normale 18- und 19jährige. Sie haben ihre Pullover in den Hosenbund gestopft und witzeln auf Männerart. Sie können die Arme vor der Brust kreuzen und sich gegenseitig kumpelhaft gegen die Brust stoßen. Sie wirken beinahe ständig so, als würde ihnen das Verfahren (und die damit verbundene öffentliche Aufmerksamkeit) schmeicheln, als ginge sie aber gleichzeitig das gesamte Spektakel im Grunde genommen nichts an. Als sie einmal während einer Zeugenbefragung flüstern und lachen, blafft der Staatsanwalt Glufke: »Was ist daran so lustig?« (Er fragt in strengem Vaterton und schaut so böse er kann.) Die Angeklagten gucken nun kreuzbrav nach vorn und hören auf, herumzualbern. Lediglich Tom Kuss fixiert mit Stecknadelaugen den Anklagevertreter (der aber nichts davon bemerkt). »Wenn ich dich draußen erwischte«, sagt dieser Blick, »würdest du dich nicht so aufblasen.« Es dauert fast eine Minute, ehe Kuss seine Provokation aufgibt.

Meistens kommt Kuss als erster in den Gerichtssaal, mit wippendem, entschlossenem Gang, er sitzt auch am weitesten vorn zu den Richtern hin. Kuss hat in der Mitte gescheitelte, halblange Haare, seine Gesichtsfarbe ist ungewöhnlich blaß, er wirkt – obwohl er schmal ist – im Gesicht immer etwas verquollen. Kuss hat ein Allerweltsgesicht, wenn da nicht dieser Blick wäre ... Oft, wenn er mit einem seiner Kameraden spricht, »sichert« er sich, schaut hastig nach links, nach rechts, immer mit diesem leichten Stechen. Die (sich vom Partner entfernende) Augenbewegung steht im Kontrast zu dem, was Kuss körperlich macht, denn er wendet sich mit dem Oberkörper, dem Kopf, dem Mund sehr stark seinem Gegenüber zu, er »kriecht« förmlich in sein Ohr, an ihn heran.

Kuss hat den engsten Kontakt zu Peter Stafilerakis. Die beiden, körperlich weitaus schwächer als ihre Mittäter, sind die Anführer des Quartetts (das übrigens immer noch bestens harmoniert), sie wirken intelligenter als die Zweimeterbrocken Schneider und Schwieger, die meistens zuletzt den Gerichtssaal betreten und die – vom Tathergang her – deutlich von Kuss und dessen grausamen Phantasien sich anstiften ließen. Schwieger wirkt dabei eher verlegen und dumm (und hat gewiß gelernt, Zweifel an seiner Person mit Körperkraft auszuräumen). Schneider, der von seinem leiblichen Vater sagt, daß er, »so lang ich zurückdenken kann, Alkoholiker war«, hat im Vergleich zu Schwieger (seine Vorstrafengeschichte belegt es) mehr an eigener Brutalität. Aus der Untersuchungshaft schreibt er auch als einziger der vier Angeklagten Briefe mit rechtsradikalen Sätzen (wobei er nicht einmal Mitglied der FAP oder in der Kameradschaft EK I war): Er gehörte und gehört zum »Umfeld«, sein Ausländerhaß ist groß.

Den Richtern ist es bislang nicht gelungen, die politische Basis der vier Burschen herauszuarbeiten. Am liebsten würden sie die Tat von ihrem weltanschaulichen Rahmen trennen und ein ganz »normales« Mordverfahren durchziehen. Kuss schweigt sowieso, Schwieger und Schneider mögen sich an das, was in jenen Tagen vor dem Mord an Roger Bornemann politisch gesprochen und handgreiflich getan wurde, überhaupt nicht mehr erinnern. Am meisten sagt Stafilerakis, der sicher auch wendigste Denker unter den vieren. (Er hat sogar die Realschule versucht – ohne Erfolg allerdings. Die Schulkarrieren aller Angeklagten sind voller Mißerfolge.) Stafilerakis hat eine runde Nickelbrille, kleine, wache Augen und ziemlich abstehende Ohren. Er unterstützt sich beim Sprechen manchmal unwillkürlich mit dem Zeigefinger: dann kommt urplötzlich ein Staffi heraus, der es gewohnt ist, schnell und zielgerichtet einen Streit vom Zaun zu brechen; der so etwas hier eigentlich nicht will, denn hier im Gerichtssaal möchte er günstig abschneiden.

»Wir wollten alles so machen, wie das im Nationalsozialismus war«, sagt er zu seinen politischen Zielen, es sei auch alles nicht so schrecklich ernst zugegangen. (Daran stimmt, daß das politische Niveau dieser Szene primitiv ist.) Staffi: »Bei der Gründung von der EK I hat der Futter gesagt: Alle, die in der FAP bleiben wollen, können gehen. Dann hat er uns Zettel gegeben und gesagt: So, da schreibt jetzt jeder mal Futter drauf, dann ist gut. Das war die Wahl vom Bernd zum Präsidenten unserer Kameradschaft.«

»Die Skinmontur und den Skinschnitt haben sie in der Freiheit gelassen. Sie benehmen sich auch wie ganz normale 18- und 19jährige.«

»Nein«, sagt er schließlich, »wir waren nicht so direkt Nazis. Aber hitlermäßig waren wir drauf. Und es wurden da (in der FAP, in der er vorher war, DB) auch Argumente erzählt, die wirklich zum Nachdenken waren« (Staffi hebt seinen Zeigefinger), »wenn ich an die Türken denke, wie man auf der Straße angemacht wird«. – Er hat an die Türken nicht nur gedacht ...

Korrespondenz

Siegfried Müller, Hannoveraner FAP-Leiter, schreibt an Roger Bornemann: »Heil dir, Kamerad Bornemann! Der Tag der Rache wird kommen ... Der Kampf wird auf der Straße natürlich weitergeführt. Die Wahlen stehen nämlich (DB) vor der Tür. Die Wahl wird knallhart durchgeführt ... Momentan läuft es besser als nie zuvor.« (21. 7. 1986)

»Am 1. Mai veranstaltete der Gau Rhein-Westfalen ein Treffen bei Solingen, an dem ich auch teilnehmen wollte. Aber leider kam dann alles anders als vorgesehen. Denn in Witten wurde ich vormittags nach der DGB-Kundgebung am Rathaus Opfer eines bolschewistischen Überfalls. Mehrere linke Bazillen (auch Kanaken dabei) fielen nach kurzer Verfolgungsjagd über mich her ... Diese gottverfluchten, abschaumigen Kreaturen stahlen u.a. meinen SS-Ring. Pech für mich, daß ich an jenem Tag meinen Revolver nicht dabeihatte, so vermochte ich gegen eine Übermacht ... nichts auszurichten. Aber bekanntlich wird man ja aus Schaden klug, und nächstes Mal dürfte so etwas wesentlich anders verlaufen.«

Frank Scholz, Neonazi aus Altena/Westf., an Roger Bornemann, 5. 5. 1986.

Ein junges Volk

»Fast 20 Polizisten standen vor der Wohnungstür und forderten Einlaß ... Wir ... sahen keinen Grund, die Tür zu öffnen. Für die Polizei war das ein Grund, die Tür nun mit Äxten zu zertrümmern und den ersten Raum unter Tränengas zu setzen, obwohl es nicht den geringsten Widerstand gab – außer daß niemand die Tür öffnete. Die in der Wohnung befindlichen Personen wichen in den hintersten Raum aus, setzten sich auf den Boden, hakten sich unter und sangen das Lied: ›Ein junges Volk steht auf!‹ Nachdem die Polizei die Tür etwas geöffnet hatte und Tränengas in den Raum sprühte, wartete sie kurze Zeit, und dann begann der Angriff, wohlgemerkt, DER ANGRIFF DER POLIZEI! Sie stürmten in das Zimmer hinein und begannen wahllos auf die am Boden sitzenden Menschen einzuprügeln. Ein BLINDER KAMERAD wurde von mehreren Stockschlägen gleich zu Anfang getroffen, eine junge Kameradin an den Haaren emporgerissen und getreten. Das alles ... war für einige Beteiligte zuviel und sie begannen sich ... zu wehren – denn wie sollte sonst der hilflose Mann, das hilflose junge Mädchen geschützt werden?« (FAP-NACHRICHTEN 10/86, Hervorhebung wie im Original.)

Waffen und Politik

»Waffenähnliche Gegenstände spielten in der Beziehung zu ihm keine Rolle. Daß Schußwaffen im Spiel waren, ist erstmalig am 21. 12. 1986 herausgekommen... Roger bedeutete mir, das seien ja keine scharfen Waffen, er bräuchte die nur, wenn er bedroht sei. Eine scharfe Waffe würde er nie in die Hand nehmen.«

»Haben Sie, Sie sagten gerade ›als Schutzwaffe‹, haben Sie das geglaubt?«

»Anlaß dazu gab es genug. Er ist ja mehrfach zusammengeschlagen worden... Im Januar 87 wurde er von vier – wie er sagte – Farbigen zusammengeschlagen.« (Zeugenaussage Gerd Bornemann vor dem Jugendgericht, 12. 10. 1987)

»Er ist mit Sicherheit politischer gewesen als andere, die aus anderen Bereichen dahin kamen. Er brachte da mehr mit. Vielleicht ist er da auch brauchbarer für die Leute gewesen. Ich habe ihm mehrfach – immer mit ähnlichen Worten – gesagt: ›Roger, dein Papa sieht dich jeden Tag mit offenen Augen ein Stück sterben‹. Er aber sagte: ›Papa, auf den Straßen ist Krieg. Ohne Leuchtspurmunition und ohne Reizgas geht keiner raus.‹... Es war ja auch vereinzelt so, daß ihn andere verfolgt haben, bis vor unsere Haustüre.« (Aus einem Gespräch mit Gerd Bornemann.)

Alexandra erzählt

»Roger hatte zu mir ein offenes Verhältnis, wir verstanden uns sehr gut. Er hat mir oft erzählt, wen er von den Skins kannte und was die so machten. Er kannte z.B. auch den Chef von den Skins, den Zenkert, der lief voll verschrammt rum und war der brutalste, obwohl er voll klein ist und voll jung aussieht. Der war jeden Tag besoffen...

Bei den Skins ist das so: Da lästert jeder über jeden. Und ab und zu ist Zoff, wegen Mädchen, wegen irgend etwas fangen sie an, sich plötzlich zu treten. Fünf Minuten später ist wieder Friede, als sei nichts geschehen...

Roger erzählte, der Futter wär voll stark, und daß er gern mit Futter befreundet wäre. Daß der auf ihn aufpassen würde. Und sie hätten alle Respekt vor ihm, weil der nicht viel spricht, sondern gleich zuschlägt...
In Hameln, bei einer FAP-Demonstration, da war Roger auch dabei. Er kam zurück. ›Die haben uns so gefilmt und geknipst, voll, die Schweine.‹ Dann kam es im Fernsehen, ein Bericht über die Aktion. ›Da, da bin ich‹, rief Roger, man konnte ihn richtig erkennen, er war auch ganz stolz: Da bin ich! Er hatte nur panische Angst, daß mein Vater davon erfährt. Er sagte: ›Verrat das nicht Papa.‹ Wenn er sich mit mir gestritten hat, dann habe ich ihn erpreßt: ›Ich geh' jetzt zu Papa und sag', daß du in der FAP bist.‹ Dann sagte er: ›Nein, nein‹, obwohl er wußte, daß ich ihn als meinen Bruder nicht verraten würde.

In der Sallstraße (der FAP-Zentrale) war ich einmal mit Roger. Futter stand da und zählte Geld. Und dann war da so ein Blinder, und die waren voll nett zu mir. Dabei kannte ich die überhaupt nicht...

Futter krempelte seine Ärmel auf und spannt die Muskeln: Bing!...

Kuss hat mir einmal mein Poster mit Judensternen bekritzelt.

Der Kuss hatte keine Freundin, er war immer notgeil. Er setzte sich dazu und guckte es sich bei anderen an, der hat ja voll den fiesen Blick drauf.«

Sittenfittich

»In manchen Gefängnissen ... kommt man sich schon wie im Asylantenlager vor. Unsere Frauen und Mädchen sind auf den Straßen nicht mehr sicher, von Ausländern mit den Augen (und auch sonst?) ausgezogen zu werden. Ausländer rotten sich zusammen und terrorisieren deutsche Volksgenossen ...« (FAP NACHRICHTEN, Oktober 1986).

»Ich habe Monika an diesem Tage gegen 18.00 Uhr ... abgeholt. Sie hatte Angst, allein durch Hannover zu gehen, sie hatte eine totale Glatze. Von der U-Bahn-Station gingen wir gemeinsam zur Wohnung des Siggi Müller (FAP-Leiter Hannover, DB) ... In dessen Wohnung waren bereits Siggi Müller, Hein Kiehm und Roger ... Wir haben an dem Tage nur Bier in der Wohnung gehabt. Ich schätze, daß wir ca. 20 bis 30 Flaschen – höchstens! – getrunken haben. Monika hat als einzige sehr wenig getrunken ... Zu dem Zeitpunkt wußte ich noch nicht, daß Hein ein Sittenfittich ist. Ich habe ihm überhaupt nicht zugetraut, daß er Monika vergewaltigen könne. Das macht man ja so unter Kollegen. Unter den Nazis gibt es keine Sittenfittiche, die Frauen vergewaltigen. Monika und Hein verließen also zu Fuß die Wohnung, während Siggi und ich in der Wohnung blieben ... Am darauffolgenden Morgen, zwischen fünf und sechs Uhr, kam der Kiehm sternhagelvoll zurück. Ich wunderte mich noch darüber, daß der Kiehm so voll war, weil er mir am Abend zuvor gesagt hatte, daß er kein Geld habe. Er ist so blau gewesen, daß er sich mit dem Arsch auf eine Heizsonde setzte und sich dabei ganz schön verbrannte. Erst danach legte er sich hin und pennte.

Während Kiehm schlief, habe ich erst mal in sein Portemonnaie gesehen und dabei festgestellt, daß Kiehm drei Scheine (300 DM) im Portemonnaie hatte. Einen Schein habe ich davon für die Gemeinschaftskasse eingezogen – ich hatte mich sowieso schon die ganze Zeit gewundert, daß Kiehm nicht arbeitete, aber immer im Besitz von reichlich Kohle war. Deswegen hielt ich es auch für ratsam, daß Kiehm jetzt endlich mal eine Leistung für die Gemeinschaft bringt.

Ich hatte mich am Abend zuvor mit Monika für den nächsten Morgen verabredet ... zwischen zehn und elf Uhr in der Wohnung von Siggi ... Monika kam nicht, und ich wurde sauer darüber, weil ich Pünktlichkeit verlange. Gegen elf Uhr ... habe ich sie angerufen. Als ich mit ihr telefonierte, mußte der Kiehm im Hintergrund wegen seines Rausches so blöde husten. Ich lachte darüber. Monika hörte das und dachte wohl, daß ich sie veralbern wollte, sie legte den Hörer auf ... Ich versuchte jetzt, noch ein paarmal die Monika anzurufen. Jedesmal, wenn sie ... mitbekam, daß ich der Anrufer war, knallte sie den Hörer wieder auf ... Nach einiger Zeit ertönte nur das Besetztzeichen, wenn ich anrief. Nachdem ich dieses Theater eine halbe Stunde lang mitgemacht hatte, sagte ich zu Siggi Müller, daß er mit mir zur Wohnung von Monika mitkommen solle ... Mit der Straßenbahn fuhren Siggi und ich zur Monika. Kiehm fuhr mit uns in die Stadt, weil er an diesem Tage Propagandamaterial für die FAP drucken lassen wollte ... Als Siggi und ich zur Monika kamen, erzählte sie uns, daß sie mit dem Kiehm, nachdem sie mit ihm gemeinsam am Abend zuvor die Wohnung Müller verlassen hatte, zunächst mit der Straßenbahn ... gefahren sei. Kiehm habe sie überredet, mit ihm in den ›Schluckspecht‹ zu gehen. Sie haben noch etwas getrunken. Was und wieviel, weiß ich nicht.

»Ich sagte zu Siggi, daß ich sofort los wollte, um den Kiehm plattzumachen, weil ich mich fürchterlich über diese Vergewaltigung geärgert habe ...«

Monika erzählte, daß der Kiehm ihr gesagt habe, er wolle sie mit der Taxe nach Hause bringen. Kiehm ist aber ... zu einer Tankstelle gefahren und hat sich wohl noch ein paar Flaschen Bier geholt. Er wollte, daß Monika mit ihm in die Wohnung geht. Sie ist dann auch mit ihm gegangen. In der Wohnung hat der Kiehm dann die Tür abgeschlossen, so daß Monika nicht mehr raus konnte. Dann soll der Kiehm die Monika gezwungen haben, sich auszuziehen. Kiehm soll Monika dann ins Gesicht geschlagen, ihr gewaltsam die Hose ausgezogen haben. Kiehm hat die Monika dann wohl weitergeschlagen und sich darüber gefreut wie ein kleines Kind. Dann soll der Kiehm über die Monika hergestiegen sein ... Ich glaube, daß der Kiehm Monika anschließend sogar mit der Taxe zu Hause abgesetzt hat und dann zu uns, zur Wohnung Müller, gekommen ist. Das ist aber für mich belanglos gewesen. Für mich entscheidend war, daß Kiehm Monika vergewaltigt hatte. Ich war so brastig darüber, daß ich auf Verletzungen bei Monika gar nicht geachtet habe. Ich sagte zu Siggi, daß ich sofort los wollte, um den Kiehm plattzumachen, weil ich mich fürchterlich über diese Vergewaltigung geärgert habe und weil ich es gewohnt bin, solche Sachen selbst zu regeln. Siggi sagte aber, daß wir das nicht machen könnten, weil wir an dem darauffolgenden Donnerstag ein Gespräch in Celle mit dem Besitzer einer Firma hätten, der Geld in unsere Partei schießen wollte, und Kiehm der einzige sei, der von uns einen Führerschein hätte. Außerdem war Kiehm der einzige, der das Auto für die Fahrt nach Celle hätte besorgen können. Wenn ich nun den Kiehm gleich plattgemacht hätte, hätten wir nicht mehr nach Celle kommen können, und für uns war es wichtig, daß wir das Geld für die Partei bekamen. Ich sah natürlich ein, daß ich dem Kiehm nicht gleich ans Leder konnte und entschloß mich, ihn mir am darauffolgenden Freitag vorzunehmen. (Dazu ist es aber nicht mehr gekommen, weil ich am Mittwoch wieder in den Knast eingeflogen bin.)

... An diesem Tag kam abends gegen 18.00 Uhr Monika in die Wohnung Müller. Wenig später kamen auch Tom Kuss und Roger. Ich hatte nachmittags mit Tom Kuss telefoniert und ihm mitgeteilt, daß er zu Müller kommen sollte, weil es dort ein Gespräch wegen der Vergewaltigung von Monika durch den Kiehm geben sollte ... Als nun Tom und Roger abends in die Wohnung kamen, zogen sich beide gleich Jacken, Pullis und Hemden aus und wollten auf den Kiehm losgehen. Dieses verhinderte ich aber und sagte klipp und klar, daß das meine Angelegenheit sei. Wir forderten Kiehm dann auf, zu erzählen. Zuerst wollte er nicht rüber kommen, er sah aber schließlich ein, daß es für ihn besser sei, wenn er uns die Wahrheit sagen würde, und erzählte ...

Ich forderte den Kiehm dann auf, seine Brille abzusetzen. Als er seine Brille abgesetzt hatte, forderte ich Monika auf, dem Kiehm eine Ohrfeige zu geben. Das geschah dann auch. Diese Prozedur wurde dann alle fünf Minuten über einen Zeitraum von einer halben Stunde wiederholt. Dann war Friede.« (Nach Bernd V., 27. 2. 1987, Zeugenvernehmung.)

Alter, Beruf

Monika Qu., geb. 14. 8. 1969, arbeitslos; Bernd V., geb. 28. 12. 1958, z.Z. JVA Hannover; Jörg Kiehm, geb. 29. 9. 1957, arbeitslos; Siegfried Müller, geb. 3. 12. 1962, arbeitslos.

Aus: Deutsche Volkszeitung / die tat vom 16. 10. 1987.

3.1 Wie und warum ist das alles passiert? Rogers Lebenslauf, die Gruppe, die neonazistische Partei

Zunächst zu Roger:

- Welche Stationen und *Knotenpunkte des Lebenslaufes* sind wichtig, um das Geschehen zu begreifen? Welche Erfahrungen im Hinblick auf die Planung seines Lebenslaufes standen im Vordergrund?
- Gab es für Roger in seinem Lebenslauf auch Gewalterfahrungen?
- Roger als Person
- Welche *Persönlichkeitsmerkmale* und *Wünsche, Sehnsüchte* kennzeichnen ihn?

Die Orientierungspunkte von Roger

Woran und an wem *orientierte* er sich, was vermied er, was mußte er vielleicht gar vermeiden?

Lassen sich Verbindungslinien zwischen seinem Lebenslauf, seinen Wünschen/Sehnsüchten und seinen politischen Orientierungspunkten herstellen?

Erklärungsvermutungen zum Verhalten von Roger

Warum ging er diesen Weg? (Wurde er vielleicht durch die Umstände gegangen?) Gab es Weichenstellungen in seinem Leben, die einen anderen Weg verhindert haben?

Warum folgte er nicht dem politisch gänzlich anderen Weg des Vaters?

Nun zu den Gruppen, denen Roger angehörte:

- Worin bestand für Roger die *Attraktivität*?
- Die Gruppe traf sich an verschiedenen Treffpunkten. Wie kann man das *»Klima«* an diesen Orten beschreiben?
- Welche Verbindungslinien lassen sich zwischen dem »Klima« der Aufenthaltsorte und dem »Klima« *in* der Gruppe ziehen?
- Welche Verhaltensweisen *herrschten* in der Gruppe vor?
- »Kameradschaft« und »Gemeinschaft«: Wie sah es damit in den konkreten Fällen aus?
- Welches war die *»Sprache«*, die vorrangig in der Gruppe »gesprochen« wurde?
- Welche Rolle spielten Angst und Gewalt in der Gruppe?

> Eine These:
>
> Die eigene Angst sollte bekämpft werden, indem anderen Angst eingejagt wurde.

Was spricht für, was gegen die These?
Wie sieht meine selbständige Position dazu aus?

Angst und Gewalt

»Angst ist menschlich. Man muß die Angst überwinden. Je größer die Angst ist, desto größer muß der Mut sein, die Angst zu überwinden. Wer was erreichen will, der muß diese Angst eben überwinden. Da gibt's also gute Mittel dagegen, z.B. aus der ostasiatischen Kampf(lehre)... Wenn man z.B. etwas Unbekanntem gegenübersteht, immer den einen ruhigen Punkt suchen, die eigene Mitte, den eigenen ruhigen Punkt suchen und praktisch die Umgebung an sich abreflektieren lassen. Wenn man die eigene Mitte gefunden hat, dann hat man vor Unbekanntem nicht mehr so Angst, weil das Unbekannte kann nicht in einen eindringen. Wenn man sich selbst voll im Griff hat, indem man in sich praktisch die eigene Ruhe gefunden hat, die eigene Mitte gefunden hat, dann können praktisch von außen unbekannte Sachen nicht in einen eindringen und nicht das eigene Innere zerstören.

I.: Und diese Mitte, dieser Ruhepunkt ist die politische Gesinnung, politische Orientierung...

F. Sch.: Ja, sozusagen kann man vergleichen.«

(Interview mit einem neonazistisch organisierten Kämpfer) Aus: Hennig, E.: Wert habe ich nur als Kämpfer. In: Steinberg (Red.): Faszination der Gewalt, Frankfurt a.M. 1983, S. 92.

Die neonazistische Partei, der die Gruppe und Roger zeitweilig angehörten:

Das *Beispiel* FAP (Freiheitliche Deutsche Arbeiterpartei):

Sie kann deshalb als neo-(=neu)nazistische Partei bezeichnet werden, weil sich zahlreiche Vertreter mit ihren politischen Parolen als Vertreter der Wiedererrichtung des Nationalsozialismus sehen.

Kampfblatt der Freiheitlichen Deutschen Arbeiterpartei

FAP-NACHRICHTEN

– national – radikal – sozialistisch – revolutionär –

+++++ Ausgabe 6 / Oktober 1986 / 2. Jahrgang / Einzelstück DM 1,-- +++++

Deutschland ist kein Urwald –

Ausländer raus!

Millionen Fremdartige übervölkern Deutschland - Systempolitiker wieder total unfähig

Der Zeitpunkt, vor dem das nationale und sozialistische Deutschland immer gewarnt hat - der Zeitpunkt des totalen Zerfalls staatlicher (Un-)Ordnung - der Zeitpunkt des Chaos durch Überfremdung mit Ausländern - er ist nun in greifbare Nähe gerückt. In der Fratze Asiens grinst uns das Gespenst des Millionenelends und des Bürgerkriegs entgegen, nachdem die Millionenerwerbslosigkeit bereits grausame Wirklichkeit geworden ist.

Immer neue Massen an Türken, Tamilen und sonstigen Fremdartigen strömen Deutschland entgegen: Asylanten übervölkern Berlin, Westdeutschland und bald ganz Europa. Wieviele werden erst nach dem 1.12. kommen, wenn in der EG die Freizügigkeit in Kraft tritt? Die Türkei dürfte demnächst entvölkert sein! Man trifft sie nicht nur, wenn man nachts mangels Farbkontrast gegen sie rennt - Nein! Am Tage stehen sie an Deiner Maschine, sonst bei Deiner Christine...

Aber die Zeit der Duldung läuft ab. Der Volkszorn erwacht! Asylantenlager werden mehr und mehr "abgefackelt". Wir als nationale Sozialisten sehen als einzige Kraft den kommenden Bürger- und Rassenkrieg voraus und fordern deshalb:

Deutschland muß leben -
Ausländer raus!

Quelle:
Archiv des FH-Projektes

Ein ehemaliger Neonazi antwortet:

Frage: *Man liest in letzter Zeit oft, daß die Neonazis den Schwerpunkt ihrer Arbeit auf Kampagnen gegen Ausländer verlagert haben.*

Antwort: Die Ausländerfeindlichkeit war praktisch der Ausgangspunkt für unsere Agitation unter Jugendlichen. Man schimpft auf die sogenannten Kanaken, auf die Knoblauchstinker. Dann wird gesagt: Die Ausländer nehmen uns die Arbeitsplätze weg. Für Leute mit einem einfachen Gemüt, mit geringer Bildung ist das oft schon die passende Antwort. Da kann man die Türken leicht als Sündenbock hinstellen. Heute sehe ich ein, daß nicht die Ausländer uns die Arbeitsplätze wegnehmen, sondern die Rationalisierungsmaßnahmen der Unternehmer dafür verantwortlich sind. Der Unternehmer entscheidet, ob er einen deutschen oder ausländischen Kollegen rausschmeißt. Opfer sind beide.

Ein ehemaliges Mitglied aus Kühnens ANS/NA.

Quelle:
Biermann/Krischka: Nazis, Skins und alte Kameraden, Dortmund 1986, S. 190 f.

3.2 Wahlchancen und Wahlerfolge

Die Wahlchancen der FAP

Wahlergebnisse der FAP 1985–1989

Wahlen	Jahr	Stimmen absolut	Stimmen %	Mandate
Europaparlament	1989	19151	0,1	–
Bundestag	1987	403	0,0	–
Landesparlamente				
Baden-Württemberg	1988	54	0,0	–
Bremen	1987	256	0,0	–
Hamburg	1986	713	0,1	–
Nordrhein-Westfalen	1985	929	0,0	–

Aus: Stöss, R.: Die extreme Rechte in der Bundesrepublik, Opladen 1989, S. 172.

... und der »Republikaner«

Wahlergebnisse der Republikaner 1986–1989

Wahlen	Jahr	Stimmen absolut	Stimmen %	Mandate
Europaparlament	1989	2008629	7,1	6
Landesparlamente				
Bayern[a]	1986	342995	3,0	–
Bremen	1987	4623	1,2	–
Baden-Württemberg	1988	46904	1,0	–
Schleswig-Holstein	1988	8673	0,6	–
Berlin (West)	1989	90222	7,5	11

[a] Die FVP (Handlos) erzielte 39886 Stimmen (0,4%)

Aus: Stöss, R., ebenda, S. 217.

Oft wird die FAP als große Gefahr dargestellt. Aber weshalb und für wen?

Andere stellen die sogenannten »Republikaner« als das zentrale Problem dar.

Ein Vergleich von Wahlchancen lohnt.

Und die jugendlichen Wählerinnen und Wähler?

Wahlergebnisse rechtsextremer Parteien 1987–1989

Wahlen	Parteien	Wahlergebnisse in Prozent: Gesamtbevölkerung	Wahlergebnisse in Prozent: Jungwähler/-innen (18–24)
Bürgerschaftswahl Bremen (1987)	DVU/LD; »Rep.«	4,7	3,4
Landtagswahl Baden-Württemberg (1988)	NDP; »Rep.«; ÖDP	ca. 6,7 (insgesamt)	ca, 9,7
Senatswahl Berlin (1989)	»Rep.«	7,5	14,3
Kommunalwahl in Hessen: Frankfurt (1989)	NPD	6,6	9,3
Europawahl (1989)	»Rep.«	7,1	8

Aus: Heitmeyer, W.: Rechtsextremistische Orientierungen bei Jugendlichen, Weinheim/München [3]1989, S. 217.

3.3 Terror von rechts

Skinheads vor Gericht

Ein Schlag ins Gesicht

Türkenfeinde sind in der Hansestadt nur ein Fall für die Justiz

Von Charlotte Wiedemann

Hamburg

Auf der Anklagebank des Hamburger Landgerichts sitzen fünf junge Männer: ordentlicher Kurzhaarschnitt, blasse, unreife Gesichter, Durchschnittskleidung. Uwe und René, beide gerade 18 Jahre alt, Volker, Ralph und Norbert, mit 23 der Älteste, wirken eher unscheinbar. Sie sollen kurz vor Weihnachten vergangenen Jahres den 26jährigen Türken Ramacan Avci auf brutale Weise umgebracht haben. Damals gehörten die Angeklagten zu den »Skinheads« – junge Schläger mit Glatze, Fliegerblouson, Knobelbechern und einer diffus-rechtsradikalen Gesinnung.

Das Verbrechen schreckte die Öffentlichkeit auf, entfachte eine Diskussion über die gewalttätige Ausländerfeindlichkeit auf Hamburger Straßen, die mit Ramacan Avci nicht ihr erstes Opfer fand. Was sich in jener Dezembernacht vor der Stammkneipe der Skinheads ereignet hat, liest sich in der Anklageschrift so:

»Die Schweine holen wir uns!«

Ramacan Avci, sein Bruder und ein türkischer Freund kamen auf dem Nachhauseweg an dem Lokal »Landwehr« vorbei, eine größere Gruppe Skinheads kreiste sie ein, beschimpfte sie als »Scheißtürken« und bedrohte sie mit abgeschlagenen Flaschenhälsen; Avci verteidigte sich mit Tränengas und flüchtete.

Mit dem Schlachtruf »Die Schweine holen wir uns!« nahmen die fünf jetzt angeklagten Skinheads im Auto die Verfolgung auf, beschossen die fliehenden Türken mit Leuchtkugelmunition und trieben Avci vor ein Auto. Sie schlugen auf den schwerverletzt am Boden Liegenden mit Axtstiel, Gummiknüppel und Gymnastikkeule ein und traten ihn mit schweren Stiefeln an den Kopf.

Ramacan Avci starb drei Tage später, am Heiligabend, an zahlreichen Schädelbrüchen und Hirnquetschungen.

Die Ermittlungen von Polizei und Staatsanwaltschaft gingen überraschend schnell. Die Anklageschrift war im Februar fertig, knapp fünf Monate nach der Tat hat nun die Verhandlung vor dem Jugendgericht begonnen.

Die Anklageschrift erweckt den Eindruck, als sei es den Justizbehörden vor allem darum gegangen, die Hintergründe des Verbrechens wegzuermitteln. Der Mordvorwurf, der noch auf den Haftbefehlen stand, wurde fallengelassen. Der Türkenhaß als niederes Motiv, wie es das Strafgesetz beim Mord zur Bedingung macht, war für die Staatsanwaltschaft nicht entscheidend. Er sei nur eine »zusätzliche Antriebsfeder« gewesen.

Die Anklage lautet nun auf Totschlag. Zwar herrsche bei den Skinheads eine sehr große Ausländerfeindlichkeit, doch die fünf Angeklagten hätten Ramacan Avci in jener Nacht vor allem aus Wut über den Tränengaseinsatz verfolgt und sich dafür rächen wollen. Das Ergebnis achtwöchiger Ermittlungen lautet wie der Kommentar der Hamburger Innenbehörde am Tag nach dem Mord: Das Opfer hätte ebensogut ein Deutscher sein können.

Kein Wort verliert die Anklage über die Beziehungen der Skinheads zu den organisierten Rechtsradikalen. Der als Neonazi bekannte Skinhead-Anführer Carsten Wacker, der in jener Nacht die Auseinandersetzung mit dem Türken anheizte, ist nur als Zeuge geladen. Sieben Tage nach Avcis Tod schlug Wacker in derselben Straße einen farbigen Passanten nieder.

Für all diejenigen, die zu Jahresbeginn eine gründliche Aufklärung der Mordhintergründe forderten – zehntausend gingen in Hamburg auf die Straße, türkische Gruppen aller Schattierungen schlossen sich zusammen –, ist die Oberflächlichkeit der Anklage ein Schlag ins Gesicht. »Das ist eine Ermutigung der Skinheads bei ihrer Jagd auf Ausländer«, sagt Professor Hakki Keskin, Sprecher eines Bündnisses türkischer Einwanderer.

Am ersten Prozeßtag fällt das Wort »Ausländer« nur selten. Die Angeklagten vermeiden es, von »dem Türken« zu reden – ihre Anwälte haben die Anklageschrift gut gelesen. Uwe, damals 17, der Ramacan Avci den Stiefelabsatz im Gesicht herumgedreht haben soll, nennt sein Opfer »den Geschädigten«. Gegen Uwe läuft ein weiteres Verfahren: Drei Wochen vor dem Überfall auf Avci soll er einem anderen Türken mit Stiefeltritten beide Hände gebrochen haben.

Woher kommt die Brutalität dieser Jungen, dieser blinde Haß auf Ausländer? Der erste Prozeßtag hat noch keine Antwort gebracht. Bei allen Widersprüchen und gegenseitigen Beschuldigungen, ein Satz kommt jedem der Angeklagten glatt und stereotyp über die Lippen: »Ich habe nichts gegen Ausländer.« Norbert, der Älteste, der bei der Verfolgung des Türken am Lenkrad saß, nennt sein Elternhaus »liberalkonservativ« und ordnet sich politisch der Jungen Union zu. Einen vagen Eindruck von der Geisteshaltung der Skinheads vermittelt nur der 21 Jahre alte Ralph. Er gibt zu, in der Öffentlichkeit öfter den Arm zum Hitlergruß zu recken (»nur um zu provozieren«) und wurde schon mit Taschen voll Aufklebern der neofaschistischen »Freiheitlichen Arbeiterpartei« (FAP) erwischt. »Türken raus – Rotfront verrecke« stand darauf, in deutsch und türkisch.

Ob dieser Prozeß, für den weitere fünf Verhandlungstage mit 16 Zeugen angesetzt sind, doch noch politischen Tiefgang bekommt, auch gegen die Linie der Staatsanwaltschaft, wird vor allem von den drei Anwälten der Nebenkläger abhängen, unter ihnen der bekannte Polit-Anwalt Uwe Maeffert. Sie vertreten die beiden Brüder Ramacan Avcis und seinen erst wenige Wochen alten Sohn. Rückenwind durch eine veränderte Hamburger Politik gegen die militante Ausländerfeindlichkeit werden die Anwälte nicht haben. 15 weitere Überfälle auf Ausländer wurden seit Avcis Tod bekannt, doch die Innenbehörde sieht nach wie vor bei der Polizei »kein Defizit«. Die in Skin-Kreisen aktive FAP, eine Nachfolgeorganisation von Michael Kühnens verbotener »Aktionsfront Nationaler Sozialisten«, hält die Behörde nicht für bedeutsam. »Die Skinheads haben nur persönliche Kontakte zur FAP«, sagt Peter Kelch, Sprecher der Innenbehörde.

Ungehindert macht auch die »Hamburger Liste Ausländerstopp« mit Flugblättern und Hauswurfsendungen Stimmung gegen Ausländer. Dem diffusen »Haut die Türken« in den Köpfen der Skinheads werden hier die zweifelhaften Argumente geliefert: Ohne Ausländer keine Arbeitslosigkeit.

Gegen die als unpolitisch eingestuften Angeklagten im Avci-Prozeß ermittelte das sogenannte Rockerdezernat, zuständig für Straftaten jugendlicher Gewalttäter. Als sich junge Türken im Vorort Neuwiedenthal mit Skinheads anlegten und einem von ihnen ein Messer in den Rücken stachen, trat die Fachdirektion 7 in Aktion, zuständig für Straftaten mit politischem Hintergrund.

Für Jahre ins Gefängnis

Wo sich Polizei und Politiker zurückhalten, sollen Hamburger Sozialarbeiter helfen, doch mehr Stellen will der Senat nicht bewilligen. Zwar wurde das »Fan-Projekt« des Hamburger Sportbunds, das seit Jahren rauflustige HSV-Fans betreut, mit öffentlichen Geldern abgesichert. Aber das war es dann auch schon. Als die Hamburger Jugendbehörde die Sozialarbeit in den Bezirken auf mehr »streetwork« in der Jugendszene umpolen wollte, sollte sie dafür Sozialarbeiter von anderen sozialen Brennpunkten abziehen. Hamburgs Senat, sonst sehr auf das Image der Stadt bedacht, war die Bekämpfung der Ausländerfeindlichkeit keine weitere Ausgaben wert.

In der politischen Sackgasse, die durch Verharmlosung und Untätigkeit gekennzeichnet ist, bleibt nur eins: die juristische Aburteilung einzelner Jugendlicher, die für Jahre im Gefängnis verschwinden, während die brutalen Auseinandersetzungen auf der Straße weitergehen, neue Opfer fordern.

Vor fünf Wochen verurteilte das Hamburger Landgericht drei Heranwachsende zu Freiheitsstrafen von zweimal acht und einmal sieben Jahren. Die jungen Deutschen hatten den Türken Mehmet Kaymakci nach einem Streit im Wirtshaus mit einem Betonklotz erschlagen. Es war einer ihrer Anwälte, und nicht der Richter, der die Worte fand: »Die Tat kann sich mit anderen Tätern jederzeit wiederholen, ja hat sich bereits wiederholt, und darum geht es.«

Aus: DIE ZEIT vom 23. 5. 1986.

Bilanz des Terrors

Um die Gefährdung durch fanatisierte Politkriminelle von rechts einmal zu verdeutlichen, nachfolgend einige Beispiele aus der Reihe der Schwerverbrechen von Rechtsextremisten, die zum Tod von mittlerweile 25 Menschen geführt haben:

— Geleitet von ausgeprägtem Ausländerhaß verübten Aktivisten der neonazistischen »Deutschen Aktionsgruppen« des Manfred *Roeder* 1980 in Hamburg einen Brandanschlag auf ein Ausländerwohnheim, bei dem zwei Vietnamesen getötet wurden.

- Gundolf *Köhler*, der im gleichen Jahr auf der Theresienwiese sich und zwölf weitere Personen mit einem selbstgebastelten Sprengkörper getötet hat, hatte Kontakte zur neonazistischen »Wehrsportgruppe *Hoffmann*« unterhalten und schon oft bei politischen Gesprächen rechtsextremistische Positionen vertreten.
- Der Neonazi Frank *Schubert* erschoß 1980 bei einem Waffen- und Munitionsschmuggel an der Schweizer Grenze zwei Schweizer Grenzbeamte und beging dann Selbstmord.
- Der Neonazi Friedhelm *Enk* ermordete 1981 in Hamburg den als Verräter und Schwuler verdächtigten Gesinnungsgenossen Johannes *Bügner*.
- Ein Jahr später erschoß der Neonazi Helmut *Oxner* in Nürnberg zwei farbige US-Amerikaner und einen Ägypter. Flüchtende deutsche Passanten versuchte er mit den Worten zu beruhigen, er schieße nicht auf Deutsche, nur auf Türken. Nach einem Feuergefecht mit der Polizei beging *Oxner* Selbstmord.
- Ähnlich wie die »Deutschen Aktionsgruppen« des *Roeder* eine terroristische Vereinigung i.S.d. § 129a StGB gewesen sind, erfüllte auch der bislang wohl gefährlichste Rechtsterroristenzirkel um die Neonazis Odfried *Hepp* und Walter *Kexel* die Tatbestandsmerkmale einer terroristischen Vereinigung. Mehrere Banküberfälle mit annähernd 700000 DM Beute brachten ihnen die Mittel, mit denen sie 1982 dann ihre Sprengstoffanschläge auf amerikanische Stationierungssoldaten und andere schwere Straftaten begingen.
- Für die brutale Tötung des Türken *Kaymakci* im Juli 1985 waren in Hamburg Skinheads verantwortlich, denen das Gericht bestätigte, sie hätten aus ihrer Abneigung gegen Ausländer, insbesondere Türken, kein Hehl gemacht. Ihnen müsse klargemacht werden, daß jedes Leben gleichermaßen schützenswert sei, gleichgültig ob es sich um Ausländer oder Deutsche handele.
- Im Dezember 1985 kam auf ähnliche Weise wie *Kaymakci* in Hamburg auch der Türke *Avci* ums Leben. Für die deutschen Täter war nach Darstellung des Gerichts »antriebssteigernd«, daß *Avci* und seine Freunde Ausländer waren. Dieses Motiv sei zwar nicht vorherrschend, aber doch vorhanden gewesen – zusammen mit anderen Motiven in einem Bündel.

Aus: »Der Verfassungsschutz im demokratischen Rechtsstaat«. Referat am 10. 1. 1989 vom stellvertretenden Leiter der Abt. II, Sippel, in Neuenahr.

Wo beginnt die Abstumpfung, wo der »Einstieg«?
Unfähig zum Mitleiden mit Opfern?

Die Teilnehmer eines Lehrganges über neue Musik, an dem Studenten der Musik und Pädagogik teilnahmen, wurden aufgefordert, den Kanon ›Froh zu sein bedarf es wenig, und wer froh ist, ist ein König‹ anzustimmen und mit dem Singen auch dann nicht aufzuhören, wenn von seiten der Lehrgangsleitung irgendwelche störenden Versuche unternommen würden. (»Es ist wichtig, daß Sie die Taktzahl halten – mal sehen, ob Sie das schaffen!«). Es entfaltete sich bald der den musischen Bildnern wohlbekannte Singspaß, der sich an der immer wieder gelungenen Konsonanz aufreizt und so in der immer wieder neuen Repetition des ›schönen‹ Liedes keine Müdigkeit aufkommen läßt.

Wenig später wurde der Raum verdunkelt, und Szenen aus dem im Konzentrationslager Bergen-Belsen während der Befreiung gedrehten Film ›Nacht und Nebel‹ waren auf der Leinwand zu sehen.

... Es wurde erwartet, daß die im Experiment hergestellte Beziehung von ›Lied‹ und ›Brutalität‹ das Singen unmöglich mache, womit die asoziale Jämmerlichkeit der Individuen demonstriert worden wäre, die erst mit der Nase in den Dreck gestoßen werden müsse, um ihn wahrzunehmen. Es war daher überraschend, daß nur wenige Teilnhmer den Kanon unterbrachen und beendeten, während die Mehrzahl mit dem Singen fortfuhr, wobei sich einige Teilnehmer – singende opinion leaders – besonders lautstark hervortaten.

Beispiel aus: Luers u.a.: Selbsterfahrung und Klassenlage, München 1973, S. 59.

Wie kann man sich das Verhalten der Teilnehmer erklären?

Warum haben die Teilnehmer nicht NEIN gesagt?

3.4 Die Entwicklung rechtsextremistischer Gesetzesverletzungen

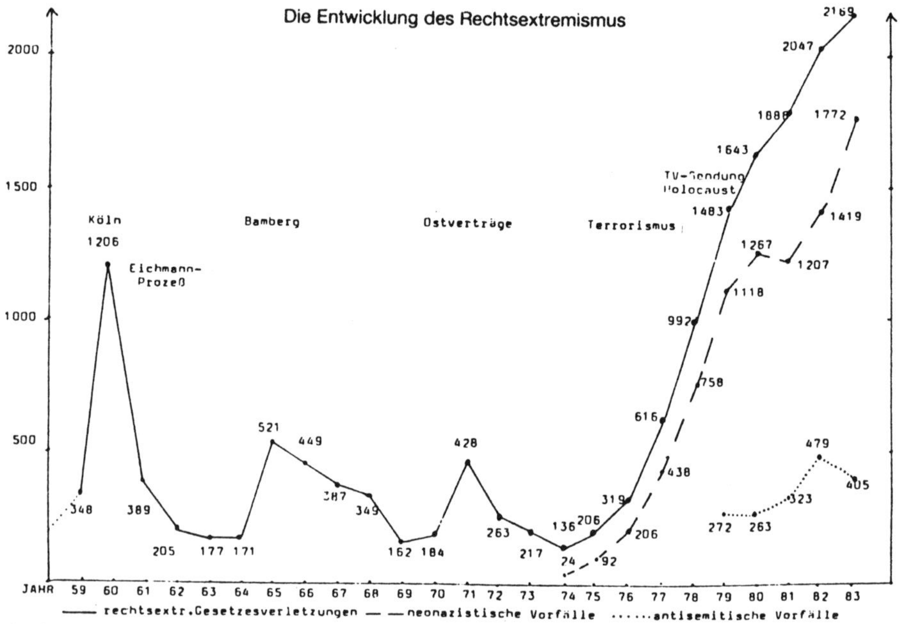

Aus: Rosen, K. H.: Vorurteile im Verborgenen. Zum Antisemitismus in der Bundesrepublik. In: Strauss/Kampe (Hg.): Antisemitismus, Bonn 1985, S. 270.

Altersstruktur rechtsextremistischer Straftäter

Altersgruppen in Jahren		1977–1985	1986
Jugendliche und Heranwachsende	14–20	39%	35%
Personen der Altersgruppe	21–30	32%	39%
Personen der Altersgruppe	31–40	12%	16%
Personen der Altersgruppe	41–50	9%	5%
Personen der Altersgruppe	über 50	8%	5%

Aus: Verfassungsschutzbericht 1986, S. 156.

Warum gerade die Jüngeren?

Sie sind doch in einer »Wohlstandsgesellschaft« aufgewachsen?

Sie haben doch Demokratie gelernt, gelehrt bekommen, erfahren? Oder?

Die Vertreter der Parteien erzählen dies doch immer. Sie bieten doch auch »Dialoge mit der Jugend« an ... Also, was is'?

3.5 Das rechtsextreme Organisationsspektrum

Das rechtsextremistische Netz in Deutschland

Nur vordergründig wirkt die rechtsextremistische Szene zersplittert. Im Alltag sind diese Organisationen und Strömungen miteinander verflochten. Deutlich wird dies insbesondere bei der GdNF, die öffentlich kaum in Erscheinung tritt, im Hintergrund aber die Fäden zieht. Viele Rechtsextremisten gehören zu verschiedenen Organisationen; dabei gehen sie oft arbeitsteilig vor. Für den Fall von Verbotsandrohungen bereiten sie schon früh die Möglichkeit zum Wechsel in eine andere Organisation vor.

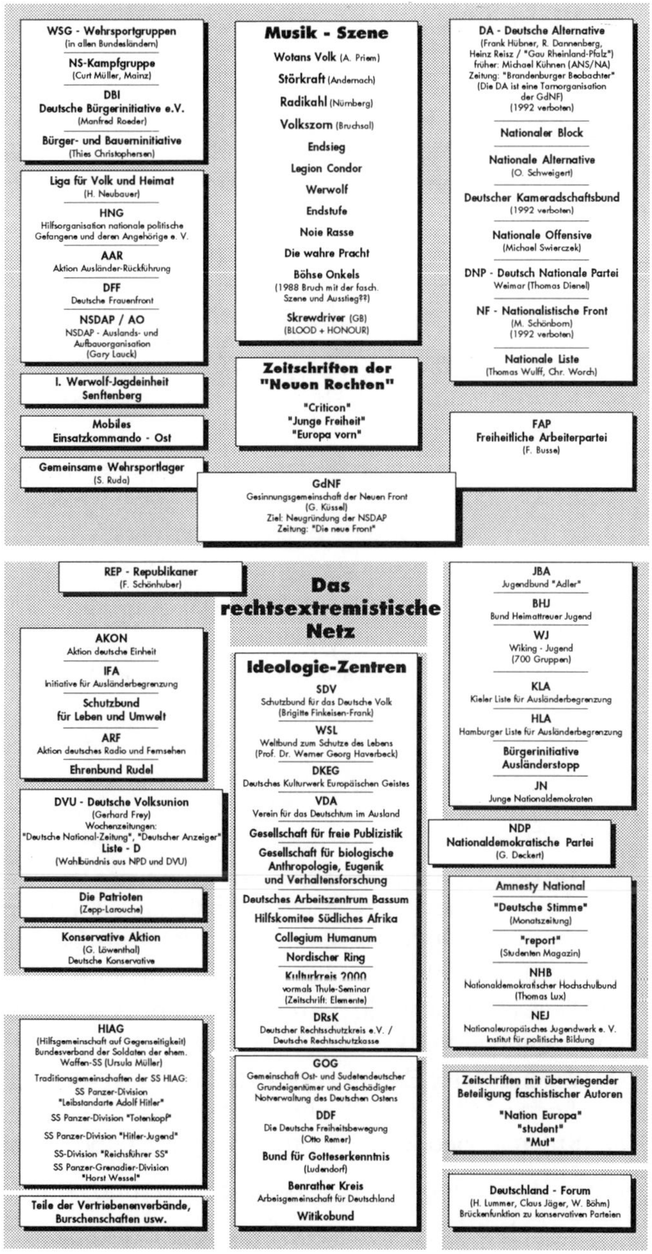

3.6 »Die Gesetze der Natur . . .« Grundlegende Denkkategorien des rechtsextremistischen Weltbildes

Hinter einfachen Parolen wie »Ausländer raus« oder sozialen Vorurteilen stehen zahlreiche ideologische[1] Überlegungen von Theoretikern der »Neuen Rechten«, die eine Neuorganisation der Gesellschaft nach »Gesetzen der Natur« anstreben.

». . . und andere abzulehnen«

»1. Eine wesentliche Neigung des Menschen ist sein Streben nach lockerer Raumstruktur und Deckung, also die Bevorzugung strukturierten Geländes.

2. In derartigem Gelände lebende Säugetiere bilden – je nach Art – Kleingruppen, oder sie leben solitär. Jäger in strukturiertem Gelände sind in der Regel ausgeprägte Kleingruppenwesen.

3. Das zwingt zu einer starken Territorialität nach außen.

4. Nach innen führt das Leben in Kleingruppen zur Bildung einer Funktionsrangordnung. Sie ist notwendig, damit der Artgenosse nicht in jagdlich-kämpferische Handlungen des wenig spezialisierten Jägers einbezogen wird.

5. Wer – wie der Mensch – die Fähigkeit zum Verfolgen und Schlagen von Beute unterschiedlicher Größenordnung besitzt, gleichzeitig aber im Sozialverband lebt, hat anpassungs- und auch unterordnungsfähig zu sein, um nicht das Opfer eines Stärkeren zu werden.

6. Zur Bewältigung der Situationsvariabilität ist eine hohe Lern-, Merk- und Kombinations- bzw. Interaktionsfähigkeit notwendig. Nagende territoriale Kleingruppenwesen in strukturiertem Gelände benötigen daher eine hohe Intelligenz.

7. Diese ist jedoch kein homogenes Ganzes, sondern als spezielle Qualitätskombination zu verstehen.

8. Wesentlich für Bildung und Erhaltung von Kleingruppen ist die Sozialintelligenz (d.h. die Fähigkeit, Artgenossen zu unterscheiden, mit bestimmten Individuen Kontakte einzugehen und andere abzulehnen).«

Aus: Waldmann: Verhaltensforschung und Politik. In: Junge Kritik 3/1973, S. 23f.

1 Ideologie – Überzeugungen und Begriffe, die der Durchsetzung von Machtinteressen dienen und, um dieser Aufgabe gerecht zu werden, die soziale Realität verzerrt wiedergibt.

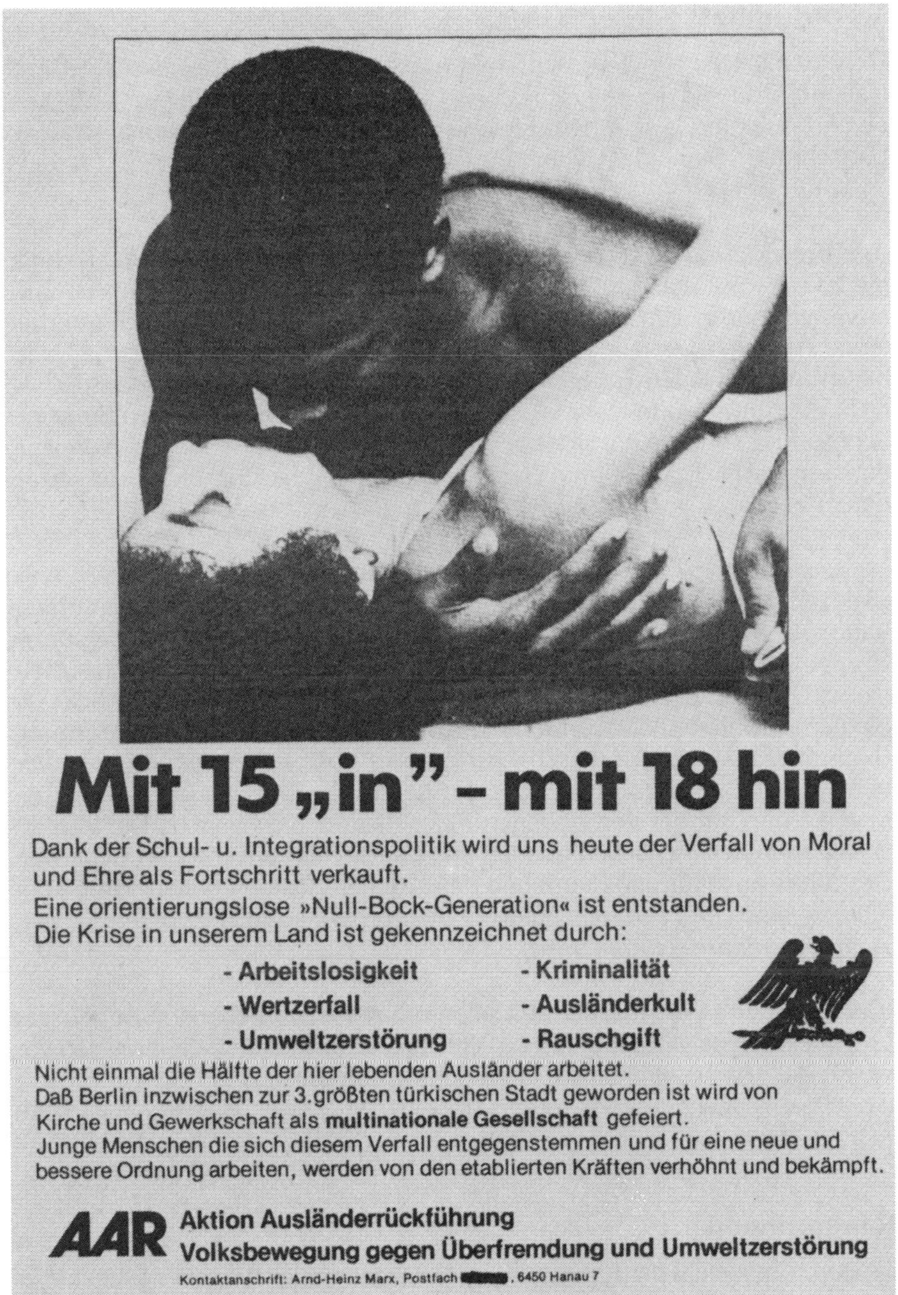

Wahlplakat der Aktionsfront Nationaler Sozialisten/Nationale Aktivisten (ANS/NA) für ihre Suborganisation Aktion Ausländerrückführung (AAR) zur Landtagswahl in Hessen am 25. September 1983.

Aus: Dudek, Peter: Jugendliche Rechtsextremisten. Zwischen Hakenkreuz und Odalsrune 1945 bis heute, Köln 1985, S. 169.

Territorialität[1]

»Territorialität ist für den Menschen konstitutiv und existenzsichernd. Der Nationalismus ist die politische Ausprägung des Territorialismus und dient der Arterhaltung, also einem biologischen Grundprinzip. Nationalismus ist Fortschritt im Sinne der Evolution.«
Aus: Waldmann, ebenda, S. 28.

»Die Entwicklung der modernen Technik, insbesondere der Waffentechnik, hat zu einer Situation geführt, die Aggression im politischen Raum zu einer artvernichtenden Erscheinung werden läßt, also eine ursprünglich arterhaltende Verhaltensweise in ihr Gegenteil verkehren kann. Der moderne Nationalismus der Neuen Rechten hat daraus Konsequenzen gezogen: Er will nicht die Entwicklung einer Vielzahl einander sich bekämpfenden Staatsnationalismen, sondern hat sich mit der Idee eines europäischen Befreiungsnationalismus für die Erhaltung einer Großgruppe – der Europiden – entschieden.«
Aus: Ebenda.

»Beim Menschen ist das Bestreben zu beobachten, sich einen bestimmten Raum zu sichern und jede Einmischung anderer abzuweisen. Die soziale Gruppe bedarf ihres Gruppenterritoriums; der einzelne versucht, innerhalb dieses Gruppenterritoriums sein eigenes Revier zu errichten. Je größer die Siedlungsdichte ist, desto stärker wächst das Bedürfnis nach Abgrenzung. Ursprünglich lebte der Mensch zwar gesellig, aber weder in anonymen Verbänden noch in räumlicher Enge. Im Laufe der Entwicklung hat sich die Bevölkerung auf der vorhandenen Fläche jedoch vervielfacht. Die Instinktausstattung des Menschen aber ist im wesentlichen unverändert geblieben. Das dürfte auch für den Raum und den sozialen Abstand gelten. Raumenge führt zu *seelischen Schäden* aufgrund übergroßer sozialer Kontakte.«
Aus: Waldmann, ebenda, S. 30.

»Bei jedem Organismus, der aus seinem natürlichen Lebensraum gerissen und in eine neue Umgebung gebracht wird, kommen Verhaltensweisen vor, die für die Arterhaltung sinnlos und gerade abträglich sind.«
Aus: Lorenz, K.: Über tierisches und menschliches Verhalten, München 1965, Bd. 2, S. 188.

Rangordnung

1. Durch das Mittel der Rangordnung kommen die leistungsfähigsten Individuen zu einer Führerstellung. Außerdem wird dafür gesorgt, daß die Erfahrungen der meist älteren Anführer für die gesamte Gruppe genutzt werden können. (Beide Aussagen beziehen sich auf biologisch funktionsgerechte Anordnungen in menschlichen Kleingruppen, nicht unbedingt auf vorhandene Gesellschaftssysteme und anonyme Großgruppen.)

1 Territorialität = Raumaneignung.

2. Die Rangordnung verhindert Kämpfe innerhalb der Gruppe. Sie ist damit ein Mittel der Aggressionsbewältigung.

3. Sie bewirkt eine zusammenhängende Sozialstruktur, die besonders bei Angriffen auf die Gruppe von großem Wert ist.

4. Sie bietet dem Individuum und der Gruppe Identität, Stimulierung und Sicherheit.

Aus: Waldmann, a.a.O., S. 26.

Aggression

»1. Aggression hat, als territoriale Aggression, die Ausbreitung des Menschen über die Erde gefördert.

2. Diese territoriale Aggression ist als Verteidigung des individuellen Reviers wie des Gruppenreviers von besonderer Bedeutung für die Lebenssicherung.

3. Sie führt damit zur territorialen Abgrenzung der Individuen und Gruppen.

4. Sie bewirkt innerhalb der Gruppen die Ausbildung von Rangordnungen, die ihrerseits wiederum aggressionshemmend wirken.

5. Neugier und jede Art kulturschöpferischer Aktivität sind weitere Auswirkungen des Aggressionstriebes.

6. Aggression hat zur Verbreitung geistiger Ideen (Religionen, Ideologien etc.) beigetragen.

7. Aggressivem Wetteifer liegt eine Lust zugrunde, während Aggressionsstau als unlustvolle Spannung empfunden wird. Aggression ist also lustmotiviert.

Diese Funktionen dürften deutlich gemacht haben, daß es kein Leben ohne Aggression und keine Entwicklung ohne sie gibt. Aggression ist damit ein wesentliches Element des Fortschritts im Sinne der Evolution.«

Aus: Waldmann, ebenda, S. 44.

»Kampf als Ergebnis des Aggressionstriebes bedeutet Dynamik und Entwicklung. Verzicht auf Kampf wäre auch Verzicht auf Entwicklung und Differenzierung, bedeutete also Immobilität. Der ewige Friede ist ebenso wie die Vorstellung einer herrschaftsfreien Gesellschaft eine Utopie. Kampf findet ständig und auf verschiedenen Ebenen mit unterschiedlichen Mitteln statt. Perverse Auswirkungen des Aggressionstriebes, wie sie sich im Einsatz von Massenvernichtungswaffen äußern, müssen bekämpft werden. Daher ist die Förderung bindender Verhaltensweisen wichtig.«

Aus: Ebenda, S. 46.

Elite

»Menschen werden immer mit ungleichen Fähigkeiten (...) geboren. Überleben und Weiterleben einer Gesellschaft aber hängt von jenen Mitgliedern ab, die die größten Fähigkeiten in den verschiedensten Bereichen haben. Da es aber nicht viele hervorragende Talente gibt, können wir es uns nicht leisten, mit solch seltenen Gaben verschwenderisch umzugehen. (...) Mitgefühl für die körperlich und geistig Schwachen und Verkrüppelten ist richtig und gut. (...) Doch wir haben darauf zu achten, daß es nicht das richtige Maß überschreitet und zur Unterdrückung der Hochbegabten führt.«

Aus: Eysenck: Die Experimentiergesellschaft, Soziale Innovation durch angewandte Psychologie, Hamburg 1973, S. 208.

»Würde man sich nicht allein mit dem Nachweis des Lesen- und Schreibenkönnens zufriedengeben, sondern darüber hinaus bei den Wählern Kenntnis- und Intelligenzprüfungen durchführen, dann wäre das gar nicht so umstürzlerisch, wie man zunächst vielleicht annehmen möchte.«

Aus: Eysenck: Wege und Abwege der Psychologie, Hamburg 1956, S. 174.

Aufsatz zum Weiterlesen: Moreau, P.: Die neue Religion der Rasse. In: Fetscher, I. (Hg.): Neokonservative und »Neue Rechte«. München 1983, S. 117–162.

Diskussionsfragen

Was steckt also hinter Parolen wie »Ausländer raus«?

Warum wird immer von »Natur«, von *dem* Menschen gesprochen?

Wie werden Nationalismus, Aggression und Kampf, wie Rangordnung und Elite *gerechtfertigt*?

Gegen wen richten sich diese Vorschläge, daß nur die wählen dürfen, die über Kenntnisse verfügen?

Was bedeutet das für die Demokratie mit ihrem gleichen Stimmrecht für alle?

Was passiert mit jenen, die nicht ins Territorium passen?

Welche Rolle sollen jene spielen, die nicht zur Elite gehören?

Wessen Interessen begünstigen diese Überlegungen?

4. Auch das noch: Nach »Einig Vaterland« auch »Einig Rechtsextremismus«?

Rassismus sei doch jetzt erlaubt, meinen manche in der DDR Ost-Berlins Ausländerbeauftragte beklagt »katastrophales Bewußtsein«/Pöbeleien und Übergriffe sind an der Tagesordnung

Berlin, 9. Juli (AFP/AP/Reuter). Einen »katastrophalen Bewußtseinsstand« der DDR-Bürger gegenüber Ausländern, speziell gegenüber »rassisch auffälligen Menschen wie Schwarze und Asiaten«, hat die neuernannte Ausländerbeauftragte des Ost-Berliner Magistrats festgestellt. »Tagtäglich« würden in Ost-Berlin Ausländer von DDR-Bürgern beschimpft oder »einfach so« auf der Straße angegriffen und zusammengeschlagen, sagte Anetta Kahane am Montag vor der Presse. Auch Betrug an Ausländern und deren ungerechte Behandlung nähmen spürbar zu. Sie forderte mehr Sicherheit für die Betroffenen.

Besonders angegriffen würden Schwarze, Vietnamesen sowie Sinti und Roma, sagte sie. Aber auch andere Personen, die in irgendeiner Weise als

Ausländer erkannt würden, seien Opfer von Übergriffen. Auf Vorhaltungen deswegen reagieren die DDR-Bürger nach Angaben der Beauftragten zumeist mit völliger Verständnislosigkeit. Dies reiche bis zu der Vorstellung: »Rassistisch sein ist doch jetzt erlaubt.«

Erst am Sonntagabend hatten mehrere hundert vermummte Rechtsextremisten auf dem Ost-Berliner Alexanderplatz randaliert und zum Teil geradezu Jagd gemacht auf Vietnamesen, die sich in Hotels oder Restaurants zu flüchten versuchten.

Zahlen über die Häufigkeit solcher fremdenfeindlicher Vorfälle konnte die Ausländerbeauftragte, die seit sieben Wochen im Amt ist, allerdings nicht nennen. In den meisten Fällen erfahre sie ohnehin nur indirekt von den Übergriffen. Die Betroffenen selbst meldeten sich kaum je zu Wort.

Als »mühsame Überzeugungsarbeit« gegenüber allen offiziellen Stellen und Instanzen charakterisierte Kahane ihre Aufgabe. Es gehe darum, Ausländer in der DDR vor der seit der politischen Wende offener zutage tretenden Fremdenfeindlichkeit zu schützen. Hier müsse auch die Volkspolizei umdenken, die bisher oft »einfach wegguckt« oder Strafanzeigen gar nicht erst entgegennehme. Gerade diese Bagatellisierung von Straftaten führe zu einer weiteren Verschärfung des Konfliktes, beklagte Kahane. Wenn Neonazis merkten, daß ihre Taten nicht verfolgt würden, gingen sie um so hemmungsloser gegen Ausländer vor. Diese fühlten sich dann ihrerseits von der Polizei nicht beschützt und würden selbst aggressiv. Notwendig sei daher eine »Sicherheitspartnerschaft zwischen Polizei und Ausländern«, meinte die Beauftragte und kündigte Aufklärungs- und Weiterbildungsangebote für Polizisten und alle mit Ausländern befaßten Beamten an. »Ausländerfeindlichkeit und Rassismus hat viele Gesichter – eine davon ist, daß die zuständigen Leute einfach wegschauen«, fügte sie hinzu.

Daneben gehe es aber auch darum, die ausländischen Arbeitnehmer vor hastigem Abschieben in ihre Heimat zu schützen, sagte Kahane. Von den rund 80 000 Mosambikern, Vietnamesen und Kubanern, die unter der SED-Herrschaft aufgrund von sogenannten Regierungsverträgen in die DDR kamen und dort arbeiten, will ihrer Schätzung zufolge rund die Hälfte auch nach Ende der Verträge »auf eigene Faust« in der DDR bleiben. Für diese Leute gelte es zunächst einmal die schwierige Wohnungsfrage zu lösen und sie vor willkürlicher Entlassung zu schützen. Sie seien illegalen, teils fristlosen Kündigungen und überhöhten Mietforderungen ausgesetzt.

Weil keine Staatszuschüsse mehr gezahlt werden, müßten diese früher vom Staat angeheuerten ausländischen Arbeiter in Wohnheimen jetzt oft das Acht- bis Zehnfache für ihr Bett und die fünf Quadratmeter Wohnraum zahlen, die ihnen in den Heimen gewährt werden. Wenn die Miete dafür zum Beispiel, wie geschehen, von 30 auf über 200 Mark hochgesetzt werde, »dann bleibt bei 600 Mark Lohn im Monat nichts mehr zum Leben«, sagte Kahane.

Konkrete Hilfe konnte die neugegründete Stelle der Ausländerbeauftragten des Magistrats bisher nach eigenen Angaben nur wenig leisten. In zwei Fällen unrechtmäßiger Kündigungen von Arbeits- und Wohnverhältnis konnte die Beauftragte eine Klage der Generalstaatsanwaltschaft erwirken.

Die meisten Probleme auf diesem Gebiet würden jedoch von den politischen Entscheidungsträgern derzeit als zweitrangig behandelt. Von Behörden zu Rate gezogen wird die Ausländerbeauftragte immerhin bei der Entscheidung über die Anträge auf »ständige Wohnsitznahme« in der DDR und die rund 100 Asylgesuche, die derzeit bei der Ausländerbehörde vorliegen. Die meisten Asylbewerber sind Somalis, Kurden, Rumänen und Bulgaren; einer kommt aus der Schweiz.

Aus: Frankfurter Rundschau vom 10. 7. 1990.

5. Erklärungsangebot

Erklärungen für das Zustandekommen von rechtsextremistischen Orientierungen und Handlungsweisen sind schwierig zu entwickeln, weil das Problem so vielschichtig ist. Entsprechend sind die Angebote auch vielfältig und weisen unterschiedliche Schwerpunkte auf. Sei es, daß besonders historische Ursachen betont werden und von einem Weiterleben oder Wiederaufleben nationalsozialistischen Gedankengutes gesprochen wird, oder daß von einem Versagen des parlamentarischen Systems und der Parteien ausgegangen wird, so daß eine »Verführung« durch rechtsextremistische Demagogen möglich wird. Auch daß es feste Charaktermerkmale von Personen seien (»Das ist eben ein Neonazi«), findet man bei den Erklärungsangeboten.

Wie sieht es nun mit der »Tragfähigkeit« des folgenden Erklärungsangebotes aus?

Es geht davon aus, daß das Aufwachsen von Jugendlichen heute dadurch gekennzeichnet ist, daß zum einen mehr Chancen (z.B. Konsum, Entscheidungen selbst treffen usw.), zum anderen aber auch mehr Verhängnisse und Belastungen auftreten, so daß Gefahr besteht, wenn der einzelne den Eindruck gewinnt, daß er die Kontrolle über sein eigenes Leben zu verlieren droht, wenn z.B. Handlungsunsicherheit, Ohnmachtserfahrungen und Vereinzelungserfahrungen auftreten.

Wo liegen Ursachen?
Was spielt sich in den Köpfen und Gefühlen ab?
Wie knüpfen möglicherweise rechtsextremistische Gruppen und Parteien daran an?

1. *Handlungsunsicherheiten* können zurückgeführt werden auf die Auflösung der beruflichen Normalbiographie, auf Statusverunsicherungen und auf die Entstrukturierung der Lebensphase Jugend. Dies sind gesellschaftlich erzeugte Problemlagen, die dazu führen, daß die Berechenbarkeit von Lebenswegen sinkt. Damit steigt der Zwang, sich flexibel verhalten zu müssen. Jugendliche können daher heute mehr entscheiden als frühere Jugendgenerationen, sie *müssen* aber auch mehr entscheiden – ohne daß es klar ist, woraufhin sie entscheiden sollen. Die Verarbeitungsformen und -wege von Jugendlichen sind vielfältig, und es gibt keine Zwangsläufigkeiten. Notwendig wird vor allem eine Form des flexiblen Umgangs, eine Bastelmentalität, um mit diesen Anforderungen fertig zu werden. Gleichzeitig sind die Jugendlichen auch gezwungen, vieles »unter Vorbehalt« zu tun. Orientierungen und Handlungsweisen *dürfen sich nicht festsetzen*, weil dadurch ein flexibles Reagieren auf schnell wechselnde gesellschaftliche Angebote der Kulturindustrie wie Anforderungen des Berufssystems behindert würde.

Ein Teil der Jugendlichen versucht nun, den Umgang mit diesen unübersichtlichen Situationen zu regeln, indem nach *Gewißheiten* gesucht wird, um Verhaltenssicherheit zu erlangen. Gewißheitssuche ist also das *subjektive* Verarbeitungsergebnis und Kernstück des politischen Umformungspotentials. Zu diesen Gewißheiten gehört auch der Bezug auf eindeutige Normanweisungen; gehört die Totalidentifikation mit Stärke verheißenden Symbolen und Ritualen; die Einordnung in »natürliche« Hierarchien; die Zugehörigkeit zu mächtigen Institutionen, in deren Schutz dann Stärke und Selbstbewußtsein entwickelt werden sollen. Vor allem gehört auch die Anbindung an scheinbar natürliche und damit unausweichliche, unabänderliche Prinzipien dazu, die die Situation klären und z.T. den einzelnen entlasten sollen. Dazu gehört auch das Prinzip der »Stärke« als klares und »klärendes« Prinzip.

Das *politische Problempotential* besteht darin, daß Politikkonzepte besondere Anknüpfungspunkte finden, die soziale Vorurteile gegenüber jenen artikulieren, die angeblich den jeweils eigenen Status bedrohen; die versprechen, die »alte Ordnung« (was immer das sein mag) wiederherzustellen, so daß Statusängste gemindert werden. Fremdenfeindlichkeit kann hier als ein politisches Mittel greifen, wenn »natürliche« Vorrechte und Hierarchien als politischer Ansatz »sinnhaft« erscheinen, um Stabilität (wieder)herzustellen. Die Ideologie der Ungleichheit greift. Der Ansatzpunkt liegt darin, nicht bearbeitete ökonomisch-sozial verursachte *Ent*fremdungsangst in *Über*fremdungsangst umzuwandeln.

2. *Ohnmachtserfahrungen* können darauf zurückgeführt werden, daß sich

die *Konkurrenzbedingungen* als übermächtig erweisen und den Vereinzelten der Erfahrung »Der Stärkere setzt sich durch« ausliefern.

Dies sind wiederum gesellschaftlich erzeugte Problemlagen. Da Ohnmachtserfahrungen die Handlungsalternativen zur Realisierung eigener Lebensplanungen einengen, kann Gewalt in ihren vielfältigen Variationen zu einem *subjektiv sinnhaften Mittel* oder auch Selbstzweck werden. *Gewaltakzeptanz* bzw. Einverständnis mit Gewalt ist dann ein *subjektiv* attraktives Verarbeitungsergebnis.

Gewalt*akzeptanz* ist hier Kernstück des politischen Umformungspotentials zwecks vermeintlicher Wiedergewinnung von Kontrolle über Lebenswege, Sozialräume etc. Da Gewalt als Mittel besonders *»starke« Begründungen* benötigt, besteht die Gefahr, daß nach solchen politischen Konzepten gesucht wird, die einsichtig die Gewalt legitimieren. Dazu bieten sich rechtsextremistische Konzepte an.

Das *politische Problempotential* liegt darin, daß Politikkonzepte Anknüpfungspunkte finden, wenn sie darauf setzen, die alltägliche Erfahrung »Der Stärkere setzt sich durch« umzuformen in die politische Maxime »Der Stärkere *soll* sich durchsetzen«. Diese Umformung gelingt um so leichter, je »normalisierter« in der gesellschaftlichen Öffentlichkeit eine Ideologie der Ungleichheit ist, mit deren Hilfe subtile und offene Formen von Gewalt gegenüber macht- und rechtlosen Fremden oder auch Andersdenkenden legitimiert werden können.

3. *Vereinzelungserfahrungen* lassen sich zurückführen auf die Auflösung sozialer Milieus, so daß die selbstverständliche Zugehörigkeit zu sozialen Gruppen (Familien, gewerkschaftliche Gruppen usw.), die insbesondere in krisenhaften und orientierungsbedürftigen Zeiten mit hohem Flexibilitätsdruck auch Stabilität verleihen kann, nicht mehr umstandslos gegeben ist. Dies sind wiederum gesellschaftlich erzeugte Problemlagen. Wenn aber unklar ist, zu welchen *sozialen* Gruppierungen man sich zugehörig fühlen kann, dann gewinnen jene *Gruppierungskategorien* an Bedeutung, die gewissermaßen zugewiesene *Naturmerkmale* sind oder als solche verstanden werden. Das *subjektive Verarbeitungsergebnis* dieser alltäglichen Erfahrung ist dann diese Suche nach »neuen«, anderen Gruppierungsmöglichkeiten. Damit sind vor allem die Hautfarbe, »Rasse« und Nation gemeint. Dies sind Zugehörigkeiten, die einem keiner nehmen und derer man sich kaum entledigen kann, die unabhängig von individuellen Leistungs- und Konkurrenzprinzipien gültig sind. Die im Alltag zerschmolzenen Erfahrungen von selbstverständlicher Zugehörigkeit und Gemeinsamkeit sollen also ersetzt werden durch Zusammengehörigkeitsgefühle zur Nation. Nationale Stimmungen sollen als Bindemittel dafür dienen, was als Erfahrung im nahen Lebensraum nicht mehr bzw. immer weniger erreichbar scheint. Das politische Umformungspotential von alltäglicher Erfahrung in politische Orientierung liegt also hier in der Suche nach umstandsloser, leistungsunabhängiger Zugehörigkeit.

Das *politische Problempotential* liegt vor allem darin, daß Politikkonzepte besondere Anknüpfungspunkte finden, die Gemeinschaftsgefühle über nationalisierende Positionen propagieren und damit gleichzeitig Ungleichheitsvorstellungen transportieren.

Versucht einmal dieses Erklärungs*angebot* auf den »Prüfstand« zu stellen und mit den Materialien dieses Bandes in Verbindung zu setzen.

Wieweit reicht dieses Erklärungsangebot und vor allem: Welche Konsequenzen ergeben sich daraus – »Was tun?«

6. Was tun?

Schnell sind bekannte Forderungen bei der Hand. Die Politiker »da oben« sollen Gesetze beschließen: »Richtig, keinen Fußbreit nachgeben in dieser wehrhaften Demokratie.« Die Polizei soll was machen: »Genau, es wird höchste Zeit, daß die endlich dagegen vorgehen.« Die Justiz soll härter durchgreifen: »Und ob – Schluß mit der weichen Welle in der Strafjustiz.« Der Verfassungsschutz soll endlich effektiver arbeiten: »Aber schnell und umfassend, wir müssen doch wissen, was hier vorgeht.« Alles klar?

Klar ist wohl nur, daß so mancher Vorschlag seine Tücken hat oder gar eine politische Falle sein kann. Prüfung auf der einen – Phantasie auf der anderen Seite täten uns wohl gut.

Dazu ist es vielleicht ganz nützlich, noch einmal eine *Gesamtübersicht* zusammenzustellen, um ein deutlicheres Bild zu den Fragen zu erhalten:

- **Wo liegen besondere Gefahren?**
- **Wo liegen die größten Probleme?**
- **Welche Entwicklungen haben den größten Einfluß auf die Politik in diesem Land?**

Dazu ist nachfolgend der Vorschlag z.B. für eine Wandzeitung aufgezeichnet. Daran anschließend lassen sich dann, wie mehrfach im Buch schon praktiziert, Thesen und Gegenthesen zur *politischen Folgenabschätzung* entwerfen und diskutieren.

Zusammenstellung einer Gesamtübersicht:

Rechtsextremistische Orientierungen, Wahlerfolge, Mitgliedschaften usw.	Maik	Dirk	Roger
Bezeichnung der Gruppierungen Fragestellungen	Die Bevölkerungsgruppierung der	Die Bevölkerungsgruppierung der	Die Bevölkerungsgruppierung der . . . .
1. Welche *politischen Orientierungen, Einstellungen, Meinungen* lassen sich in den Bevölkerungsgruppen wiederfinden, für die hier Maik, Dirk, Roger stellvertretend eine Rolle gespielt haben? (Für die drei Gruppierungen sind jeweils auch Tabellen aufgelistet worden.)			
2. Wie verhalten sich die verschiedenen Bevölkerungsgruppierungen zum Nationalsozialismus?			
3. Welche Parteien werden von den drei Bevölkerungsgruppierungen gewählt?			
4. Wie groß sind die jeweiligen Parteien an Mitgliedszahlen?			
5. Wie groß ist der Wahlerfolg der jeweiligen Parteien?			
6. Welche Positionen wurden/werden in unserer Gruppe vertreten?			

Anschließend: **Formulieren und diskutieren von Thesen und Gegenthesen zu den Fragen:**
Wo liegen besondere Gefahren?
Wo liegen die zentralen Probleme?
Welche Entwicklungen haben den größten Einfluß auf die Politik in der Bundesrepublik?
Welche *Ursachen* verbergen sich hinter dem Verhalten der verschiedenen Bevölkerungsgruppierungen?
Was kann man, was muß man tun im Hinblick auf die *verschiedenen* Bevölkerungsgruppierungen?

Noch einmal also: Was tun?

Okay, prüfen wir also; phantasieren wir:

- **Was tun vor Ort gemeinsam mit anderen Jugendlichen?**
- **Was ist mit Demos?**
- **Was ist mit den Verbotsforderungen?**
- **Und welche politischen Änderungen sind nötig?**

Politikern, Eltern, Lehrern, Gewerkschaftsvorsitzenden, Chefs usw. bei Bedarf aushändigen:

Dialog mit der Jugend

Wer einen Dialog
Herbeiführen will
Muß sich herablassen
Herabneigen
Von sich absehen
Sich zuwenden und zuneigen
Muß nicht besitzen wollen
Darf nicht besitzergreifend sein
Nur wenig Vorschriften machen
Besser keine
Gelegentlich vorsichtig Empfehlungen anbieten
Unsichtbar die Hand darüber halten
Unhörbar anders denken
Sich nicht als Erwachsener aufspielen
Fehler nicht gleich als Schande empfinden
Irrtümer gestatten
Dennoch das Recht haben sich Sorgen
Machen zu dürfen
Kummer aufspüren und teilen
Sich wechselseitig erziehen
Sich gegenseitig ernst nehmen
Zusammen essen und trinken
Die Fantasie fördern
Ungeduld kreativieren
Aufbegehren durchhalten
Zusammen traurig sein
Nicht immer alles besser wissen
Am besten nichts besser wissen
Sondern trösten
Ratlosigkeit teilen
Wärme herstellen
Bindungen spüren lassen
Liebe

Wer einen Dialog mit der Jugend
Führen will
Muß all diese Anstrengungen
In besonderem Maße auf sich nehmen
Muß all diese Tugenden
Doppelt und dreifach handhaben

Mit der winzigen Hoffnung
Daß die Jugend mit der Jugend
Die unweigerlich nach ihr kommt
Ähnlich umgehen wird
Wer aber keinen Dialog
Mehr führen will
Und meint
Seine Generation wäre die einzige
Auf der Welt
Danach käme nichts mehr
Und davor wäre auch nichts gewesen
Dem ist anscheinend alle Würde des Menschen
Abhanden gekommen
In dem ist dann wohl kein langer Atem
Weder Furcht noch Fantasie
Der befiehlt nur noch
Verordnet kontrolliert
Erzieht drastisch
Kalt und ohne Religion
Unpolitisch und ohne Bindung

Dies ist schon bei vielen der Fall
Und kann uns allen geschehen
Den Alten und auch den Jungen
Wenn wir nicht mehr miteinander reden
Streiten Essen Pläne machen
Uns an die Hand nehmen
Uns umarmen

Lebe-Wesen die wir sind
Verloren die wir sind
Wenn wir uns nicht mehr umarmen können
und Frieden machen

Hanns Dieter Hüsch

6.1 Was können wir Jugendlichen bieten?

Die Vorschlagsliste ist noch leer

Erfahrungen von Jugendlichen	Wunschträume und Versprechungen (Angebote von rechtsextremistischen Gruppen)	Was können wir ihnen bieten? (Müssen es »Kopien« der Versprechungen rechtsextremistischer Gruppen sein?)
Ohnmacht	Macht	
»Nix geht mehr«	»Ohne Gewalt läuft sowieso nichts«	
Vereinzelung/soziale Gleichgültigkeit	»Zusammenhalten«/»Gemeinschaft«	
»Was zählst du als einzelner schon?«	»Allein machen sie dich ein«	
Handlungsunsicherheit	Gewißheiten	
Unübersichtlichkeit	Klarheit	
»Wie soll ich bloß mein Leben planen?«	»Da geht's lang«	
Schwäche	»Stärke«	
»Wer bist du schon?«	»Wir Deutschen«	
Einengung von Räumen	Erkämpfung eines Territoriums »Hier sind wir eine Macht«	
Langeweile	Risikoerfahrung	
Leistungsabhängige Bewertung der Persönlichkeit	»Hier bekommst du, was du brauchst«	
»Was kannst du schon?«	»Hier bist du was«	
Auflösung sozialer Gruppenzugehörigkeit	Feste Position/Nation als Utopie	
»Wozu gehörst du schon?«	»Deutschland den Deutschen«	

6.2 Demonstrationen? Na klar – Aber es kann leicht eine politische Falle werden

Demonstrationen gegen Rechtsextremismus sind selbstverständlich, geraten aber leicht zu gewalttätigen Auseinandersetzungen. Daß es so kommt, fällt nicht vom Himmel. Es gehören verschiedene Bedingungen dazu. Wie wirken sie zusammen? Wem nutzt Gewalt?

Welche Rolle kann die Ausländerfeindlichkeit in der Bevölkerung spielen?

Ausländerfeindlichkeit in der Bundesrepublik (1982)

		Einstellungen	
	ausländerfreundlich	ambivalent	ausländerfeindlich
Befragte insgesamt:	29	22	49
Alter			
bis 20	64	14	23
21 bis 24	33	32	35
25 bis 34	38	23	40
35 bis 49	27	26	47
50 bis 64	28	18	54
über 64	22	15	63
Ausbildung			
Volksschule ohne Lehre	24	17	60
Volksschule mit Lehre	23	24	53
Mittlere Reife	44	24	33
Abitur, Studium	48	25	28
Berufstätigkeit			
Berufstätig	32	25	43
In Ausbildung	53	17	30
Hausfrau	26	19	55
Rentner	20	15	65
Parteipräferenz			
FDP	30	34	37
SPD	29	24	47
CDU/CSU	25	21	54

Alle Angaben in Prozent.
Aus: Institut für angewandte Sozialwissenschaft, Meinungen und Einstellungen zum Ausländerproblem. Endbericht einer Untersuchung für das Presse- und Informationsamt der Bundesregierung, vervielfältigtes Manuskript, Bonn-Bad Godesberg, April 1982.

Folgerung der Nationalistischen Front

(Aufkleber der Nationalistischen Front.)

Wer gibt den Auftrag wozu?

Welche Rolle kann »Gegengewalt« spielen?

Junge Ausländer stürmen Stand von Rechtsextremen

Mit Knüppeln angegriffen – Ein Schwerverletzter
Von unserem Redaktionsmitglied Jürgen Schenk

Mit Knüppeln haben an die 15 ausländische Jugendliche und Skinheads am Samstagmittag an der Hauptwache auf eine etwa gleich große Zahl Vertreter der rechtsextremen »Freiheitlich Deutschen Arbeiterpartei« (FAP) eingeschlagen, die dort mit dem Motto »Ausländer raus« um Wählerstimmen geworben hatten. Bei den tumultartigen Auseinandersetzungen, die sich unter den Augen von Beamten des Frankfurter Staatsschutzes abspielten, wurde ein 18 Jahre alter FAP-Anhänger schwer verletzt, vier seiner Gesinnungsgenossen trugen leichtere Blessuren davon. Die Polizei nahm einen 26jährigen unter dem Verdacht der gefährlichen Körperverletzung vorläufig fest.

Wie bereits am vorletzten Samstag hatten die Rechtsradikalen vor dem Haus Zeil 70 einen Informationsstand aufgebaut und Flugblätter verteilt. »Ausländer raus! – Damit Frankfurt sicherer und sauberer wird!« waren sie überschrieben. Etwa um 11 Uhr bauten die FAP-Leute ihren Stand ab.

Zu diesem Zeitpunkt hatten sich nach den Worten des Augenzeugen Werner S. bereits acht Jugendliche an der Konstablerwache gesammelt und unmißverständlich erklärt, sie wollten es »den Nazis zeigen«. Weiter: »Die möbeln wir zusammen, die haben einen von uns verdroschen.« Werner S., der nach seinen Angaben versucht hatte, beruhigend auf sie einzuwirken und herauszubekommen, was sie denn für eine Gruppe seien, erhielt die Antwort: »Wir kommen ganz für uns.«

Etwa in Höhe des Hauptpostamtes auf der Zeil wurde dann zwei Mitgliedern der Gruppe, die inzwischen auf rund 15 Personen angewachsen war, von einem der Anführer gesagt: »Hol die Sachen aus dem Schließfach.« Wenig später standen sich die FAP-Leute und ihre Gegner gegenüber. Laut Werner S. versuchte ein Beamter des Staatsschutzes noch, zwischen den Fronten zu vermitteln und zu beruhigen. Uniformierte Beamte waren nicht vor Ort. Der Augenzeuge: »Plötzlich hatten die Jugendlichen lange Knüppel in den Händen und gingen auf die Rechtsextremen los.« FAP-Angehörige schlugen mit Stangen zurück, an denen schwarz-weiß-rote Fahnen hingen. Unter den Knüppelschlägen der angreifenden Gruppe brach ein 18 Jahre altes FAP-Mitglied zusammen.

Erst dann erschien die Schutzpolizei und nahm einen 26jährigen Frankfurter fest, der verdächtigt wird, den FAP-Mann zusammengeschlagen zu haben.

Unter den Rechtsextremen befand sich auch der 20 Jahre alte Peter Müller, der erst Ende September vergangenen Jahres eine Bewährungsstrafe von acht Monaten erhalten hatte, weil ihn das Gericht für schuldig befunden hatte, als Mitglied der inzwischen verbotenen »Aktionsfront Nationaler Sozialisten / Nationaler Aktivisten« (ANS/NA) im Frühjahr 1983 mit anderen an der Hauptwache Flugblätter verteilt zu haben, in denen gegen das Verbot der NSDAP polemisiert worden war.

Genau an dieser Stelle, nahe der Katharinenkirche, hatte es bereits am 12. Januar 1980 schwere Auseinandersetzungen gegeben. Damals hatten Angehörige der »Volkssozialistischen Bewegung Deutschlands« (VSBD), einer Vorgängerorganisation der ANS/NA, auf Passanten eingeschlagen.
Ein Polizeisprecher war am Sonntag nicht in der Lage, die Aktivitäten der rechtsextremen FAP einzuschätzen. Er wies lediglich darauf hin, daß diese Partei ihren Informationsstand vom Ordnungsamt der Stadt bewilligt bekommen habe und zur kommenden Kommunalwahl antrete.

Aus: Frankfurter Rundschau vom 22. 1. 1985.

Welche Rolle kann »antifaschistische« Gewalt spielen?

Linksextremisten sprengen Auto eines rechtsradikalen Anwalts

Lippoldsberg (ddp)
Unbekannte haben am Sonntagmorgen das Auto des Hamburger Rechtsanwalts Jürgen Rieger im nordhessischen Lippoldsberg in die Luft gesprengt. In einem am Tatort gefundenen Brief reklamierte eine linksorientierte Gruppe, deren Namen die Polizei in Kassel nicht bekanntgeben wollte, für sich die Urheberschaft an der Tat. Die Täter hatten außerdem vor dem Eingang einer Gaststätte in Lippoldsberg ein Loch gegraben, es mit einer brennbaren Flüssigkeit gefüllt und angezündet. Der Eingangsbereich der Gaststätte wurde dabei zerstört. Die Polizei vermutet als Hintergrund, daß in der Gaststätte in Lippoldsberg die beiden als rechtsextrem bekannten Vereinigungen »Gesellschaft für biologische Anthropologie und Verhaltensforschung« sowie der »Arbeitskreis freie Publizistik« an diesem Wochenende zu ihren Jahrestagungen zusammenkamen. Rechtsanwalt Rieger ist Vorsitzender der »Gesellschaft für Anthropologie«. Er wurde bekannt durch seine Verteidigung des Neonazi-Führers Michael Kühnen. Die Polizei erklärte, daß Rieger selbst als Rechtsextremer gelte. Sein Fahrzeug hatte das Kennzeichen »IZ-SS 37«.

Aus: Süddeutsche Zeitung vom 7. 9. 1987.

Welche Rolle kann die Polizei spielen?

Polizei strömt zu den »Reps«

Laut Umfrage kommt die Partei in Bayern auf neun Prozent

FRANKFURT A. M., 17. Mai (FR.). Der Zustrom von Polizisten zu den rechtsradikalen »Republikanern« hält unvermindert an. Allein von den 32 000 bayerischen Polizeibeamten werden nach Einschätzung der Gewerkschaft der Polizei (GdP) bei den nächsten Wahlen 50 Prozent oder mehr für die Republikaner stimmen. Diese Voraussage machte der Landesgeschäftsführer der bayerischen GdP, Hartmut Preuss, am Dienstagabend im NDR-Fernsehmagazin »Panorama«.

Der Personalratsvorsitzende der Polizei in Kassel, Hans-Jürgen Lipinski, meinte, von den 1000 Ordnungshütern der hessischen Stadt würden sich 60 Prozent für die Schönhuber-Partei entscheiden. In der GdP gibt es Schätzungen, denen zufolge bundesweit 20 Prozent der Polizisten mit den Republikanern sympathisieren. Als Gründe dafür werden schlechte Bezahlung, geringe Beförderungschancen und massenhaft Überstunden genannt. Außerdem seien es die Beamten leid, bei Konflikten wie in Wackersdorf oder Berlin-Kreuzberg »verheizt« zu werden.
In Berlin, Baden-Wüttemberg, Schleswig-Holstein und dem Saarland kommen die Landesvorsitzenden der Republikaner oder ihre Stellvertreter aus der Polizei.

In Bayern laut Umfrage bei neun Prozent

HAMBURG (AP). Trotz des Zulaufs breiter Wählerschichten zu den »Republikanern« ist laut einer Umfrage des Dortmunder Forsa-Instituts die absolute Mehrheit der CSU in Bayern nicht in Gefahr. Einer im Auftrag der Hamburger Illustrierten »stern« vorgenommenen Meinungsumfrage zufolge könnte die CSU mit 51 Prozent der Stimmen rechnen, wenn am kommenden Sonntag gewählt würde. Die Republikaner kämen der Umfrage zufolge auf neun Prozent.

Aus: Frankfurter Rundschau vom 18. 5. 1989.

Wie wäre es, wenn Polizeibeamte auf ihre Rolle und ihr Verhältnis zu den sogenannten »Republikanern« angesprochen würden?

Und wer kann der Gewinner sein?

Rechtsextreme spüren nach Krawall Aufwind

Eine ordentliche »Bambule« sorgt noch allemal für eine Erhöhung des Bekanntheitsgrades. Kaum jemand hat im West-Berliner Wahlkampf bisher von der erstmals auftretenden Splittergruppe der »Republikaner« (REP) sonderlich Kenntnis genommen. Ohnehin haben es die kleinen Parteien diesmal alle schwer gehabt, auch die Sozialistische Einheitspartei West-Berlins, mag sie auch als »sozialistische Einheizpartei« mit einer für die Nachkriegsgeschichte dieser Partei geradezu unerhörten Selbstironie (»Wer uns wählt. Wird von Moskau ferngesteuert. Per Estroika und Glasnost«) an den Litfaßsäulen werben.

Da muß den »Republikanern« geradezu das Herz gehüpft haben, als sie am Mittwochabend von den Zinnen des Internationalen Congreß Centrums (ICC) herab zugesehen haben, wie Polizisten auf jene Demonstranten einschlugen, die zu 6000 gegen die Rechtspartei vor das ICC gezogen waren und von denen etliche mit Pflastersteinen auf die Beamten geworfen hatten. Schlagstockeinsatz, Tränengas, Wasserwerfer, sieben Festnahmen, 95 verletzte Polizisten und eine unbekannte Zahl verletzter Demonstranten wurden später von der Polizei als erste Bilanz genannt.

Im ICC können die knapp 800 zu einer zentralen REP-Wahlveranstaltung eingetroffenen Anhänger zu diesem Zeitpunkt den Erfolg der Krawalle für den eigenen Bekanntheitsgrad bereits feiern. Der Bundesvorsitzende Franz Schönhuber macht vom Rednerpult herab klar, daß nun die Früchte eines auf Provokation angelegten Wahlkampfes reifen. Geradezu überschwenglich lobt er jedenfalls die Ausländerbeauftragte des Berliner Senats, Barbara John (CDU), weil diese Anfang des Jahres auf einen infam-geschickt gemachten Wahlkampfspot der Republikaner im Fernsehen mit einer Strafanzeige wegen »Volksverhetzung« reagiert hatte. »Sie haben sich«, so Schönhuber, »um die Republikaner verdient gemacht. Immer, wenn wir wahlkämpfen: Bitte seien Sie zur Stelle.«

Nun endlich wird auch dem REP-Landesvorsitzenden in West-Berlin, Bernhard Andres, öffentliche Aufmerksamkeit zuteil, von dem man bisher allenfalls wußte, daß er Polizeibeamter ist und daß dieser lautstarke Verfechter von Sicherheit und Ordnung in eigener Sache seit einem Jahr ein Disziplinarverfahren gleich in mehreren Punkten laufen hat – darunter eines wegen eines Strafverfahrens wegen Urkundenfälschung, das durch zwei Instanzen lief. Im ICC freilich erweist sich der 37jährige an diesem Abend als derart unbedarft, daß ihm über seine eigene Partei sogar der Satz über die Lippen rutscht: »Wir sind nicht christlich, wir sind nicht sozial, wir sind nicht liberal.« So offen hört man es selten.

Plötzlich erfährt aber auch wieder einmal der langjährige Innensenator Heinrich Lummer (CDU) öffentliche Aufmerksamkeit. Zwar hat man gewußt, daß die Rechtsaußen-Partei in den letzten Monaten in einem bemerkenswerten Umfang ihre Mitglieder aus ehemaligen Christdemokraten rekrutiert hat, daß mehrere von ihnen auch als REP-Kandidaten fürs Abgeordnetenhaus auftraten, und daß sich die Republikaner lange Zeit bemüht haben, den Ex-Innensenator als Landesvorsitzenden und Galionsfigur zu gewinnen.

Nun aber zerrt der REP-Bundesvorsitzende unversehens und für den Betroffenen gewiß höchst unwillkommen Lummer ins Rampenlicht, der sich als Gesprächs- und Verhandlungspartner von Rechtsextremisten seinen umstrittenen Namen in zwei Jahrzehnten längst gemacht hat: Mit voller Lautstärke gibt Schönhuber »unter Eid« eine Äußerung Lummers öffentlich wieder, die heißen soll: »In Fragen der Deutschland-Politik oder der Sicherheits-Politik stimme ich weitgehend mit Ihnen überein. Es wäre mir lieber, die Republikaner kämen hier rein als die FDP.« Dabei fordert die REP immerhin die Wiedervereinigung Deutschlands in den Grenzen von 1937, also samt der heute in Polen liegenden Ostgebiete.

Lummer mag tags darauf gegenüber dem Sender Freies Berlin noch nicht einmal ausdrücklich dementieren. Natürlich gebe es »Affinitäten«, meint er ausweichend, weil die REP Teile des CDU-Programms abgeschrieben hätten. Was ihn eigentlich gestört habe, gibt er zu erkennen, sei die »erwiesene Chancenlosigkeit« der Splitterpartei gewesen. Zur selben Zeit, da Lummer spricht, gibt die REP-Führung in einer Pressekonferenz ihrer Befriedigung über die Entwicklung der letzten Tage Ausdruck.

Das Verwaltungsgericht hat den von Frau John attackierten Werbespot für sendefähig erklärt; man fühlt sich geradezu hoffähig. Dank der Auseinandersetzung vor dem ICC sind die Aufmerksamkeitswerte für die REP gestiegen. Sie glaubt sich endlich im Aufwind. Nun habe man richtig Mut gefaßt hinsichtlich der Wahlergebnisse, heißt es.

OTTO-JÖRG WEIS (Berlin)

Aus: Frankfurter Rundschau vom 20. 1. 1989.

M 18

Aus: betrifft uns: Rechtsextremismus unter Jugendlichen.

6.3 Wie politisch sinnvoll ist die Verbotsforderung?

Sieben Thesen gegen ein Verbot von FAP und NF

Im Rahmen der kontroversen Debatte bei den Grünen über die Verbotsfrage hat der Bielefelder Rechtsanwalt Uwe Günther, derzeit Justitiar der Bundestagsfraktion, ein Thesenpapier vorgelegt mit sieben Argumenten gegen ein Verbot.

Im Interesse einer rationalen Diskussion sind vorab zwei Klarstellungen notwendig:

Im folgenden wird lediglich das Für und Wider des juristischen Verbotes diskutiert. Unabhängig davon, wie man politisch zur Verbotsfrage steht, ist es sicherlich Konsens, daß ein solches Verbot allenfalls *eine* Maßnahme von vielen gegen den Rechtsextremismus sein kann. Klargestellt werden muß auch, daß es bei der Verbotsforderung um ein Organisationsverbot geht, also um das Verbot einer Organisation, die als »faschistisch«, »neonazistisch« oder »verfassungsfeindlich« klassifiziert werden kann, die als solche jedoch nicht kriminell ist, auch wenn einzelne Mitglieder kriminelle Handlungen begehen.

Diese Unterscheidung ist theoretisch wichtig, wenngleich praktisch nicht immer leicht nachzuvollziehen.

Insbesondere stellt die »kriminelle Vereinigung« im Sinne §§ 129, 129a des Strafgesetzbuches einen Schnittpunkt zwischen individuellem Tatbestand und Zurechnung zu einer Organisation dar.

Schlechte historische Erfahrungen

Alle historischen Erfahrungen zeigen, daß ein Verbot nicht oder nicht in der gewünschten Weise durchsetzbar ist.

Die Republikschutzgesetzgebung des Jahres 1923 wurde in der Intention geschaffen, anti-demokratischen Tendenzen in der Weimarer Republik vorzubeugen. Faktisch wurde die Republikschutzgesetzgebung jedoch erst ab 1928 wirksam, und zwar insbesondere gegen die politische Linke.

Der Tatbestand der Volksverhetzung, § 130 StGB, der im Jahre 1960 mit dem Ziel verabschiedet wurde, antisemitischen Äußerungen mit Strafen zu begegnen, wurde faktisch über 25 Jahre nicht angewendet. Deswegen verabschiedete der Bundestag 1985 ein Gesetz, das gleichfalls antisemitischen Äußerungen Einhalt gebieten wollte, indem Beleidigungen unter bestimmten Bedingungen zum Offizialdelikt erklärt wurden.

Ironie der Geschichte: 1985 erklärte ein Oberlandesgericht den Ausspruch: »Alle Soldaten sind Mörder« — der bereits von v. Ossietsky aufgegriffen und der deswegen in einem Strafverfahren 1931 freigesprochen wurde — als Vergehen im Sinne § 130 StGB.

Die angedeuteten historischen Phänomene haben gemeinsame Ursachen: Der Polizei- und Justizapparat waren und sind eher konservativ bis reaktionär. Die für ein Verbot letztlich entscheidenden Instanzen beurteilen mithin das im Strafbestand sprachlich gefaßte Unrecht aus einem anderen politischen Blickwinkel als diejenigen, die das Verbot gefordert haben.

Verbot nach Artikel 21 Abs. 2 GG

Die Anwendung und Durchsetzung eines Organisationsverbotes setzt ein Normeninstrumentarium voraus, das unter rechtsstaatlichen und demokratietheoretischen Aspekten problematisch ist.

Das Organisationsverbot kann juristisch auf zwei Wegen begründet werden. Unter Bezugnahme auf Artikel 21 Abs. 2 des Grundgesetzes kann behauptet werden, die FAP verstößt gegen die »freiheitlich-demokratische Grundordnung«. Die FDGO-Formel – auch in der vom Bundesverfassungsgericht scheinkonkretisierten Form – ist mit Hilfe gesicherter juristischer Methoden nicht konkretisierbar.

Letztlich beinhaltet die FDGO-Formel nichts weiteres als eine Kompetenznorm: Bundesverfassungsgericht, entscheide Du, was Du für politisch richtig hältst! Die FDGO-Formel ist konturenlos. Das wegen Artikel 21 Abs. 2 des GG notwendige Verfahren vor dem Bundesverfassungsgericht weist dem Gericht die Funktion zu, aus dem gesamten politischen Spektrum spezielle Richtungen auszugrenzen – eine Funktion, die nach unserem Verständnis den Bürger/innen der BRD zukommt.

Verbot nach Artikel 139

Juristisch kann die Verbotsforderung gegen die FAP auch mit Artikel 139 des Grundgesetzes begründet werden.

Gemäß des Artikels 139 GG werden die zur Befreiung des deutschen Volkes von Nationalsozialismus und Militarismus erlassenen Rechtsvorschriften von den Bestimmungen des GG nicht berührt.

Zu den in Artikel 139 genannten Vorschriften gehören auch Bestimmungen, die das Verbot der NSDAP und deren Nachfolgeorganisationen betreffen. Wenn die FAP als Nachfolgeorganisation der NSDAP angesehen werden kann, so ist sie verboten.

Der Vorteil der Rechtskonstruktion über diesen Artikel liegt auf der Hand:

Zum einen ist der Umweg über das Bundesverfassungsgericht nicht notwendig.

Zum anderen zielt der Artikel nur gegen »rechts«. Es wird mithin schwieriger als bei Artikel 21 Abs. 2 GG die Totalitarismus-Theorie juristisch abzusegnen.

Dennoch sprechen zwei entscheidende Gründe gegen die Anwendung dieses Artikels auf die FAP:

Zum einen ist verfassungsrechtlich die Bezugnahme auf Artikel 139 des GG deswegen problematisch, weil es gerade der Sinn dieser Norm ist, daß bestimmte Rechtsvorschriften der Alliierten nicht am Grundgesetz gemessen werden.

Im Interesse der Geltung des GG kann man dieser Norm deswegen nur einen Ausnahmecharakter zubilligen.

Wenn man diese Norm nicht nur als Ausnahmevorschrift, sondern zur »antifaschistischen Grundsatznorm« überhöht, trägt man dazu bei, den Geltungsbereich des GG einzuschränken.

Zum anderen kann man die FAP nur willkürlich als Nachfolgeorganisation der NSDAP ansehen. Es gibt keine personelle und keine organisatorische Kontinuität der NSDAP. Ob von einer Nachfolgeorganisation deswegen die Rede sein kann, weil im ideologischen Gebräu der FAP Versatzstücke der NSDAP enthalten sind, ist sehr fraglich.

Praktische Probleme bei Durchsetzung

Staatliche Verbote und Normen setzen sich nicht im Selbstlauf durch, sie müssen mit Hilfe der Polizei und Justiz durchgesetzt werden. Der Versuch der Durchsetzung des Verbots kann politisch kontraproduktiv zu den Zielen stehen, die mit dem Verbot durchgesetzt werden sollen. Praktisch stellt sich etwa das Problem, den Kreis der Personen zu bestimmen, die wegen Mißachtung des Organisationsverbotes strafrechtlich belangt werden sollen. Die FAP wird der Polizei nicht ihre Mitgliederkartei zur Verfügung stellen. Es muß deswegen aufgrund von äußeren Umständen geschlossen werden, ob Menschen das Organisationsverbot mißachten oder nicht.

Das wirft jede Menge praktischer Probleme auf. Zum anderen dürfte es klar sein, daß Betroffene der FAP nicht tatenlos zusehen werden, wie das Verbot faktisch durchgesetzt wird. Sie werden vielmehr auf den Einsatz staatlicher Macht in vielfältiger Weise reagieren, also untertauchen, neue Organisationen gründen, die Justiz als Bühne benutzen. Ein Verbot wird deswegen erst mittel- bis langfristig durchsetzbar sein.

Wer ein Verbot der FAP fordert, kann nicht gleichzeitig den Verfassungsschutz für problematisch, ja für überflüssig oder gar schädlich halten.

Hilfloser Antifaschismus?

In der Verbotsforderung der FAP kommt ein »hilfloser Antifaschismus« zum Vorschein, der an die Stelle politischer Überzeugungsarbeit die staatliche Repression und damit auf ein Instrumentarium setzt, das kontraproduktiv zu den selbst gesetzten politischen Zielen steht.

Zwar mag die deutsche Geschichte nicht dazu angetan sein, um historischen Optimismus über die Kraft der Vernunft zu verbreiten. Hierzu gibt es jedoch keine Alternative. Vorstellungen, grundsätzlich bestimmten Bevölkerungsgruppen das Lebensrecht zu bestreiten, sind inhuman, faschistisch usw. Gerade weil sie so sind, müssen sie öffentlich diskutierbar sein. Nur die öffentliche Auseinandersetzung über diese Vorstellungen schafft die Möglichkeit, sie zu verändern.

Ein Verbot kann — wenn es wirkt — lediglich bewirken, daß bestimmte Vorstellungen in der Öffentlichkeit kein Diskussionsforum haben. Es kann weder die Vorstellungen verändern noch grundsätzlich die Wirkung solcher Vorurteile einschränken.

Ein Eigentor?

Unter den derzeitig politischen Bedingungen läßt sich eine Verbotsforderung praktisch nur durch eine »Koalition« mit dem Bundesverfassungsgericht oder der Bundesregierung durchsetzen. Diese »Koalitionspartner« werden ihren politischen Preis fordern bzw. das Verbot der FAP auf dem Hintergrund ihrer politischen Interessen betrachten.

Auf diesem Hintergrund kann nicht zweifelhaft sein, daß die Durchsetzung des FAP-Verbots über solche »Koalitionspartner« im Endergebnis ein Schlag gegen »links« wird.

Es könnte durchaus politisches Kalkül der Bundesregierung sein, sich für ein FAP-Verbot einzusetzen mit dem Ziel, sich optisch von den militanten Rechten abzusetzen, um so mit dem Segen der Linken seriöse rechtsradikale Politik zu betreiben.

Aus: Stadtblatt, Bielefeld, Nr. 2/1987.

Es gibt keinen Rechtsboden für den Neonazismus

Position der nordrhein-westfälischen VVN

Im Zusammenhang mit der landesweiten Initiative zum Verbot der FAP, ein Aufruf, der mittlerweile von über 12000 Personen und Organisationen unterschrieben worden ist, hat der Landesverband der »Vereinigung der Verfolgten des Naziregimes« (VVN) eine Dokumentation zur Begründung der Forderung »für Auflösung und sofortiges Verbot der FAP« herausgegeben. Daraus dokumentieren wir das Kapitel zu politischen und rechtlichen Fragen des Verbots.

1. Aus der Geschichte wissen wir, daß faschistische und rassistische Kräfte dann Masseneinfluß mit Leichtigkeit gewinnen, wenn sie von staatlichen Organen ungehindert auftreten können. Ein historisches Beispiel liefert dafür die Entwicklung der NSDAP. Wesentliche Voraussetzung für ihren Aufstieg zur Millionenbewegung war die (z.T. sogar wohlwollende) Tolerierung durch die Staatsorgane. Nachdem im Frühjahr 1932 das Verbot der SA und SS aufgehoben worden war, steigerte sich nicht nur der Terror der Faschisten gegen ihre politischen Gegner, sondern gerade auch die Massenmobilisierung konnte ungehindert entfaltet werden.

Notwendig ist bei einem Verbot die konsequente Durchführung bis hin zur Einziehung von Eigentum. Die Staatsorgane haben die Pflicht und ausreichende Möglichkeiten auch strafrechtlicher Art, gegen Ersatz- oder Nachfolgeorganisationen vorzugehen.

2. Selbstverständlich muß die Forderung nach dem Verbot einer neofaschistischen Organisation wie z.B. der FAP verbunden sein mit anderen Formen der politischen Auseinandersetzung. Kaum jemand wird auf die Idee kommen, Vereinigungen zum Zweck systematischen Diebstahls oder Heroinhandels, nicht aufzulösen. Der Ursprung von Kriminalität ist damit sicherlich nicht behoben. Ebensowenig sind Verbotsmaßnahmen als Lösung der drängenden gesellschaftlichen Probleme, Spannungen und Konflikte zu begreifen, die

zur Wirkungsvoraussetzung faschistischer Gruppen gehören. Ein konsequentes Verbot faschistischer Organisationen und entsprechende Maßnahmen sind jedoch Bedingungen dafür, daß die Probleme in friedlicher und demokratischer Weise aufgegriffen und damit überhaupt erst gelöst werden können.

3. Die Möglichkeiten des Staates zum Verbot faschistischer Organisationen und faschistischer Propaganda setzen ein mit dem antifaschistischen Auftrag des Grundgesetzes sowie verschiedenen anderen gesetzlichen Bestimmungen, die daraus hervorgegangen oder im Zusammenhang damit zu sehen sind und reichen bis hin zu internationalen Vereinbarungen.

An mehreren Stellen sind eindeutige Aussagen zum Verbot faschistischer Organisationen und Bestrebungen zu finden. So z.B. — um nur die wichtigsten zu nennen — im Grundgesetz Art. 9, Absatz 2; Art. 21, Absatz 2; Art. 25, 26 und 139.

Auch dem Strafgesetzbuch sind klare Anweisungen zu entnehmen in: §§ 85, 86 und 86a. Auch im Vereinsgesetz wird das Verbot angesprochen in: §§ 3 und 8.

Artikel 139 des Grundgesetzes

Im Potsdamer Abkommen von 1945, als einer alliierten Rechtsquelle, heißt es: *»Es ist Sicherheit dafür zu schaffen, daß sie (die NSDAP und ihre Gliederungen — d. Verf.) in keiner Form wieder auferstehen können, jeder nazistischen Betätigung und Propaganda ist vorzubeugen.«* Das Kontrollratsgesetz Nr. 8 verbietet dementsprechend jede Art von Propaganda *»die darauf abzielt, militaristischen oder nationalsozialistischen Geist oder derartige Einrichtungen zu unterhalten, wieder ins Leben zu rufen oder zu fördern«.*

Der designierte Präsident des Bundesverfassungsgerichtes, Herzog, ist der Ansicht, daß der Artikel 139 »obsolet« (d.h. hinfällig) sei. Dagegen steht ein Urteil des Verwaltungsgerichts Frankfurt vom 4. 11. 1985 in einem Prozeß der NPD, in dem festgestellt wurde: »An der Verfassungsmäßigkeit des Gesetzes Nr. 5 (der alliierten Militärbehörden — d. Verf.) bestehe kein Zweifel. Denn nach Art. 139 GG werden die zur Befreiung des Deutschen Volkes vom Nationalsozialismus und Militarismus erlassenen Rechtsvorschriften von den Bestimmungen des Grundgesetzes nicht berührt. Damit hat der deutsche Verfassungsgesetzgeber eine eindeutige Wertentscheidung getroffen und Bestimmungen, wie sie im Gesetz Nr. 5 enthalten sind, ausdrücklich gebilligt, und zwar auch für den Fall, daß sie mit anderen Bestimmungen des Grundgesetzes kollidieren.« Das Gericht schließt daraus: »Es gibt Anhaltspunkte dafür, daß die Tätigkeit der NPD als Erneuerung der durch das Gesetz Nr. 5 verbotenen nationalsozialistischen Tätigkeiten anzusehen ist.«

Wenn auch dem übergeordneten Gericht diese Begründung für ein Saalverbot der NPD nicht ausreichte, so zeigt sich doch, daß durch ein beharrliches Ringen um ein antifaschistisches Klima in unserem Land auch im juristischen Bereich längst verloren geglaubte Erkenntnisse hervorzubringen sind.

Staatliche Organe nicht aus ihrer Verantwortung entlassen

Man könnte meinen, daß die angeführten gesetzlichen Bestimmungen ausreichen, alle neofaschistischen Organisationen und auch die SS-»Traditionsverbände« zu verbieten. Man könnte meinen, daß jeder Bundes- und Landespolitiker, der seinen Eid auf das Grundsatz schwört, nichts eiligeres zu tun hätte, als sofort Verbotsmaßnahmen einzuleiten. Weit gefehlt. Das Schwanken und Zaudern und die direkte Ablehnung eines Verbots der FAP bei staatlichen Organen ist angesichts der Zusammenhänge zwischen der verbotenen ANS/NA und der FAP als dem scheinlegalen terroristischen Arm des heutigen Neofaschismus in der Bundesrepublik Deutschland wenn nicht unverständlich, dann sehr bedenklich. Die Frage nämlich muß aufgeworfen werden nach der Grundgesetzestreue und dem demokratischen Verständnis der Verantwortlichen in den zuständigen Organen.

Im § 8, Abs. 1 des Vereinsgesetzes ist das »Verbot der Bildung von Ersatzorganisationen« verbotener Vereinigungen festgeschrieben. Auch nach den Erkenntnissen, die den Bundes- und Landesämtern für Verfassungsschutz vorliegen, handelt es sich bei der »Freiheitlichen Deutschen Arbeiterpartei« unzweifelhaft um eine Ersatzorganisation der verbotenen »Aktionsfront Nationaler Sozialisten/Nationaler Aktivisten«, die selbst wiederum als Ersatzorganisation der verbotenen »Wehrsportgruppe Hoffmann« und der verbotenen »Volkssozialistischen Bewegung Deutschlands/Partei der Arbeit« angesehen werden kann.

Daß die FAP bei den letzten Landtagswahlen in Nordrhein-Westfalen kandidieren konnte, gibt ihr nicht den Parteistatus, der ein Verbot nach Artikel 21 des Grundgesetzes erforderlich machen würde. So wurde die »Aktion Ausländerrückführung« (AAR) zusammen mit der ANS/NA verboten, obwohl sie bei den Landtagswahlen in Hessen kandidiert hatte.

Die Antifaschisten dürfen die staatlichen Organe grundsätzlich nicht aus ihrer Forderung nach einem Verbot faschistischer Vereinigungen entlassen, denn sonst würde das Bewußtsein von der Illegalität faschistischer Aktivitäten untergraben. Hat man sich erst an das Auftreten von Faschisten »gewöhnt« und hat es als »normal« akzeptiert, dann kann es auch für die Staatsorgane zur »Normalität« werden, nicht dagegen vorzugehen. Die an Staatsorgane gerichtete Verbotsforderung ist nicht allein ein Weg zur Stärkung demokratischer Verhältnisse in der allgemeinen politischen Auseinandersetzung. Es ist zugleich ein Weg, die staatlichen Organe auf ein demokratisches Verhalten zu verpflichten.

- **Was passiert, wenn die FAP verboten würde? Was bedeutet das z. B. für die sogenannten »Republikaner«?**
- **Welches ist meine selbständige Position in dieser Frage?**

6.4 Eine phantastische Sache ...

Du wirst aus irgendwelchen Gründen mit einer Gruppe von ca. 50 Männern, Frauen und Kindern auf eine einsame Insel verschlagen. Ihr könnt nicht damit rechnen, die Insel wieder verlassen zu können und müßt euch darauf einrichten, dort weiterzuleben.

Auf der Insel gibt es keine anderen Menschen, aber es existieren all die Dinge, die es auch sonst in deinem Leben gibt: Fabriken, Geld, Autos, Maschinen, Waffen, Gefängnisse, Fernseher, Musikanlagen, Kraftwerke, aber auch Wiesen, Ackerland, Wälder, Wasserläufe usw.

Für eure Gruppe stellt sich die Aufgabe, das Zusammenleben zu organisieren. Es geht darum, einen Plan zu entwickeln, auf welche Art und Weise ihr miteinander umgeht.

So gilt es etwa zu entscheiden:

- ob und wie man die vorhandenen Dinge wie Fabriken, Maschinen usw. nutzen soll;
- nach welchen Kriterien man Besitz regelt;
- wie man eine sinnvolle Besitzverteilung kontrolliert;
- wie man sicherstellt, daß nicht jeder macht, was er will;
- wer sich wie beschäftigen soll und wo;
- wie man sich gegenüber Bewohnern benachbarter Inseln verhalten soll;
- wer an all den Entscheidungen beteiligt sein darf;
- ...
- ...

Was würde dir einfallen, in einer solchen – zugegeben phantastischen – Situation? Was hättest du für Vorschläge, wie das Zusammenleben organisiert werden könnte?

Wie müßten denn nun politische Veränderungen aussehen, die auf die Ursachen rechtsextremistischer Orientierungen, Wahlentscheidungen oder Mitgliedschaften gerichtet sind?

6.5 Und nun noch ein paar Fragen . . .

Welches Bild von den Ursachen haben wir eigentlich im Kopf?
Welche selbständigen Positionen dazu haben wir entwickelt?
Müßten wir die nicht anderen mitteilen?

Übrigens: Sind ausländerfeindliche Positionen von Nachbarn, Arbeitskollegen, Freunden, Politikern – oder vielleicht in der einen oder anderen Situation von uns selbst, sind rechtsextremistische Parteien die *Ursachen* der Probleme – oder die Folgen von Ursachen? Aber welche Ursachen sind denn das? Wird darüber eigentlich geredet?

Ein Test?*

1. Welche Eigenschaften haben deiner Meinung nach die Fremden. (Du kannst mehrere Eigenschaften ankreuzen)

☐ schwach	☐ schön
☐ lustig	☐ feige
☐ häßlich	☐ sauber
☐ gescheit/klug	☐ hinterhältig
☐ dumm	☐ offen
☐ faul	☐ freundlich
☐ herrschsüchtig	☐ fortschrittlich
☐ aufgeschlossen	☐ angriffslustig
☐ besitzgierig	☐ grausam
☐ stark	☐ tapfer
☐ fleißig	☐ friedlich
☐ gerecht	☐ schmutzig

2. Welche Eigenschaften haben deiner Meinung nach die Deutschen. (Du kannst mehrere Eigenschaften ankreuzen.)

☐ schwach	☐ schön
☐ lustig	☐ feige
☐ häßlich	☐ sauber
☐ gescheit/klug	☐ hinterhältig
☐ dumm	☐ offen
☐ faul	☐ freundlich
☐ herrschsüchtig	☐ fortschrittlich
☐ aufgeschlossen	☐ angriffslustig
☐ besitzgierig	☐ grausam
☐ stark	☐ tapfer
☐ fleißig	☐ friedlich
☐ gerecht	☐ schmutzig

Eine kurze Nachbemerkung:

Wo beginnt's eigentlich? Unsere Oberflächlichkeit in der Sprache zeigt es manchmal an. Im Text sind Begriffe wie »getürkt«, »reinrassige Deutsche«, »Wohnghetto«, »Neger« aufgetaucht. Wie ist es euch ergangen: habt ihr sie einfach überlesen (»Wie das eben so geht«), habt ihr euch aufgeregt (»Die Autoren sind nicht ganz ›dicht‹«)? . . . Auch hier beginnt's.

* Wer in der Lage ist, diesen Testbogen auszufüllen, der muß zur »Strafe« dieses 'ran-Buch dreimal lesen.

7. Tips, Adressen usw., usw. . . . .

Kleine Materialliste

Es gibt inzwischen umfangreiches literarisches, dokumentarisches und wissenschaftliches Material sowohl zum historischen Nationalsozialismus als auch zum »modernisierten« Rechtsextremismus. Daher ist hier nur eine kleine, unvollständige Materialliste nach den Vorlieben des Autors zusammengestellt.

1. Verzeichnisse und Literaturübersichten, aus denen eine eigene Auswahl vorgenommen werden kann

– Rajewski, Chr./Schmitz, A. (Hg.): Nationalsozialismus und Neonazis. Ein Reader für Jugendarbeit und Schule, Düsseldorf 1988.
– Kollmann D. u.a.: Schwarzbücherbraun, Medienhandbuch zum Thema (Neo)Faschismus, Bielefeld 1990.
– Jugend und Rechtsextremismus (Analytische Literatur, empirische Untersuchungen, biographische Studien, Literatur zu Erklärungsversuchen, didaktische Literatur). In: Posselt, R.E./Schumacher K.: Projekthandbuch Rechtsextremismus, Amt für Jugendarbeit der Evangelischen Kirche von Westfalen, S. 280–284.

2. Ausgewählte Literatur zu Verhältnissen und zum Handeln von Menschen

Zwei Hinweise auf Literatur, die im Vorfeld (1918 und 1923) des historischen Faschismus geschrieben wurden und aufzeigen, welche Orientierungen bei Menschen vorhanden waren (und sind), damit sich der Faschismus durchsetzen konnte (und unter neuen Bedingungen vielleicht durchsetzen kann).

Heinrich Mann: Der Untertan,
dtv 1964

Heinrich Manns bekanntester, zwei Monate vor Ausbruch des Ersten Weltkriegs abgeschlossener Roman ›Der Untertan‹ erschien zum ersten Mal 1918 und hatte einen durchschlagenden Erfolg. Die Zeit war damals reif für dieses Buch, für diese »Bibel des Wilhelminischen Zeitalters«. Überzeugender jedoch als der Erfolg von damals ist, daß das Buch nach Jahrzehnten die gleiche Aktualität besitzt, daß es heute noch als Diagnose Gültigkeit hat. Setzt man statt »Untertan« Opportunist, Mitläufer oder Konformist, sieht man von einem gewissen Zeitkostüm ab, so hätte der Roman ebensogut 1933, 1945 oder heute geschrieben werden können. Gleichgültig, wie man den Typ interpretiert, den Heinrich Mann hier zeichnet – unbezweifelbar bleibt, daß er in Diederich Heßling eine typisch deutsche Figur geschaffen hat: den Obrigkeitshörigen, den Unpolitischen ohne Mut und Zivilcourage. Darüber hinaus macht das Buch deutlich, mit welcher Meisterschaft Heinrich Mann zu erzählen versteht, bestechend in der psychologischen Beweisführung und ironisierenden Distanzierung. ›Der Untertan‹ ist ein großer Roman und mehr noch: Er zählt zu den bleibenden Erziehungsbüchern der deutschen Literatur.

Joseph Roth: Das Spinnennetz,
Kiepenheuer und Witsch 1967

Dieser erste Roman von Joseph Roth, der 1923, kurz vor dem Münchner Putsch durch Ludendorff und Hitler, in einer Wiener Tageszeitung erschien, überrascht durch seine politische Prophetie. Sein Thema: die Zuspitzung der rechtsradikalen Konspiration, nahm die Wirklichkeit vorweg.

Im Mittelpunkt des *Spinnennetzes* steht Leutnant Lohse, ein enttäuschter Heimkehrer aus dem Ersten Weltkrieg. In Berlin gerät er in die Umtriebe rechtsradikaler Organisationen und Geheimbünde, in die politischen Kämpfe jener Jahre zwischen Nationalsozialisten und Kommunisten, Bürgertum und Proletariat. In verschiedenen Rollen arbeitet er für eine geheime Organisation, deren Zentrale in München ist und Verbindungen unterhält zu Ludendorff und Hitler. Mit hellsichtigem Scharfblick erkennt Roth die faschistische Gefahr in der Gestalt eines Theodor Lohse, die exemplarisch ist für die vielen enttäuschten, der sicheren Führung beraubten, im Grunde lebensuntüchtigen und feigen Mitläufer seiner Generation.

(Zu diesem Buch gibt es seit Herbst 1989 einen Film von Bernhard Wicki.)

Zwei Hinweise auf eine Dokumentation und einen Roman, die einerseits das Macht- und Vernichtungssystem im Nationalsozialismus und andererseits das Handeln von Menschen in diesem System beschreiben:

Eugen Kogon: Der SS-Staat. Das System der deutschen Konzentrationslager, München 1979.

Robert Merle: Der Tod ist mein Beruf, Goldmann-Taschenbuch 1976.

Dazu gibt es auch den Film:

Aus einem deutschen Leben

Spielfilm, Bundesrepublik Deutschland, 1979

Regie: Theodor Kotulla, 16 mm Lichtton, Farbe, 145 Minuten

Nach dem Roman »Der Tod ist mein Beruf« von Robert Merle beschreibt der Film das Leben des Franz Lang alias Rudolf Höss, erster Kommandant des Konzentrationslagers Auschwitz. Nach eigenen Äußerungen hat Höss zwischen 1941 und 1944 Millionen von Menschen umbringen lassen. Er sprach dabei von »einem Dienst für Volk und Vaterland«.

Der Film unternimmt den Versuch, darzustellen, wie der Mord an Millionen in Auschwitz funktionieren konnte, welche Menschen die Befehlsgewalt hatten, wie ihr Charkter war, wie faschistische Gesinnung bei den »Handlangern der Macht« entstehen konnte. Im Mittelpunkt steht das Leben des Rudolf Höss, gestützt auf seine autobiographischen Notizen und weitere Forschungen. Leute wie er, seines Geistes und seiner Gemütsverfassung, waren typische Gefolgsleute Hitlers. So wird exemplarisch sichtbar, aus welchen geschichtlichen, sozialen und persönlichen Voraussetzungen sich Höss und seinesgleichen entwickelt haben.

Der Werdegang des Rudolf Höss ist keine Ausnahme. Kritiklosigkeit und Autoritätsgläubigkeit, Kadavergehorsam und pervertiertes Pflichtgefühl haben das Gewissen vieler Menschen zu allen Zeiten ersetzt. Auch heute gibt es diese willfährigen Handlanger von Macht. Der Film lehrt, wohin solche Menschen gebracht werden können. Es gilt, diesen inneren Mechanismus zu begreifen und daraus zu lernen.

Zum Umgang mit Geschichte:
Ralph Giordano: Die zweite Schuld oder von der Last Deutscher zu sein. Knaur Verlag, München (TB 12,80 DM).

Die zentrale Frage des Buches: Wie ist die Bundesrepublik mit ihrem NS-Erbe umgegangen? Giordano gibt bestürzende Antworten.

3. Jugend und Rechtsextremismus

Literarische Beiträge

Hoffmann, Klaus W./Roggenwallner, Bernd: *Südkurve*

Weltkreis Verlag, Dortmund 1985

Ab 12 J. (9,80 DM)

Die Erzählung »Südkurve« gewährt einen Einblick in die Mechanismen und Verhaltensstrukturen eines Fanclubs, der von Neonazis unterwandert ist. Sie schildert die Konflikte der jugendlichen Hauptperson Kalle mit den geforderten Gruppennormen und sein Unbehagen am brutalen Schlägertum sowie der Nazipropaganda. Am Schluß bleibt offen, welchen Weg er gehen wird. Gut ist die Darstellung von Kalles perspektivloser Situation als Hauptschüler in der letzten Klasse: Arbeitsamtsgespräche, Probelehre, tristes Zuhause – jugendliche Leser/innen werden sich hier wiederfinden können. Zu wenig allerdings ist der Zusammenhang von faschistischen Gruppen und Fußballfanclubs in der Erzählung ausgeleuchtet. Da bringt schon eher der angehängte Dokumentarteil mit Zeitungsberichten zum Thema »Fußballfanclubs« weiter (etwa 35 Seiten).

Knappe, Heinz: *Wolfslämmer.* Hava und Jörg dürfen nicht Freunde sein

Signal-Verlag, Baden-Baden 1984

Rowohlt Taschenbuch Verlag, Reinbek 1987 (rororo rotfuchs 442)

Ab 14. J. (6,80 DM)

In der alten Bergwerkssiedlung ist das Leben nicht mehr friedlich. Die Wohnungsbaugesellschaft vermietet nur noch an türkische Familien. Die gewollte Überfremdung bringt auch prompt Konflikte, fördert Gruppenbildung. Die einen sind noch keine richtigen ›Grauen Wölfe‹, die anderen noch keine ausgewachsenen ›Werwölfe‹. Sie sind erst die Brut. Auch Hava und Jörg geraten in den Sog der Auseinandersetzungen.

Das Buch ist besonders für den Schulgebrauch geeignet.

Wissenschaftliche Untersuchungen

Zu organisierten Gruppen:

Dudek, P.: Jugendliche Rechtsextremisten, Köln 1985.

Zu Orientierungsmustern:

Heitmeyer, W.: Rechtsextremistische Orientierungen bei Jugendlichen, Weinheim/München 1987 (^{4}1990).

Filme

Die Erben (Spielfilm)

Österreich 1982 – 95 Min. (Video)

Bezug: Mediothek der Stadtbibliothek Bielefeld Nr. 1209

atlas film + av Best.-Nr.: 2602; kommerzielle Videoverleiher

Ab 16 J.

Die beiden Jugendlichen Charlie und Thomas geraten in einen Jugendclub, der ihnen das zu geben verspricht, was sie suchen: Anerkennung, Zuneigung, Geborgenheit, Kameradschaft und Lagerfeuer-Romantik. Gezielt werden die beiden auf neonazistische Bahnen gelenkt. »Spielereien« mit Pistolen und Maschinengewehren vermitteln ihnen ein Gefühl von Macht und Stärke. Mit der Schaffung von Feindbildern ist schließlich der wichtigste Schritt getan. Drahtzieher, die hinter der Organisation stehen, benutzen die Jungen, um mit ihrer Hilfe durch Anschläge und Gewaltakte ein Klima der Angst und Panik in der Bevölkerung zu schaffen. Der Ruf nach einem »starken Mann«, der wieder für Ruhe und Ordnung sorgt, soll laut werden.

Du kommst aus einem anderen Land

BRD o. J. (1987) 45 Min. (Video)

Bezug: VIA-Regionalverband Nord, Nernstweg 32, 2000 Hamburg 50, Tel.: 040/392690, Leihgebühr: 20,00 DM

Der letzte Wahlkampf in Bremen machte noch einmal deutlich, daß eine offene Ausländerfeindlichkeit/Rassismus wieder zum Alltag in der BRD gehört. Gruppen und Initiativen versuchen, durch politische Aktionen, Öffentlichkeitsarbeit und Kampagnen der offenen Ausländerfeindlichkeit zu begegnen. Diese Arbeit ist wichtig und unerläßlich, übersieht jedoch teilweise, daß es neben den offenen auch versteckte, unbeabsichtigte Formen von Ausländerfeindlichkeit/Rassismus gibt. Dies geschieht oft nicht in böser Absicht, sondern ist Ausdruck einer Lebensform, wo Deutsche aufgrund von Geschichte, wirtschaftlichem Wachstum und Fortschrittsideologie »ihre« Kultur doch als die »bessere« einstufen.

Am Beispiel Schule und in Interviews werden Brüche deutlich. Die Interviewpartnerinnen sind gutsituiert und selbstbewußt, sie sprechen deutsch und sind gut ausgebildet und erleben trotzdem, wo vielen Deutschen ein selbstverständlich-gleichberechtigter Umgang mit ihnen schwerfällt. Die deutschen Autorinnen des Films nehmen sich davon nicht aus und machen punktuell deutlich, wo es ihnen selbst so geht.

4. Aktionsanregungen

Posselt, R. E./Schumacher, K.: Handbuch Rechtsextremismus, 2. Aufl. 1989. (Zu beziehen durch das Amt für Jugendarbeit der Evangelischen Kirche von Westfalen. Haus Villigst, 5840 Schwerte 5.)